アプリを使ったビジネスの
「ユーザー獲得」から「マネタイズ」まで

アプリマーケティングの教科書

THE TEXTBOOK OF MOBILE APP MARKETING

アプリ先生
坂本達夫
TATSUO SAKAMOTO
内山 隆
TAKASHI UCHIYAMA

日本実業出版社

はじめに

「かれこれ10年以上、アプリマーケティングの業界にいるけれど、なかなか“よく”ならないなぁ……」

この想いが、この本を書こうと思ったきっかけです。筆者の１人である坂本達夫は、日本におけるスマートフォンの黎明期から、そのアプリのプロモーションやマネタイズを支援する立場で多くの方々と仕事をしてきました。

また、外資系企業に勤めながら、「Qの雑念記」というタイトルのブログを長くにわたって運営し、アプリビジネスに関する情報発信を続けてきてもおります。そのため、お会いする方からは「坂本さんのブログを読みました」と言っていただくことも多く、アプリマーケティングの業界で交友を広げることができてきました。

そうした場で、初めてアプリビジネスに携わる方から、「アプリのプロモーションやマネタイズって、どうやればいいんですか？」いうことを聞かれることが多くあります。またそれ以上に聞かれてきたのが、

「アプリのマーケティングやマネタイズって“どう学べば”いいんでしょうか？　おすすめのサイトや本はないですか？」

というものです。

そうした出来事もあり、より網羅的・体系的な知識が整えられた情報が必要なのだな、という認識を強く抱くようになりました。しかし業界に関する情報を眺めてみると、個別の論点について詳しく掘り下げたブログ記事はあれど、総合的な知識をゼロからまとめて学ぶことができるものがない、という「もどかしさ」も強く抱いています。

アプリを起点とするビジネスは、2023年現在の日本において、ベンチャー企業だけではなく、大手企業も含めて「消費者接点」として当たり前のように取り組まれる領域になりました。黎明期からアプリに携わってきた筆者にとっては、それだけ市場が広がり、この領域に新たに取り組んでいただける方が増え、とてもうれしく思っています。

日本のアプリビジネスに携わる方の知識レベルを引き上げるために

そうした中、市場が拡大した過程で、包み隠さず申し上げて「アプリ業界全体で取り組まなければいけない課題がある」、もっと言うと「課題はずっとあるのに、長らく解決されていない」というのが冒頭のボヤキの背景です。

例えば、次のようなものになります。

- 「アドフラウド」という広告詐欺の蔓延
- Google、Meta、Appleなどの巨大プラットフォームへの“思考停止”的な依存
- 日本のアプリは品質が高いのに、世界で使われるものは少数
- 海外製アプリの“お行儀の悪い”宣伝が日本で横行

特に感じるのは、アプリビジネスの裾野が広がる中で、業界として「スタンダード」や「ベストプラクティス」という“当たり前”な考え方や方法論を確立できていないという問題意識です。

また、アプリから少し俯瞰してデジタル広告全体に目を向けると、それ自体はWebから始まり、数十年の歴史を重ねてきました。ですが、最近デジタルマーケティングに携わるようになった方は、あまりに分野が多岐に広がっているゆえに、実はデジタル広告全体を俯瞰して学べる機会が減っているという課題も感じています。

こうした課題を打開できる「銀の弾丸」はシンプルで、また１つしか

ないと思っています。それは、**「日本のアプリビジネスに携わる方の知識レベルを引き上げること」**です。

筆者の観測する範囲では、正しい知識がないから、もしくは知識が偏っているから、個人や組織として正しい意思決定ができていない事例が非常に多いです。

そのせいで業界全体が自らよい方向に向かっていったり、進化していったりしないのであれば、この業界に10年以上育ててもらった身として、一石を投じる必要がある、と思っています。

「失敗する確率を下げる」ことが可能になる

アプリかどうかにかかわらず、ユーザーにとって価値があるサービスを作り上げるのは並大抵のことではありません。多大な努力と、少なからぬセンス、タイミングも含めた運など、さまざまな要素が必要です。しかしながら、いいものを作れば必ずユーザーに気づいてもらえる保証はなく、また必ず儲かるわけでもありません。

一方で、**マーケティングやマネタイズに関しては、特にデジタル領域に限った場合、セオリーと呼べる再現性の高い方法が存在します**。センスや運といった要素が占める割合も大きくありません。
これらを学ぶことによって、作ったサービスを「必ず成功させる」ことはできないものの（それはサービス自体の良し悪しに拠る部分が大きいため）、よいサービスがユーザーに気づいてもらえなかったり・儲からなかったりといった理由で「失敗する確率を下げる」ことが可能になるはずです。

日本にはよいサービスを作っている人や会社が数多くあります。しかし「こんな簡単なことを知らなかったために、ビジネス的に成功できなかった」というケースを見聞きします。そうした事態を１つでも減らすことができたら、この本を書いた意義があるというものです。

本書では、こういった方々を読者として想定しています。

個人の目線

- 初めてアプリのプロモーションやマネタイズを行なう
- アプリビジネスを本格化させる
- アプリマーケティングとは、低い獲得単価で多くのインストールを獲得することだ、と思っている
- 計測やアドフラウドなど、実はきちんと理解できていないことが多い

企業の目線

- マーケティングの経験や組織はあるものの、アプリに特化した知識が浅い人しかチームにいない
- アプリマーケティングに強い人を採用しようにも採用基準が作れない
- 採用したあとも、知識がないから適切な評価基準を作れない
- アドフラウドの被害を受けている懸念がある、あるいはそのことに気づいてもいない

こうした初学者が、デジタル広告の基礎から学ぶことができて、アプリマーケターとして必要な知識のほとんどを一通り身につけることができる。そして、アプリのポテンシャルを最大限発揮したマネタイズができ、機会を逃さず成長させることができる……そういったものを書いたつもりです。

さらに、初学者だけでなく、中級者にぜひ読んでほしいディープな内容も「アプリ先生コラム」として、随所に散りばめました。アプリ先生というキャラになりましたが、その内容はアプリビジネスだけではなく、マーケティング全般に通じる良質な知識をお伝えできていると思います。

本書を読んでくれたみなさんが、どんどんと拡大するアプリ市場の旗手となって、スマートフォン全盛期の現代においてビジネスリーダーとして活躍してくれたとしたら、筆者にとってこんなにうれしいことはありません。それでは、一緒に学んでいきましょう。

2023年９月

坂本達夫　内山 隆

Contents

Chapter 3
デジタル広告を正しく理解する

Chapter 4
マーケティングメトリックスを理解しよう

Chapter 5
アプリマーケティング実践編 -ユーザー獲得-

Chapter 6
アプリマーケティング実践編 -マネタイズ-

Chapter 7
アプリマーケティング実践編 -計測と運用-

Chapter 8
詐欺、不正広告を生み出す「アドフラウド」の仕組みと対策

Chapter 9
プロモーション・マネタイズのその先へ

カバーデザイン
井上新八

本文デザイン
浅井寛子

イラスト
まつむらあきひろ

Chapter

1

スマートフォンアプリを作る意義

本書では、スマートフォンのアプリケーション
（以下、アプリ）を活用したビジネスを扱いますが、
まずは現代において、スマートフォンが
どれだけ浸透したか、そしてスマートフォンの
アプリとは人々にとってどのような
存在になっているかを考察していきます。

なぜアプリビジネスに取り組むのか

そもそもなぜアプリがビジネスとして重要なのでしょうか？まずは、急成長したスマートフォン市場とそのアプリ利用について、あらためて考えていきましょう。

「アプリ」の夜明け前

この本が出版となった2023年は、ちょうど2011～2020年の10年間を振り返るにはいい区切りかと思います。少し昔話におつき合いください。

日本で初めてiPhoneがソフトバンクから発売されたのが2008年、Android が初めてNTTドコモから発売されたのが2009年です。当時は日本ではフィーチャーフォン（ガラケー）が全盛期で、スマートフォンという言葉すらなく、そうした「パソコンのサイトも見られる」端末を持っているのは、世間ではちょっとオタクなヤツ、という認識がありました。

余談ですが、モバイルキャリア各社のテレビCMによって、少なくない日本国民が「ドコモがスマートフォン、auがAndroid、ソフトバンクがiPhoneを販売している」と認識している、というジョークもありました。

「Go Mobile」のかけ声とともに

筆者がGoogle（日本法人）に入社した2011年頃、Googleは「Go Mobile」というかけ声のもと、「Webサイトをモバイル対応させましょう、そしてアプリを作りましょう」と、企業に対して一生懸命提案していました。しかし逆に言うと、企業はまだモバイルについて積極的ではなかったということでもあり、「アプリ」はまだ夜明け前と言っていい時代だったのです。

デジタル領域に取り組みの早い一部の会社だけが、「どうやらアプリを作ったほうがいいらしい」というような形で取り組み始めていたような時期でした。

ちなみに、私がGoogleに入社する前にいた楽天で携わった最後のプロジェクトが、所属する部署で初めてとなるスマートフォンアプリを企画する、というものでした。その点では楽天は比較的「新しい潮流に敏感だった」と言えます。今からでは信じがたいかもしれませんが、2011年頃というのはまだそういう時代でした。

当時、手元のスマートフォンからブラウザを開くと、文字も小さくて見えない、リンクも押しづらいようなPC サイトが表示されることがたくさんありました。「モバイル対応」と言ってもいきなり「スマートフォンアプリを作りましょう」ということではなく、「まずはWebサイトの画面を変えていく」ところから「Go Mobile」は進行していったのです。

スマートフォンは消費者にとって最も身近な存在に

しかしそれ以降、この本を書いている2023年時点までに、スマートフォンはほぼ全国民が持つデバイスとなりました（図1-01）。

図 1-01 **携帯電話端末の国内出荷台数の推移**

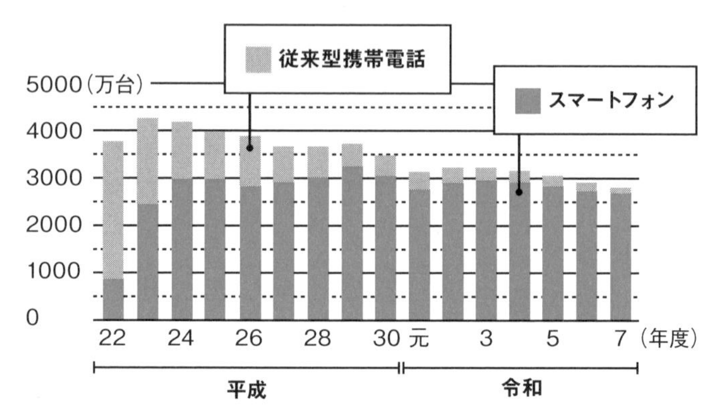

※出所：MM 総研

図1-02を見てわかる通り、スマートフォン普及率は90%に達しました。現在は、もともと携帯電話の用途として電話がメインだったおじいちゃん、おばあちゃん世代でも当たり前のように持っており、スマホは人々にとってどんどん身近な存在になっています。

筆者の家庭でも、両親（60～70代）はもちろん、子ども（小学生）もスマートフォンを持っており、写真やメッセージを送り合ったりゲームをしたりと、もはや生活の欠かせない一部となっています。

図 1-02 **情報通信機器の世帯保有率の推移**

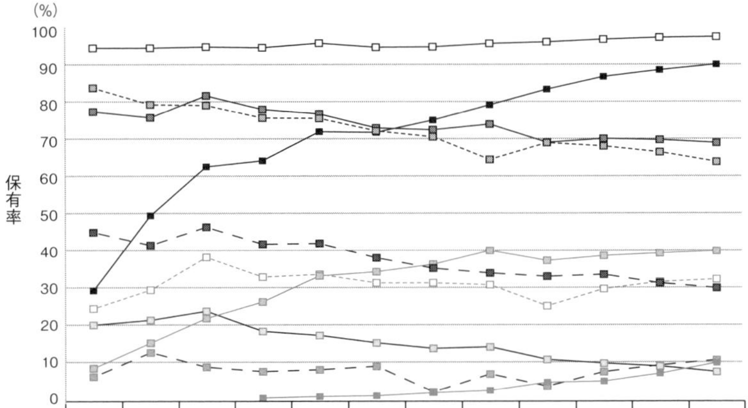

	2011 (n=16,530)	2012 (n=20,418)	2013 (n=15,599)	2014 (n=16,529)	2015 (n=14,765)	2016 (n=17,040)	2017 (n=16,117)	2018 (n=16,255)	2019 (n=15,410)	2020 (n=17,345)	2021 (n=16,255)	2022 (n=16,255)
固定電話	83.8	79.3	79.1	75.7	75.6	72.2	70.6	64.5	69.0	68.1	66.5	63.9
FAX	45.0	41.5	46.4	41.8	42.0	38.1	35.3	34.0	33.1	33.6	31.3	30.0
モバイル端末全体	94.5	94.5	94.8	94.6	95.8	94.7	94.8	95.7	96.1	96.8	97.3	97.5
スマートフォン	29.3	49.5	62.6	64.2	72.0	71.8	75.1	79.2	83.4	86.8	88.6	90.1
パソコン	77.4	75.8	81.7	78.0	76.8	73.0	72.5	74.0	69.1	70.1	69.8	69.0
タブレット型端末	8.5	15.3	21.9	26.3	33.3	34.4	36.4	40.1	37.4	38.7	39.4	40.0
ウェアラブル端末	—	—	—	0.5	0.9	1.1	1.9	2.5	4.7	5.0	7.1	10.0
インターネットに接続できる家庭用テレビゲーム機	24.5	29.5	38.3	33.0	33.7	31.4	31.4	30.9	25.2	29.8	31.7	32.4
インターネットに接続できる携帯型音楽プレイヤー	20.1	21.4	23.8	18.4	17.3	15.3	13.8	14.2	10.8	9.8	9.0	7.5
その他インターネットに接続できる家電（スマート家電）など	6.2	12.7	8.8	7.6	8.1	9.0	2.1	6.9	3.6	7.5	9.3	10.7

※出所：令和５年版情報通信白書

次に、メディアの接触時間を見てみましょう（図1-03、図1-04）。

図1-03 **メディア総接触時間の時系列推移（1日あたり・週平均）**

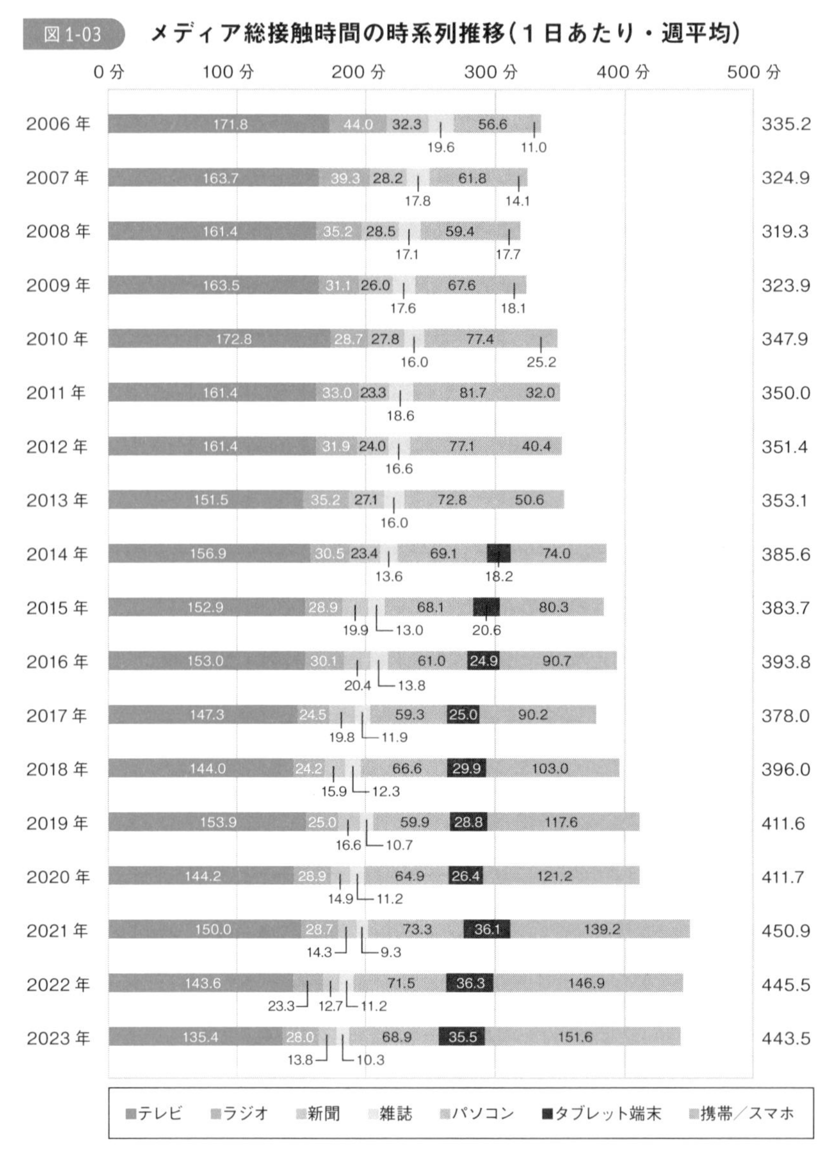

※出所：博報堂DYメディアパートナーズ メディア環境研究所「メディア定点調査2023」
（2021年から調査は東京・大阪の2地区で実施）

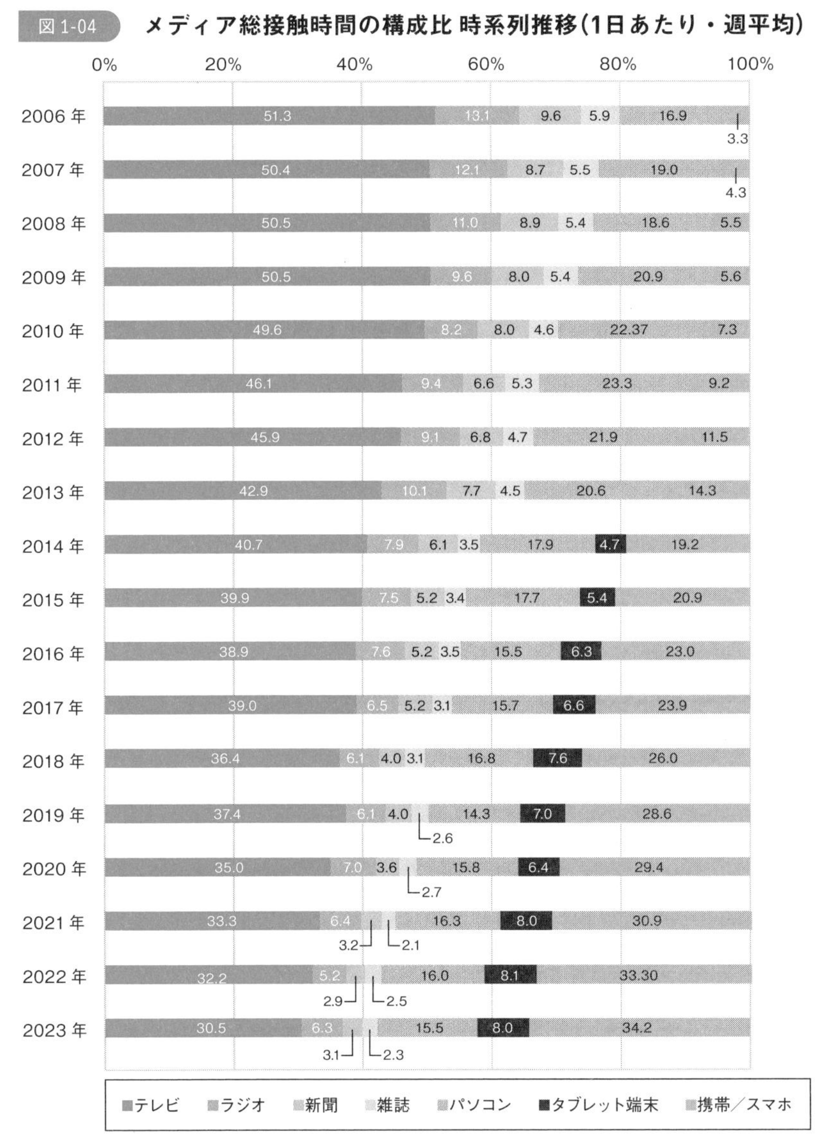

図1-04 メディア総接触時間の構成比 時系列推移（1日あたり・週平均）

※出所：博報堂DYメディアパートナーズ メディア環境研究所「メディア定点調査2023」
（2021年から調査は東京・大阪の2地区で実施）

2023年時点で、日本において、メディアとしてのスマートフォンの接触時間は151分となり、テレビ（週平均135分）を追い抜いており、日本の人々が最も長く時間を費やすメディアとなってきていることに加えて、モバイル端末での消費行動もスマホに集約されてきました。

2010年代の前半から、当時のスタートアップを中心に海外の会社がすでにクオリティの高いスマホアプリを提供し始めていました。例えば、Airbnb（エアビーアンドビー）はスマホ端末から見やすく、使いやすいユーザー体験をアプリで作ることに成功し、一躍、世界中で民泊という新しい価値を提供する会社になりました。

当時の日本の企業が作るスマホアプリは、単にその企業のWebサイトを表示させる機能しか持たないものも少なくありませんでした（外側がネイティブアプリになっただけのもの、というネガティブなニュアンスを込めて「ガワアプリ」「ガワネイティブ」などと呼ばれていました）。

Google日本法人の中でもよりスマートフォンに最適化したユーザー体験を持つアプリや、アプリを起点としたサービスを、もっともっと日本の会社にも作るようになってほしい、と話していたのを覚えています。

なぜアプリビジネスに取り組まないといけないのか

モバイル端末で過ごす時間の中でも、アプリがWebブラウジングを凌駕しています。

図1-05を見ていただくと、ユーザーが端末を操作している時間のうち、アプリに8割以上の時間を使っており、Webに対する（端末上でChromeやSafariといったブラウザを操作している）時間は2割弱しかありません。本書をお読みになっているみなさんも、実際にそういった実感はあるかと思います。

図1-05　**スマートフォンの１日の平均利用時間（2018年12月）**

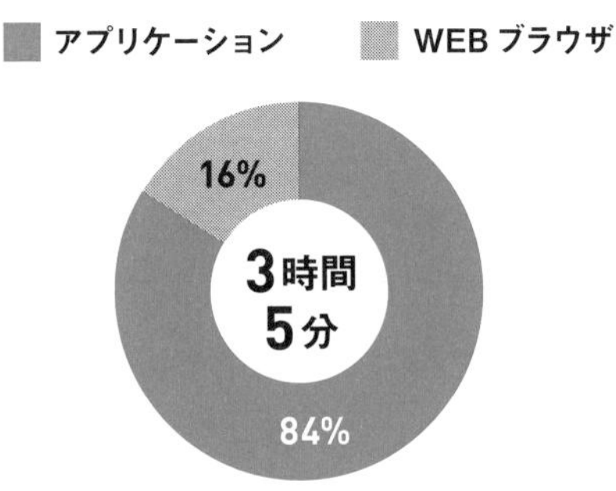

・18歳以上の男女
・アプリケーションおよびブラウザからの利用時間は、カテゴリベースの利用時間を使用

※出所：ニールセンモバイルネットビュー

必ずしもアプリではなくてもいいケースもある

私はしばしば「Webサイト、Webサービスをスマホアプリ化したい」という相談をいただくことがあります。そこですぐ設計などを考え始める前に、「そもそもこれって本当にアプリじゃないといけないのか？」ということをもう一度考えるようアドバイスすることが少なくありません。

ユーザーがアプリをダウンロードすると、そのアイコンが端末のホーム画面に残るという特徴があります。そのため、特定のサービスを何度も使うときはアプリのほうが便利です。サービス提供者側の目線では、アプリをダウンロードしてもらうと、サービスを何度も使ってもらいやすくなるというメリットがあります。

逆に言うと、アプリを作らないと、せっかくそのサービスのことを気に入って「何度も使いたい」と思ってくれているユーザーがいたとしても、その人たちを継続させることが難しいということです。

とはいえ、スマホ端末の容量を節約したい、ホーム画面をゴチャゴチャさせたくない、などといった理由で、ユーザーは何でもかんでもアプリをダウンロードしてくれるわけではありません。特に「一度しか／

たまにしか使わない」サービスは、わざわざアプリをダウンロードするのではなく、Webブラウザで済ませようとするユーザーのほうが多いでしょう。

したがって**サービス提供者としては、ユーザーが「何度も使いたい」と思うサービスを構築できていることが、アプリを作る前提と言えます**。ユーザーの利用頻度が高いサービスや、「アプリでしか理想とするユーザー体験を実現できない」といった場合です。頻繁に使うわけではないユーザーしかいないのであれば、それは必ずしもアプリにする必要はありません。

さらに言うと、GoogleやYahoo!といった検索エンジンが入り口になるため、Webサイトのほうがユーザーから見つけてもらいやすいという側面もあります。

戦略に対応した選択がなされるべき

アプリを作る際、いざ開発をする前に「ユーザーはどうやってそのアプリに気づいてくれるのか？」といった論点まで考慮しておかないと、「開発したはいいが誰も気づいてくれない」「使われない」といった事態になりかねません。

お伝えしたいことは、Webはユーザーに見つけてもらうことが得意、アプリはユーザーと頻繁かつ長期的なエンゲージメントを構築することが得意、ということです。Webは一見さん、アプリは常連さんに向いている、と言うとわかりやすいでしょうか。

そして、ビジネスとしてより大事なことは、スマートフォンなどのモバイル端末を使用するユーザーに対して、自社サービス全体の、ユーザー数、利用時間、売上などの事業指標を最大化することです。本質的には「Webかアプリか」という議論も、その戦略に対応した選択がなされるべきだと考えています。

参考

たつおの部屋：Webメディアをアプリ化するときに知っておいたほうが良いこと

http://www.tatsuojapan.com/2018/04/webvsapp.html

たつおの部屋：アプリとウェブの奇妙な愛の物語

http://www.tatsuojapan.com/2014/07/blog-post.html

非ゲームアプリのマーケティングについて語ったよ

https://irnote.com/n/n5c6737002133

POINT

◉日本におけるスマートフォンの浸透率は９割を超え、消費者にとって最も身近なメディアになりつつある

◉アプリは、人がスマートフォンを利用する可処分時間の８割のシェアを占める

◉ユーザーに見つけてもらうことが得意なWebか、ユーザーをつなぎ止めていくことが得意なアプリかは、事業戦略に応じて選択されるべき

ここだけは押さえたい マーケティングの基礎

本書はアプリ「マーケティングの教科書」と題しています。「マーケティング」は、その言葉を受け取る個々人によって非常に広く解釈されている言葉です。本題に進んでいく前に、筆者なりの「マーケティング」という言葉の理解と、本書で特に扱いたい領域を定義していきたいと思います。

マーケターの仕事とは？

早速ですが、漠然とした質問をします。

「マーケティングとは何ですか？」

例えば、経営学を発明した国である、アメリカのマーケティング協会は、2007年にこう定義しています。

「マーケティングとは、顧客、依頼人、パートナー、社会全体にとって価値のある提供物を創造・伝達・配達・交換するための活動であり、一連の制度、そしてプロセスである。」

（慶應義塾大学 高橋郁夫・訳）

“価値”“伝達”といったキーワード だけでなく、“創造”“配達”“交換”といったジョブが定義に含まれているのが、筆者としては興味深く感じるところです。

続いて、1990年の日本のマーケティング協会の定義を紹介します。

「マーケティングとは、企業および他の組織がグローバルな視野に立ち、顧客との相互理解を得ながら、公正な競争を通じて行なう市場創造のための総合的活動である。」

マーケティングの目的は“市場創造のため”、内容は“総合的活動”とされています。ここで重要なのは「“広告宣伝”や“価値の伝搬”などの狭い領域のことだけを、マーケティングと呼ぶのではない」というメッセージだと解釈できないでしょうか。

最後に、マーケティング研究の大家、フィリップ・コトラー氏の言葉を借りましょう。

「マーケティングとは、製品と価値を生み出して他者と交換することによって、個人や団体が必要なものやほしいものを手に入れるために利用する社会上・経営上のプロセス。」

(『コトラーのマーケティング入門』丸善出版／恩藏直人・訳)

これらのインプットを筆者なりに総合して解釈し、あらためてこう定義しました。

マーケティングとは、「会社または組織が」「製品、価値、市場を創造し」「他者との交換を通じて」「ほしいものを手に入れる」「制度・プロセスのこと。」

しかしこう考えると、一般的な企業の“マーケティング部”の職務分掌よりも、だいぶ扱う領域が広い感じがしないでしょうか？　製品やサービス全体、なんなら会社全体を経営するのと、ほぼ変わらないのではないかと思えてきます。

ということは、「マーケティング力＝経営力」（より正確には、経営力に非常に大きく影響する因子）と言っても過言ではなさそうです。

プロモーションという片輪を担ってきた「広告宣伝部」

とはいえ、一般的に「マーケティング部」というキーワードから想像される仕事はどういったものでしょうか？

「ブランドイメージを調査したり、広告を打ったり、販売促進施策を考えたりする仕事」

こうしたイメージを持たれている方もいるかもしれません。たしかに、もともと日本企業において、マーケティング活動と呼ばれている仕事を請け負ってきたのは、「広告宣伝部」だったことが多いです。

こうした印象が一般的なのは、もともと日本企業は、特に高度経済成長期からモノづくりを得意としており、「いいモノを作って　→　売る」という企業活動が一般的だったからかもしれません。つまり、マーケティング部門は「モノを作る」工程よりも後の「売る」ところのみを期待されていたということです。

また、著名なクリエイティブ・ディレクターやコピーライターの仕事がクローズアップされることが多いことも影響しているかもしれません。

広告宣伝や販促だけがマーケターの仕事ではない

一方で、マーケターの仕事というのは、必ずしも「製品やサービスができて“から”たくさん売る方法を考え実行する」だけではなく、「誰に対して、どんなモノやサービスを作って、いくらで値づけして、どのように届けるのか」という一連のプロセスに注力し、調査・企画・検証を回さないといけないと私は考えています。いわゆる「４Ｐ」というフレームワークです。

とはいえ、本書の中で製品・サービスのマネジメントや経営全般そのものを扱うには紙幅が足りませんし、よりスマホアプリにフォーカスした内容を求めて本書を手にとっていただいた方のほうが多いでしょう。

ここまで長い前置きでしたが、本書では、特にアプリ（を起点としたビジネス）が市場にローンチできる状態になったことを前提として、それをスマートフォンユーザーにどう届けていくか、といった点にフォーカスして知識をお伝えできればと思います。

しかしマーケターとして、広告宣伝や販促だけがマーケティングの仕事ではない、ということをぜひ頭に入れて本書を読み進めていただければ幸いです。

POINT

- **マーケティングとは、“広告宣伝”や“価値の伝搬”などの狭い領域のことだけを指すのではない**
- **マーケティングを担当する「マーケター」は本来、誰に・どんなモノやサービスを作って・いくらの値づけで・どのように届けるのか、という連続したプロセスすべてに携わるべき**

アプリ先生コラム①

広告代理店は何をしてきたのか？

マーケティングにおける日本独特のビジネス環境

日本における広告やマーケティングを語るうえで「広告代理店」というプレイヤーは欠かせない存在です。

筆者は長く外資系の会社に勤めていますが、日本市場の特徴を本社に説明するとき、電通や博報堂、サイバーエージェントといった広告代理店の業界での立ち位置や資本関係、彼らとの協業・連携の重要性を理解してもらうのにしばしば腐心します。

例えば、米国や欧州においては、アプリ企業では特に広告キャンペーンを運用する主体が事業会社そのものであるケース（いわゆる「インハウス運用」）が多いのに対し、日本においては広告代理店に運用を委託しているケースが多いからです。

また、マーケティングに関する意思決定についても、日本の広告代理店は大きく関与していたり、戦略策定の一員であることもあります。

マーケティングを広く深く支えてきた存在

電通や博報堂、サイバーエージェントに代表される広告代理店は、極めて広いサービスラインを持っています。

広告代理店の祖業は、その名の通り広告媒体を仕入れて販売・運用する“代理業”ですが、日本の特に「総合広告代理店」と呼ばれる大手プレイヤーは、製品やサービスをどう企画し、どう売っていくか、という上流の議論から参画することも少なからずあります。このようにして、日本企業におけるマーケティングを広く、深く支えてきました。

欧米の広告代理店は、競合他社に対する情報管理の関係から「1業種1社制」のルールを持つことがあります。

例えば、Aという広告代理店がトヨタ自動車を顧客として担当していた場合、A社は他の自動車メーカーを顧客とすることはなく、ホンダ（本田技研工業）はBという別の広告代理店が仕事を請け負う、というような仕組みです。

しかし日本においては、広告代理店の社内で情報管理体制を敷きつつ、同業界でも複数の企業を請け負ってきました。その分、1つ1つの産業における知見や消費者データ、マーケティング経験豊富な人材が歴史的に広告代理店に集まりやすかった、という構造があるでしょう。

広告代理店自体も、代理業やプロモーションにとどまらず、消費者データを集めたりインサイトを抽出したりする組織を社内に持ったり、企業にコンサルティングを行なえる人材を育てたり、スポーツなどのエンターテインメントコンテンツにおける仕組みを作ったり、多様な経営努力をしてきました。

先の本文で、日本企業のマーケティング機能を、古くは広告宣伝部が担うことが多かったと述べました。それは広告代理店が持つ機能が強く、それゆえに彼らと協働してマーケティングを実行していかなければいけない、という慣習的な部分がネーミングにも現れていたのかもしれません。

Chapter

2

マーケティングは データ活用の時代へ

「データは21世紀の石油だ」―― 最近の
ビジネス書などではこうした言葉が多く使われますが、
マーケティングは、まさにデータという
資源によってその在り方を進化させてきました。
本Chapterでは、マーケティングにおける
基本的なプロセスをご紹介するとともに、
企業やマーケターが持つべき視点・能力を考えます。

デジタル時代のマーケターの役割とは

Chapter 1 では、マーケティングという言葉が内包するプロセスの幅広さと筆者なりの定義を概略として紹介しました。次に、現代のマーケティングにおいて特に進化した部分を踏まえて、デジタル時代に必要なマーケティングの役割について述べていきたいと思います。

「効果測定」の発達と活用

「マーケティング活動は、広告宣伝活動に限らない」とChapter 1で説明しました。一方で、広告宣伝活動がマーケターにとって重要な活動であることに異論はありません。

広告宣伝活動は、一般的に以下のようなサイクルを経ます。これは、現在でも普遍的なものかと思います。

広告宣伝活動の流れ

予算確定
↓
メディアプランニング
↓
広告・販促リソースを投下
↓
効果測定

この中で、デジタルテクノロジーが発達したことで、大きく進化している項目が「効果測定」です。

消費者行動が追跡できるように

もともと、テレビCMなどマス広告のみを投下する広告宣伝活動の場合、それによってどの消費者がどのような購買行動に至ったのか、直接的な相関を見ることは原則不可能でした。そのため、どのくらい広告を投下して、どれぐらい全体に対してインパクト（認知度や好感度、売上などの変化）があったのかというところまでを見ることができても、それ以上の詳細な測定は難しいというのが当たり前の考え方だったわけです。

しかし、デジタル広告の登場によって、「特定の広告の結果」としての消費者行動（購買など）が追跡できるようになったのです。

これは、企業の広告戦略にとって革新的なことでした。「予算に応じてこのくらい広告を出稿しよう」という従来の考え方から、「このぐらい消費者を獲得するためには、このくらい広告を出稿しなければいけない」という“逆算”思考が可能になったからです。

結果を基にPDCAを回す手法が一気に拡大

さらに、デジタル広告の世界では「この媒体やクリエイティブは効果がよかった／悪かったから、より出稿を増やそう／減らそう」というPDCAを回す手法が一気に拡大し、またそのような運用が可能な媒体の人気が高まりました。この考え方は、今やノバセル社やテレシー社などが手がけるマス広告にまで浸透し始めてきています。

図2-01 **デジタル広告で可能になった逆算思考**

以前の広告の考え方	デジタル広告の登場
「予算に応じてこのくらい広告を出稿しよう」という従来の考え方	広告を投下した「その結果」としての購買といった消費者行動の変化が追跡できるように

本当に消費者が購買に至ったのか、直接的な相関を見ることは原則不可能。どのくらい広告を投下できたか、どのくらいその広告が消費者と接触したか、といった測定が限界

「このぐらい消費者を獲得するためには、このくらい広告を出稿しなければいけない」という逆算思考が可能になった

Chapter 1の話に関連して、広告宣伝活動を担うマーケターも、広告投下に起因する消費者の行動変化や反応のデータが取れるようになったことで、それを製品・サービスにフィードバックして事業成長につなげられるようになった、その土壌がどんどん整ってきた、とも言えます。

そのため、広告宣伝活動の運用（PDCAサイクルを回すこと）に加えて、そのデータを基にしたインサイト発見をもセットで行なえる人が、マーケティングの中心に求められる時代と言えるでしょう。

それでは、企業はどういった人材をマーケティングの担い手として採用するべきでしょうか？　筆者の個人的な見解にはなりますが、さまざまなマーケターと議論を重ねて、少なくとも以下の点を人材採用時に評価するべきだと考えます。

①デジタル時代に即したマインドセット

最初にこの項目をあげることからも、最も重要な人材要件です。

デジタル時代では、技術やメディアのトレンドが非常に早く進化していき、業界全体の手法や勢力図がガラッと塗り替わるといった出来事も珍しくありません。そのため「①変化についていくことができる」「②テクノロジーにアレルギーがない」ということが具体的な要件として必要になると考えています。

１つ例をあげると、Cookie というWeb広告において非常に重要な技術がありますが、その技術にまつわる業界動向は現在進行形で日々変化しています（Cookie については「アプリ先生コラム⑧プライバシー保護とサードパーティ Cookie」で詳しく解説します）。

こうしたトレンドに素早くキャッチアップしていかなければ、思考停止したように従来のやり方で戦っていくことになってしまいます。マーケティングのパフォーマンスを上げることができず、競合の後塵を拝してしまうことになるでしょう。

②データ・アナリティクスの素養

テクノロジーの進化によってマーケティングの効果測定が飛躍的にできるようになったと先述しました。その分、効果測定はその「設計」の巧拙が出るようになったとも言えます。

つまり、「どういった目的で」「どういった手段でデータを集め」「どう加工し」「どう分析し」「そこからどういったインサイトを見つけるか」といった一連のプロセスを走らせることが重要です。これを２つに分けると、次のような形になります。

a.データ収集の設計

分析の目的を定めたうえで、適切なデータをどう集めるかを設計できること。統計を学んで、データの意味を正しく理解できる人材である必要がある。

b.データ分析の品質

データを加工し、そこから自分なりの分析で消費者の行動や心理（業界では「インサイト」と呼ぶことが多い）を理解する人材である必要がある。

③消費者の観察眼

先のデータ・アナリティクスが定量的な分析素養だとするならば、こちらは定性的な分析素養だと言えるでしょうか。マーケティング活動は、なにも業務時間にオフィスで働いているときだけとは限りません。

例えば、街に出てショッピングをするとき、インターネット上でウェブサイトを見ているとき、友人知人と話しているとき……。一消費者の目線で「今はこういったものが求められている」「こういった消費者行動がトレンドになっているのではないか」といった気づきができるか、それもまたマーケターにとって非常に重要な要件だと言えます。

そうした観察眼を磨いておく、アンテナを立てておくことは一見簡単なことのようで、個々人による差分が出やすい、非常に貴重なスキルになりえます。

④クリエイティブへの造詣

マーケティング活動は、製品やサービスをまず消費者に知ってもらうことから始まります。それらを伝える際に、特に人間の受け取る情報の8割を占めると言われる視覚情報において、使用されるのが「クリエイティブ」です。

広告はそもそも、企業からすると「見せたい」ものですが、消費者が「見たい」と思っているものではありません。人がどういったものであれば見てくれるのか、何を目にすれば認知や行動が変わるのか、マーケターはそこを理解する必要があります。必ずしも自分自身がデザインする立場でなくとも、その指揮を執れるということが非常に重要です。「③消費者の観察眼」と関連するところでは、例えばこの数年で「縦型動画」が爆発的にメジャーになってきたことに代表されるように、ユーザーが日々接しているメディアや、コンテンツのフォーマットやテイストも日々変化しています。そのトレンドの変化を逃すと、効果的なプロモーションを行なうことは難しくなります。

また、特にデジタル広告においては、クリエイティブごとの成果を瞬時に可視化することができます。そのため、クリエイティブの良し悪しを素早く分析し、改善のアクションを速いサイクルでたくさん行なうことができれば、飛躍的に高いパフォーマンスを上げることが可能になります。

⑤製品・サービスに対するコミットメント

先の「マーケターの仕事とは」でも説明しましたが、そもそも「マーケティング＝経営」であるべきで、消費者にとって製品・サービスをよりよいものにしていくという意識やスキルもまた必要になります。特に、CMOやマーケティング責任者など、組織内のより高いレベルの役職につくマーケターには必須の人材要件だと考えます。

すでに出来上がった製品やサービスを「どう消費者に届けるか」だけではなく、その消費者の声を拾い上げつつ、「どうしたらもっと製品・サービスをよくできるか、使ってもらえるものにできるか」に対して打ち手を打てるマーケターは貴重な存在となります。

⑥経営力

「マーケティング＝経営」と捉えたとき、「人・モノ・金・情報」といったリソースをどう配分して、継続的にビジネスを成長させられるか、そのマインドセットと実際の経験を持てるかどうかも大きなキャリアの分水嶺になります。

例えば「予算がないから思った通りのプロモーションが行なえない」という人は、与えられたリソースの中で行動することしかできていないと言えます。どうすればより多くのリソースを得られるのかを考え、例えばプロモーションのROIを試算して自らプレゼンするなど、経営者の視点で行動できるようになれば、より大きなことができるようになって楽しいことだと思います（その分、責任も増しますが）。

POINT

- **現代のマーケティングでは、テクノロジーを活用した活動とその効果測定が発展し、成果からの逆算思考が重要になっている**
- **マーケターには、消費者の観察眼やクリエイティブへの造詣だけでなく、データ分析を基にした経営や製品開発への参画が期待される**

マーケティングファネルとデジタル時代のマーケティング選択

本書を読み進めるにあたって、また実務に就くにあたって、知っておいてほしいマーケティングの理論や広告宣伝活動の類型化について解説していきます。

顧客目線に立つ＝カスタマージャーニー

消費者は、製品やサービスに出会い、購入に至り、そして継続利用、購入していくまでに実に多くのステップを踏んでいます。それらを「カスタマージャーニー」（顧客の旅）と呼びます。

こうしたステージを顧客の心情とともに理解して、製品・サービスの企画・開発、またはそのプロモーションに反映させようというのが、この理論の目的および使い方です。

本質的に重要なのはその用語を暗記することではなく、**それぞれのステージ・行動で顧客の目線を持てるかどうかです。さらに言うと、企業と顧客が関係を構築するまでのどこにどのような落とし穴があるか**、といった視点を持つことが重要です。

例えばスマホアプリで言うと、最初の顧客接点は知人からの口コミ、テレビ番組などメディアでの紹介、マス広告などさまざまな種類があります。アプリを知ったユーザーがすぐにダウンロードしてくれるとは限らず、同種の他のアプリと比較検討したりしたあとで、Webやアプリストアで検索してからダウンロードする、といった行為が一般的でしょう。

そのためアプリマーケターであるみなさんは、多くの人に認知してもらう活動をするだけでは十分ではなく、比較検討に必要な情報を届けたり、検索した際に上位に表示されるような施策を行なったり、といった各ステージごとに異なる対応をしなければなりません。

また、カスタマージャーニーという言葉が出てくるより以前から「AIDMA」や「AISAS」といったフレームワークもありました。これらのフレームワークも、ユーザーの行動と心理を理解するための概念の一種です。

図2-02 **AIDMA、AISAS**

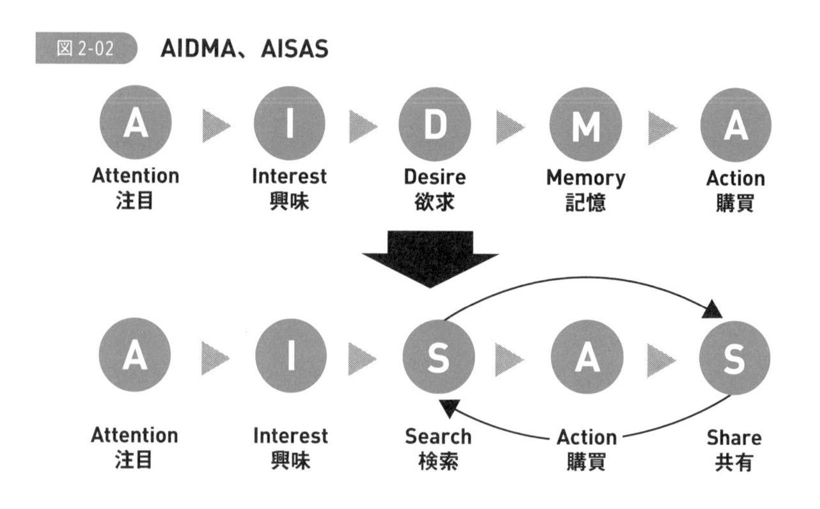

企業が段階的にプロモーション目的を設定する＝マーケティングファネル

マーケティングファネルとは、消費者へのアプローチを、間口の広い上部から下部に向かうにつれ容積が小さくなり絞り込まれていくファネル（漏斗＝じょうご）の形になぞらえて理解する概念です。

図2-03を見てください。例えばある製品やサービスについて、多くの人が「認知」をしていても、実際に「購入」に至る人はそれに比べずっと少なくなります。そのような、消費者が製品・サービスと初めて接点を持つ段階から、徐々に絞り込まれていく様子が、この図では表現されています。

カスタマージャーニーが顧客目線での概念だとしたら、マーケティングファネルは企業目線の概念とも言えるかもしれません。

図2-03 **マーケティングファネル**

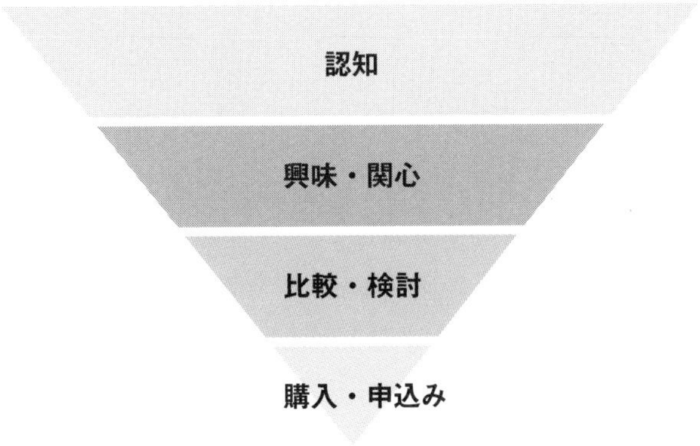

目的に合わせてプロモーションを最適化する

なぜマーケティングファネルが重要かというと、このそれぞれのステージによって潜在顧客へのアプローチ、例えば投下するプロモーションの種類が変わってくるからです。

例えば最も上のレイヤー、製品・サービスを「認知」している人を増やさなければいけない際、Googleなどの検索連動型広告は効果的ではありません。なぜなら、そもそも認知している人が少ないということは、その製品・サービスの名前を調べようという人も少ない、あるいは、カテゴリ名（「地図 アプリ」など）で検索した際に自社サービスを選んでもらえる可能性が低いからです。広告のパフォーマンスも振るわないでしょう。

逆に、最も下の、すでに製品・サービスを「認知」していて「比較・検討」まで行なっているような層には、サービス名を連呼するようなテレビCMを流すよりも、直接的なアクションを促すようなデジタル広告のほうが相性がいいかもしれません。上述した検索連動型広告や、一度サイトに訪問したことがある人に再度リーチする「リターゲティング広告」などが有効だと考えられます。

このように、目的に合わせてプロモーションを最適化する文脈でも、マーケティングファネルの理解は必須となります。

ブランディング広告とパフォーマンス広告

マーケティングファネルを考えたときに、主に「認知」「興味・関心」を喚起する広告を「ブランディング広告」、「検討」「購入・申込み」などのアクションに直接誘導する広告を「パフォーマンス広告」と呼ぶことが多いです。前者は、“認知（広告）”やアッパーファネル、後者は“刈り取り”やローワーファネルなどとも呼ばれます。

ブランディング広告の代表例と言えば、やはりテレビCMに代表されるマスメディア（テレビ・新聞・雑誌・ラジオなど）での広告出稿があげられます。

また、パフォーマンス広告の代表例としては、デジタル広告の多くがそうだと言えるでしょう。マスメディア広告とデジタル広告が、そのままブランディング広告とパフォーマンス広告を区別する言葉として認識されていた時代も長くありました。

図2-04 ブランディング広告とパフォーマンス広告

ブランディング広告

テレビCMに代表されるマスメディア（テレビ・新聞・雑誌・ラジオなど）での広告出稿

パフォーマンス広告

デジタル広告全般

デジタル広告の手法をマス広告に応用する動き

一方で、近年は「ブランディング＝マスメディア」「パフォーマンス＝デジタル」とも言えない環境になってきました。ブランディングをデジタル広告で実施したり、パフォーマンス広告の考え方でマス広告を実施するサービスが増えてきたためです。

例えば、以下のような広告媒体は「ブランディング×デジタル広告」の代表的なものです。いずれも、動画などのリッチコンテンツを、テレビCMのようにユーザーの画面に一定時間流すことができるようになっています。

▍YouTube TrueView

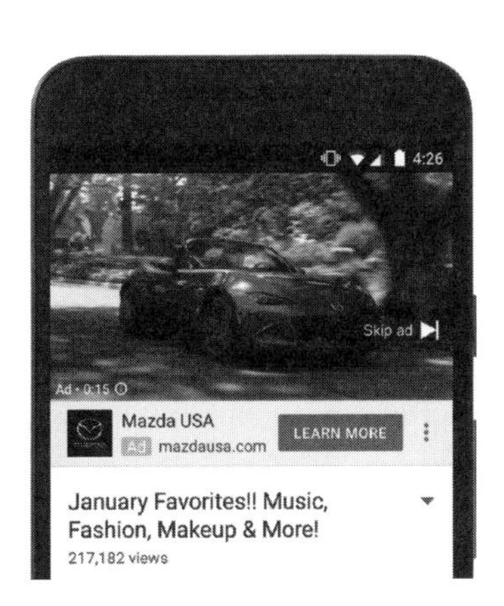

▍Instagram

▌X（旧Twitter）

また、ここ数年でマス広告の代表例であったテレビCMを、パフォーマンス広告型で「運用」しようという動きが活発です。

▌ノバセル（ラクスル子会社）

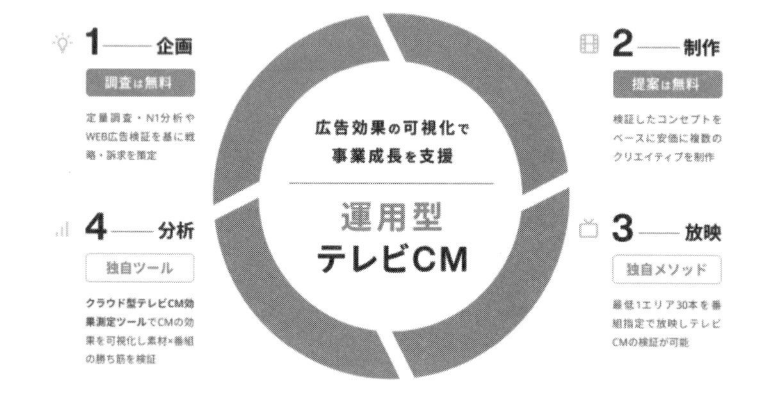

テレシー（VOYAGE GROUPおよび電通の共同事業）

ブランディング広告は従来、予約型と呼ばれる方法で販売されてきました。テレビCMであればGRP（Gross Rating Point＝延べ視聴率：一定期間に流したCM１本ごとの視聴率の合計）という“どれだけ見られたか”という指標によって管理されています。

上記にあげたノバセルやテレシーといったサービスは、それとは一線を画しています。

テレビCMのより直接的な成果として、特定キーワードの検索回数や、Webサイトへの訪問、顧客の獲得件数およびその単価など、従来のデジタル広告で用いられていた考え方をテレビCMに持ち込んだのです。そのため、従来では難しかった、より精緻な効果測定や、次に向けたクリエイティブの改善やCM放映枠の調整などの「運用」の概念が、テレビCMにも適用できるようになりました。

このように、デジタル広告で表現できる世界観や、マス広告での成果測定の在り方も変わってきており、これからはよりマス広告のパフォーマンス目的での利用や、デジタル広告のブランディング目的での利用も広がっていくことが考えられます。

それに従い、マーケターに求められる知識の幅も広がり、より総合的になってきていると言えるでしょう。

検索連動型（リスティング）広告とは

検索連動型広告とは読んで字のごとく「ユーザーが特定のキーワードを検索する際に表示される広告のこと」です。最も有名なものはGoogle Ads（旧Google AdWords）の検索広告です。

検索連動型広告を運用するうえで最も重要な戦術は「どんなキーワードにどの程度の強度で入札するか」です。キーワードにも大まかに３種類あります。

１つ目は、自社のサービス名（商標名）や社名など固有のワードで、「指名キーワード」「ブランドキーワード」と呼ぶことが多いです。

２つ目は、自社の競合となる類似サービス名や社名などに入稿することも一般的で、それらは「競合キーワード」とよく呼ばれます。競合系キーワードについては、業界によって紳士協定などが決まっていることもあり、サービスを展開する業界での扱いに、注意する必要があります。

３つ目に「一般キーワード」というものがあります。指名キーワードに対して対照的なものとして、「非指名キーワード」と呼ばれることも多いです。これらは、ユーザーが検索する段階では、未だ特定のサービスを使うと決めておらず、一般的なキーワードで探しています。

例えば、ビデオオンデマンドのアプリについて考えてみます。「Netflix」というサービス名（ブランドワード）で検索するユーザーは、「Netflixを視聴しよう」「Netflixについて調べてみよう」という意向を少なからず持っていると推察できます。

一方「ビデオオンデマンド」や「動画 アプリ」というキーワードで検索するユーザーは、これから同種のサービスを調べ、いくつか比較してから使うものを決めよう、という段階であると推察できます。

そのため、一般キーワードでのユーザー獲得には価値がありますし、検索連動型広告でも、ブランド系キーワードより高い獲得コストがかかってしまうことがほとんどです。

図 2-05 **キーワード検索と検索連動型広告**

ディスプレイ広告とは

ディスプレイ広告とは、Webサイト上やアプリ上の広告枠に、いわゆるバナーと呼ばれる画像素材を表示させる広告のことです。こちらも、Google社が提供するGoogle Display Network（GDN）が最も有名なものでしょう。Googleは、Google AdSenseやGoogle Ad Exchangeといった媒体社向けの広告プロダクトを展開することで、多くのディスプレイ枠を獲得しています。

近年では画像だけでなく、動画やプレイアブル（ユーザーがインタラクティブに操作できるもの）といった、よりリッチな体験を提供するディスプレイ広告も多くなっています。

ユーザーが能動的にサービスについて調べようとしている（「プル型」とも言える）検索連動型広告と比べると、ディスプレイ広告はまだそれほど温度感が高いわけではないユーザーに対してサービスを認知してもらうために使う、「プッシュ型」の広告だと言えます。

ただし、一度サイトを訪れたユーザーや、サービスを利用したことがあるユーザーに、再度サイトへの来訪やサービス購入を促す「リターゲティング（リエンゲージメント）広告」は、よりファネルの下部で効果を発揮します。さまざまな目的で活用可能な広告フォーマットです。

獲得効率を追い求めるだけでは不十分

検索連動型広告とディスプレイ広告に関してときどき見られるのが、検索連動型広告は実施していて、ディスプレイやSNS 系広告をユーザー獲得コストが高いという理由で行なっていない、という状況です。

また、検索連動型広告だけに限っても、人気が集中しがちな「一般キーワード」（広告業界では「ビッグワード」と呼ばれたりします）はコスト高騰を嫌って避け、自社名やサービス名などブランドキーワード、あるいは比較的人気のない一般キーワードのみを買いつけている、というケースも散見されます。

当然、獲得効率の目標に対して調整をかけなければいけない、という気持ちは理解できます。一方で、検索連動型広告の指名系キーワードだけでユーザーを獲得しているのは、「顕在層」だけを獲得できているに過ぎません。

アプリであれば、すでにインストールする機運が十分に高まっているユーザーを確実に獲得しているだけであり（それはそれで重要ではあります）、「こんなアプリがあるなんて知らなかった」「初めて興味を持った」というような、新しいユーザーを開拓することができていないわけです。

マーケターとして求められる思考

ニーズが顕在化しているユーザーに対してのみ広告を配信していれば、数字としてのパフォーマンスは確かによくなるでしょう。しかし、マーケティングのファネルで言うと、すでに下のほうまで降りてきているユーザーを手っ取り早く「刈り取って」いるだけとなります。その層は、いずれ刈り取りが終わってしまいますし（業界用語として「焼き畑」と呼ぶことさえあります）、ビジネス機会を継続的に大きく広げることにはつながりません。

獲得効率の数字だけを表面的に追い求めるのではなく、**「そのキーワードや媒体面でどういった層のユーザーを獲得できているのか？」「刈り取りだけでなく、パイを広げる活動も十分にできているか？」**を**常に考えて運用を進める**ことができることが、マーケターとして求められる思考だと筆者は考えます。

メディアプランニングとシミュレーション

上記の概念を踏まえたうえで、実際にそういったフレームワークをマーケティングの担当者や広告代理店の方々はどう活かし、どういった実務を行なっているのでしょうか。２点ほど、具体的な業務を例にとって解説します。

広告予算をどの媒体にどう振り分けるかを決める「メディアプランニング」

マーケティングに投下する予算のうち、広告予算をどの媒体にどう振り分けるか、を決定するのがメディアプランニングです。

例えば、ある企業の全体の予算を１億円としたときに、先ほどのマーケティングファネルの考え方から、

アッパーファネル（認知・興味・関心）に7000万円
ローワーファネル（比較・検討・購入）に3000万円

を振り分けます（「アッパー（upper）ファネル」とはファネルの上のほう、「ローワー（lower）ファネル」とはファネルの下のほう、という意味です）。

恐らくこの企業は、まだサービスの認知度があまり高くないので、認

知度の向上（マス広告など）に比較的多くの予算を割いているのでしょう。一方で、広告経由でサービスを知って調べてくれたユーザーを検索連動型広告で着実に刈り取ったり、検討中に一度サイトを訪れたユーザーをリターゲティング広告で追いかけたり、といった活動も怠らずに一定の予算を振り分けています。

さらに、ローワーファネルの中で具体的な媒体への予算配分に落とし込んでいきます。ローワーファネル全体が3000万円ですから、

Google広告	1000万円
Meta広告	600万円
X（Twitter）広告	400万円
アドネットワークA	200万円
アドネットワークB	150万円
アドネットワークC	100万円
…	

といった形です。通常は、パフォーマンスが高い媒体により多くの予算を振り分けます（そのため、正しい予算配分を行なうためには、なるべく同じ基準ですべての広告媒体を比較できたほうが望ましいです。ですが実態としては、媒体ごとに成果の評価方法が異なっているため、注意が必要です。詳細は後のChapterで解説します）。

目的ごとにプロモーションを設定する

メディアプランニングにおいて重要なのは、目的ごとにプロモーションを設定するということです。媒体の特性を把握しながら、ターゲットとする消費者に最も効率よく届けられる配分を考える必要があります。

また、すべての媒体は同じ獲得効率を維持したまま、無限に規模を拡大できるわけではありません。１つの媒体に対して投下する予算を増やせば増やすほど、原理的に効率は悪くなっていきます。なぜなら、予算を増やすにつれて「より顧客になりづらい」ユーザー層にまでリーチを

広げなければならないからです。

この「ユーザーを１人増やすのにかかる費用」のことを「限界コスト」と呼び、限界コストは投下予算とともに大きくなります（だんだん大きくなることを教科書などでは「逓増（ていぞう）する」と表現します）。つまり、予算を増やして、ユーザーを増やせば増やすほど、追加でユーザーを獲得するのにかかるコスト負担が大きくなっていくのです。

届けたい消費者層に対して完全にリーチし切った「閾値」に達した以降は、どれだけ広告を投下しても動かせない消費者しか残っていないことになります。

図 2-06 **広告投下の閾値**

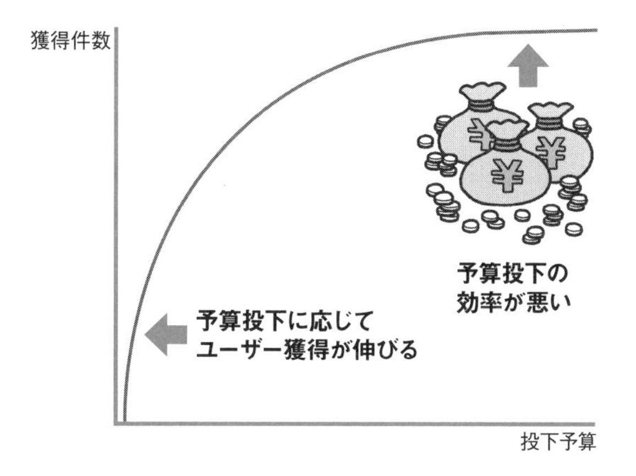

各媒体ごとに目的・指標・目標を正しく設定する

実務的には、事前のプランニング段階で、媒体からもらえる情報をもとに出稿規模のあたりをつけます（私自身よく広告主や広告代理店の方から「このアプリ、この獲得単価で、月間いくらぐらい配信できそうですか？」という見積り依頼をいただきます）。広告配信が開始したあとは、広告を運用してパフォーマンスを見ながら、全体最適を目指して予算配分を調整していきます。

この部分は、マーケターの経験則が試される部分でもあります。各媒体や広告代理店などとも連携しつつ、自社がこれまで広告を投下してきた実績を踏まえ、社内にノウハウを貯めていくことが資産になります。

同時に、プランニングに入れた媒体ごとに、測定・観察すべき指標をあらかじめ正しく設定しておくことも必要です。

例えば、本来は「認知」に対して効果を発揮する広告媒体に対して、獲得単価の目標を設定することは、広告効果の良し悪しの判断を誤ることにつながります。全体を俯瞰した効果測定と振り返りも当然必要ですが、各媒体ごとに目的・指標・目標を正しく設定することが大原則です。

シミュレーションの考え方

メディアプランニングを精緻にするため、媒体社と相談しながら、媒体ごとにシミュレーション（配信の想定）を行なうことがあります。

ここで重要なのは、「事前に定めた目標を維持しつつ、どのくらい配信ができるか（最大想定配信金額）を予測する」ということです。

基本的には、獲得などに対する単価（CPA）、パフォーマンスに関する指標（CPC、CTR、CVRなど）、オーディエンス（配信ターゲットとする層）設定とそのボリューム、類似案件の実績などを総合的に勘案して算出することになります。

単価や指標の目標がシビアであればあるほど配信金額の上限は低くなります。より特定されたセグメントのオーディエンスだけに配信した場合についても同様です（「女性全体」よりも「都内在住の30代の女性」のほうが配信可能な規模が小さくなる）。

こうしたシミュレーションは、実際には難しいことも多いため、事前に正確な予測を立てることに労力をかけるよりも、「エイヤ！」で始めて、あとから運用フェーズで調整していくほうが現実的です。

一方で、サービスによってはあらかじめシミュレーターが用意されていることもあります。例えば、Googleの検索連動型広告では、目標とするパフォーマンスなどを設定すると、システムが自動的に想定を返してくれます。

参考

シミュレーションを使用してスマート自動入札の掲載結果を予測する – Google 広告 ヘルプ

https://support.google.com/google-ads/answer/9634060?hl=ja

参考

スタートアップのためのマーケティング講座

https://note.tatsuo.online/n/nab0a83d407fa#4zLyR

POINT

- **マーケティングファネルやカスタマージャーニーといった基本的概念を学び、自社の目的や状況に合わせた打ち手を選択しよう**
- **広告宣伝活動の分類を理解し、メディアプランニングでは目的に沿った媒体選択と効果測定を設計しよう**

Chapter

3

デジタル広告を正しく理解する

このChapterでは、デジタル広告とアプリ広告の
歴史を紐解き、現在の形になるまでの過程を
読者のみなさんと追っていきます。
テクノロジーの進化とともに築かれてきた
広告エコシステムの理解が、実務における解像度を
ぐっと高めます。ただの歴史物語ではなく、
読者のみなさんが自分で語れるようになるぐらい、
わかりやすく構造を解説することにトライしてみます。

アドネットワークの誕生と進化

デジタル広告業界で働く人でも、その全体像や市場の構成要素を１つ１つ理解せずに業務に取り組んでいるケースが実は多いように思います。市場を俯瞰していくために、その歴史を１つずつ学んでいくことが、現在の構造を理解するための早道です。

デジタル広告の歴史を知る意味とは

なぜ、デジタル広告の歴史を知る必要があるのでしょうか。

「テクノロジーは日々進化しているのだから、最新のものだけ知っておけばいいじゃないか？」
「なぜ過去の古めかしい時代を振り返る必要があるのか？」

こう疑問に思われる方もいらっしゃるかもしれません。

しかし、デジタル広告やアドテクノロジー（アドテク）の進化は、業界を取り巻く環境の変化や、主要なプレイヤーの意思によってもたらされたものです。歴史を理解することで、どのような環境の変化や意思がどのように業界を変えてきたのかがわかり、今後起きうる変化についても多少の想像が働くようになります。

デジタル広告業界も、今や成立してから20年以上の年月を経てきました。この歴史をきちんと押さえ、トレンドを理解できているかは、来る変化への対応力という形で、今後マーケターにとっての力量の差になってくるでしょう。

参考

デジタル広告の取引実態に関する中間報告書
https://www.kantei.go.jp/jp/singi/digitalmarket/kyosokaigi_wg/dai12/siryou2-2.pdf

アドネットワークのはじまり＝直取引（純広告）

デジタル広告の中でも、以下ではアドネットワークと呼ばれるディスプレイ広告の成り立ちについて解説します。

その始まりはとてもシンプルです。アドテクノロジーが登場する以前は、多くのページビューを集める媒体社が、広告主に対し直接、または広告代理店を通して、指定の広告枠の販売を行なう取引でした。これを純広告と呼びます。

図 3-01 **純広告**

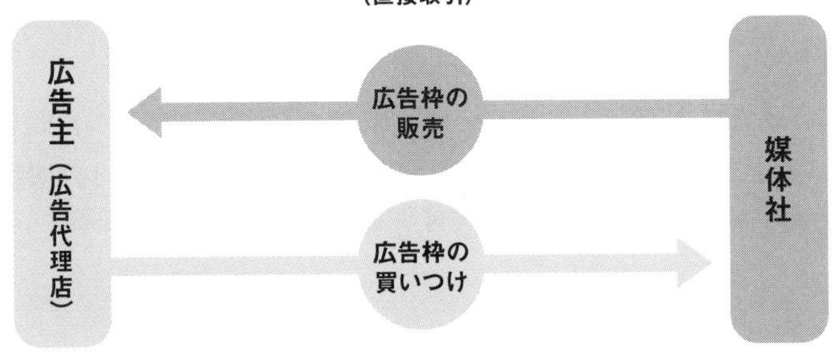

広告主（広告代理店）は媒体社に対し発注を行ない、広告素材を送付し、それを受け取った媒体社が自社のWebサイトに掲載するという流れです。言わば、レストランが個々の農家から直接農作物を仕入れるよ

うな取引形態です（なお、広告枠を供給するという文脈で、広告取引の中で媒体社の側を「サプライサイド」、逆に広告枠を購入する広告主の側を「デマンドサイド」と呼びます）。

この取引は、媒体社にとってはそれぞれの広告主からの受注と広告素材管理を手動で行なう必要があり、非常に手間のかかる非効率なプロセスでした。

広告代理店と媒体社の仲介業者「メディアレップ」の登場

また、広告主や広告代理店にとっても、インターネットの爆発的普及に呼応してWeb上の媒体がどんどん増えてきたので、各媒体とコミュニケーションをする手間が増加していきました。

そこで生まれたのがメディアレップという業態です。メディアレップは、媒体社が保有する複数の広告枠を管理し、その販売窓口として広告主や広告代理店に対しまとめて販売を行なうようになりました。広告代理店と媒体社の仲介業者としての立ち位置です。

これはデジタル広告に限った話ではなく、例えば電通をはじめとする総合代理店も、複数の放送局が持つ広告枠をまとめて広告主に販売する、というメディアレップ的な機能を持っています。

メディアレップはその後、広告素材の作成や効果測定の分析などの付加価値のあるサービスを持つようになりました。今では、広告代理店とほぼ遜色ないサービスラインを持つ企業も多いです。

逆に、後述するアドネットワークやアドエクスチェンジが台頭してからは、「複数の媒体に一括で広告を発注できる」というだけの機能が相対的に価値を落としているという見方もできます。

アドテクノロジーの登場＝アドサーバーの誕生

媒体社にとって、デジタル広告取引における問題として「発注を受けて広告を掲載するのに手間がかかる」という課題があったと述べました。

今では信じられないかもしれませんが、黎明期のディスプレイ広告は、広告主から受け取った画像やURLを、Webエンジニアが直接HTMLに掲載し、広告配信期間が終わると取り下げたり別の素材に置き換えたりしていたのです。

この方法では、手間もかかるし、人的ミスも少なからず発生します。それを解決すべく、媒体社はアドサーバーという広告配信に特化したサーバーを用意するようになりました。

効果測定をすることが可能に

アドサーバーを利用することで、媒体社はWebサイトに「枠」を用意し、サイトの運営とは別ラインでその枠に配信する広告を管理することができるようになりました。

同時に、広告配信に特化したサーバーとしての機能もさまざまな形で改善され、例えばどの広告が何回表示され、何回クリックされたかといった効果測定をすることが可能となったのです。

図 3-02　アドサーバーの誕生

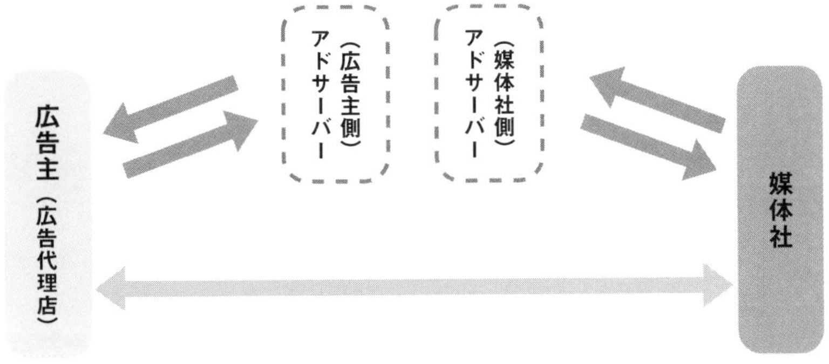

広告主（広告代理店）
アドサーバー（広告主側）
アドサーバー（媒体社側）
媒体社

このアドサーバーという仕組みは、広告主にとっても重宝されました。従来、広告主が配信を行なった結果は媒体ごとに別々に報告されていましたが、複数の媒体社と配信面をまたいで広告のパフォーマンスを追跡し、レポートを統合することが可能になりました。

アドテクノロジーの進化＝残り枠を取りまとめるアドネットワーク

媒体社にとって、増え続けるインターネットユーザーと自社のWebページに関して、もう１つの課題が生まれました。それは、広告主を１社ずつ獲得していては追いつかないほど広告枠が生まれ、それらが「あまってしまう」という機会損失です。

広告主にとっても、メディアレップなどの仲介者は現れたものの、増え続ける媒体社の広告枠を選定し、入稿する手間は依然としてありました。

そこで、その双方の課題をテクノロジーを使って解決するプレイヤーが新たに生まれました。「アドネットワーク」を運営する企業です。

広告販売の効率性が大幅に上昇

アドネットワークは、複数の媒体社が保有する「（純広告で売れ残った）あまり枠」を統合して、一括で販売するためのネットワークとして誕生しました。

これにより、広告主や広告代理店から複数の媒体社への広告配信がより一層円滑になり、媒体社は広告在庫（広告枠）をネットワークの先にいる数多の広告主に届けることで、広告販売の効率性が大幅に上昇しました。

図 3-03　**アドネットワークの登場**

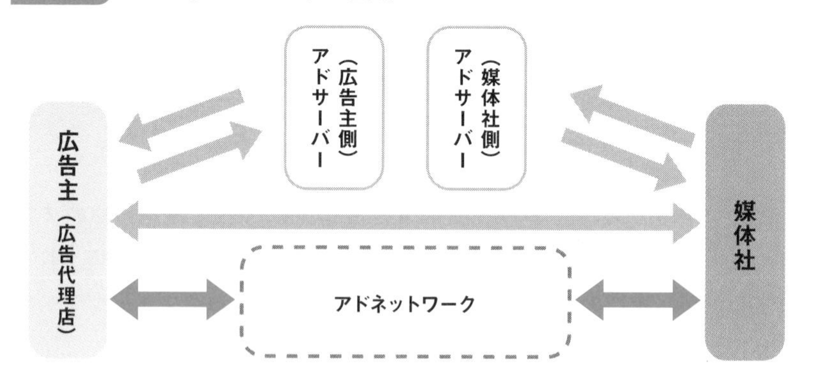

言ってみれば、複数の農家から農作物を仕入れて、複数のレストランが購入することが可能な、市場や卸売業者のような位置づけです。

ブロガーの誕生の契機にも

アドネットワークという技術は、中小の媒体社や個人ブログなどの広告枠を大規模に仕入れて販売することも可能にしました。そのようなテクノロジーがなかった時代は、そのような中小規模のWebサイトは、自ら広告主やメディアレップに営業をかける体力もなければ、知名度やブランド力もなかったため、広告による収益化が極めて困難だったのです。

アドネットワークによって、中小の事業者や個人がWebサイトを活用して稼ぐことが初めて可能になりました。ブログの執筆で生計を立てる「ブロガー」と呼ばれる新しい職業が生まれたのもこの頃です。

なお、当初は「純広告の売れ残り枠をまとめて販売する」という主旨で生まれたアドネットワークですが、人件費削減などの観点で人力による純広告の販売を行なわなくなり、アドネットワークのみで収益化を行なうようなWeb媒体も多くなりました。現在ではむしろ、純広告よりもアドネットワークのほうが、媒体のマネタイズ方法としては主流になっています。

POINT

- **◉媒体が持つ多種多様な広告枠に対して、その出稿・掲載にかかる業務工数を削減するために、アドサーバーというテクノロジーが生まれた**
- **◉インターネットの進化に伴い、媒体社が保有する売れ残り枠をまとめて販売するアドネットワークが生まれた**

アドエクスチェンジの誕生と進化

デジタル広告で特にわかりにくい存在が「アドエクスチェンジ」です。アドネットワークとの違いや、その構造を支えるテクノロジーの基本を理解していきましょう。

アドネットワークを束ねる取引市場＝アドエクスチェンジ

アドネットワークの誕生は、広告主（広告代理店）、媒体社の双方に効率性をもたらしました。一方で、ここでもまた双方に課題と不満が生まれます。

広告主と媒体社の不満

広告主（広告代理店）にとっての不満は、アドネットワークに広告を出稿すると、そのネットワーク上でどんな媒体に広告が出たのか、追跡がしにくくなることです。プロモーションしたい製品やサービスのイメージとはそぐわない媒体に配信してしまっていた、といった事象も起こりました（「ブランドセーフティ」という、現在まで続いている業界課題です）。

また、アドネットワークごとに課金形態が異なり、広告表示回数（インプレッション）に対する単価で課金するネットワークもあれば、クリック回数に対する単価で課金するネットワークもあり、広告の統一的な投資対効果を測定する管理に手間がかかるようになりました。

農作物のたとえで言うと、農家ごとにそもそも野菜や果物の規格（サイズや重さ、味など）が異なるうえ、卸売業者ごとに売り方（１個いくらなのか、キロいくらなのか）も異なる中で、最適な仕入れを行なうのが難しくなってきた、といったイメージです。

媒体社にとっての不満は、純広告でも売れるようなプレミアムな広告枠も含めてアドネットワークで配信をしてしまった結果、広告枠の価値を高めづらく、全体の収益性が落ち込む事態が発生することでした。

また、アドネットワークが普及した結果、広告主も作業効率の観点から純広告よりアドネットワークを多く選ぶようになり、純広告売上の低減が目立つこととなりました。

ある農家が、高級野菜と普通の野菜を両方育てているにもかかわらず、レストランとの直接取引というルートがなくなったため、高級野菜を高い値段で買ってもらえなくなってしまった、というような状態です。

それらの不満を解消すべく、複数のアドネットワークを束ねて、広告主が買いたい広告枠を買いたい価格で、媒体社が売りたい広告枠を売りたい価格で、それらをマッチングする取引市場が生まれました。これがアドエクスチェンジです。

通常の市場とは別に、高級野菜だけを取引する市場が生まれた、というとイメージがしやすいでしょうか。農家やレストランだけでなく、卸売業者もこの市場に参加するプレイヤーです。

図 3-04 **広告主と媒体社をマッチングするアドエクスチェンジ**

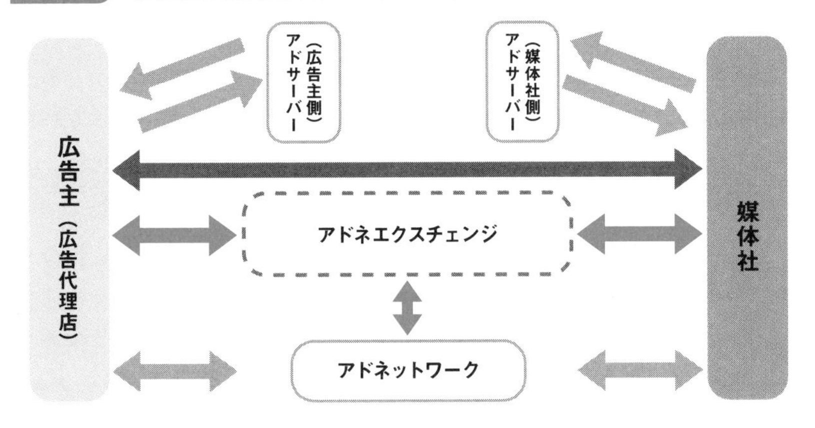

アドネットワークとアドエクスチェンジの違い

アドネットワークとアドエクスチェンジは混同されがちですが、アドネットワークはある広告主が、複数媒体の広告枠を取りまとめた仲介企業が管理するネットワークと相対で取引をするものです。前述の通り課金形態や入稿のフォーマットなどはアドネットワークごとにバラバラなのです。

それに対しアドエクスチェンジは、参加する複数の広告主が、参加する複数のアドネットワークと、その広告表示を1回ごとにオークションによって取引する「市場」です。アドネットワークより上位の仲介を行なっていると考えることもできるでしょう。

アドエクスチェンジという「市場」が果たした大きな役割は、後述のDSPとSSPとの接続とあわせて、バラバラだったアドネットワークの課金形態やフォーマットに統一的な概念を提示したことです。これにより「広告表示単位で入札をかける“CPM”（広告表示1000回あたりにかかるコスト）課金方式」で仕様が統一されていきました。

そのため厳密に言うと、アドエクスチェンジは高級野菜に限らず、すべての野菜を同じ基準で評価し、1個ごとに適正価格で売買できる市場、と言ったほうが正確かもしれません。

なぜCPCからCPMに移行したのか？

CPM課金では、クリックや購入に結果的につながったものかどうかにかかわらず、広告主は広告が表示されるごとに媒体に対価を支払います。一方、CPC課金ではクリックされた分だけを支払えばいいので、CPMよりも広告主にとってありがたい気がします。

ここでは、なぜ業界がCPM課金に移行してきたか、もう少し掘り下げて考えてみたいと思います（なおCPCやCPMといったデジタル広告用語については、Chapter 4でそれぞれの関連性も含めて詳しく解説します。ここでは、CPCはクリック課金、CPMはインプレッション課金、ぐらいにざっくり捉えてもらえれば十分です)。

クリック単価の重みづけ

日本のインターネット広告の歴史を紐解くと、現在も国内最大規模のデジタル広告代理店であるサイバーエージェントや、ライブドアの前身であるオンザエッジといった企業がインターネット広告を手がけ始めた黎明期、クリック課金（CPC）型が主流でした。

当時は（Cookieなどを使って）広告をクリックしたユーザーがその後に実際の購買に至ったかどうか、といったトラッキング技術もまだ発達途上でした。クリックから先のユーザー行動が追跡できないということは、どの広告が購買（コンバージョン）に寄与したかどうかを知ることができません。その場合、媒体や広告ごと、あるいは入稿キーワードごとに「クリック単価の重みづけ」ができないこととなります。

クリック単価の重みづけとはどういうことか、もう少し解説します。

例えば、同じ商品を宣伝する広告バナー（画像広告）が２種類あった際に、片方は価格の安さを訴求するバナー、もう片方が商品の特徴を訴求するバナーだとしましょう。

実態として、低価格を訴求するバナーはクリックした人の10%が購買している、商品特徴を訴求するバナーはクリックした人の５%が購買しているとします。

ただし、クリック以降の購買行動が広告関連技術の発展とともに追跡できるようになるまでは、それぞれのバナーをクリックしたユーザーの何パーセントが購買まで至ったのか、を捕捉することはできません（なお、広告をクリックした人のうち何パーセントの人が購買まで至ったのか、という指標を「CVR（コンバージョンレート）」と言います)。

広告主が１購買あたりに1000円まで払っていい（CPA＝1000円）とすると、前者のバナーは１クリックあたり100円まで払っても OK（1000円 × 10%）、後者は50円までしか払えない（1000円 × ５%）こととなります。

この場合、２種類のバナーの最終的なKPIは同じ（CPA＝1000円）であるものの、１クリックの価値は大きく異なることになります。これが「クリック単価の重みづけ」の考え方です。

くどいようですが、クリック単価の重みづけを行なうことができるのは、クリック後のユーザー行動が追跡できていることが前提となります。

図 3-05　**クリック単価の重みづけ**

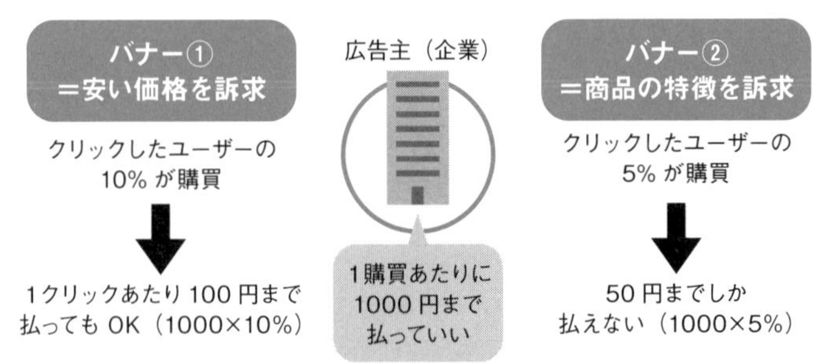

目標から逆算した意思決定ができるように

現在の広告技術をもってすれば、クリエイティブ単位や入稿キーワード単位でクリック後のアクション（会員登録をした、ECサイトで購入した、など）の「コンバージョン」が追跡できています（今後、Cookieなどの技術仕様が変わることによって、追跡の可否や精度は変化する可能性はありますが）。

これによって、「このキーワードは全然コンバージョンにつながっていないから入札単価を下げよう」「このバナーはクリックされても会員登録されづらいから、別のものに差し替えよう」といった、目標から逆算した意思決定ができるようになりました。さらに、こうした意思決定の基となるデータも、わざわざ人間が集計しなくても、機械が自動的に算出してくれて、システム上にデータとして蓄積できているといった進化があったのです。

入札金額が最適化されないカラクリ

前置きが長くなりましたが、こうした背景を踏まえたうえで、アドエクスチェンジという「市場」を眺めてみましょう。

枠を買う側（デマンドサイド＝広告主側）にとってみれば、クリック単価でオークションの勝ち負けが決まるのは不都合です。なぜかと言うと、クリック率が加味されないと、高いクリック単価の広告が表示されたはいいものの、全然クリックされない……といった事態が起こりうるからです。

媒体の側、つまり枠を売る側（サプライサイド）からすると、当然、枠を一番高く買ってくれる広告主に売りたいわけです。この場合、クリックされたときの単価は高いが全然クリックされない広告よりも、クリック単価は低いがそれ以上にクリック率が高い広告を配信したほうが、高い収益を上げられるということが十分に起こりえます。

そうした背景から、クリック課金ではなく、クリック率も加味されたCPM（インプレッション＝広告表示ごとの課金）が、広告枠の買い主・売り主の双方にとって最もパフォーマンスを上げやすく、コミュニケーションもしやすい指標として定着した、というのが背景です。

アドエクスチェンジがCPMをベースとしたことで、アドネットワークなども（追跡技術の整備もあり）CPMで判断されるトレンドが徐々に浸透していきました。

中にはいまだにCPCやCPIで課金をされているアドネットワークなどもあります。その場合も、そのアドネットワークがアドエクスチェンジに接続してオークションに参加してくる際に、何らかのロジックでCPCやCPIを裏側でCPMに換算するという処理を行なっています。

例えば過去の傾向から「こういう特徴を持つユーザーはX%ぐらいの割合でクリックして、Y%ぐらいの割合でコンバージョンするはずだ」

といったように類推された数字を使って、推定されるCPMへ変換しているわけです。

しかし実際に配信をしてみると、想定よりもクリックされない、コンバージョンしないという事態になると、実際よりも高いCPMで入札してしまっているという事態になります。この場合は、買いつけ側である広告主やDSP（以下で解説します）がリスクを負っていることになります。

図3-06 **実際よりも高い入札になってしまっているカラクリ**

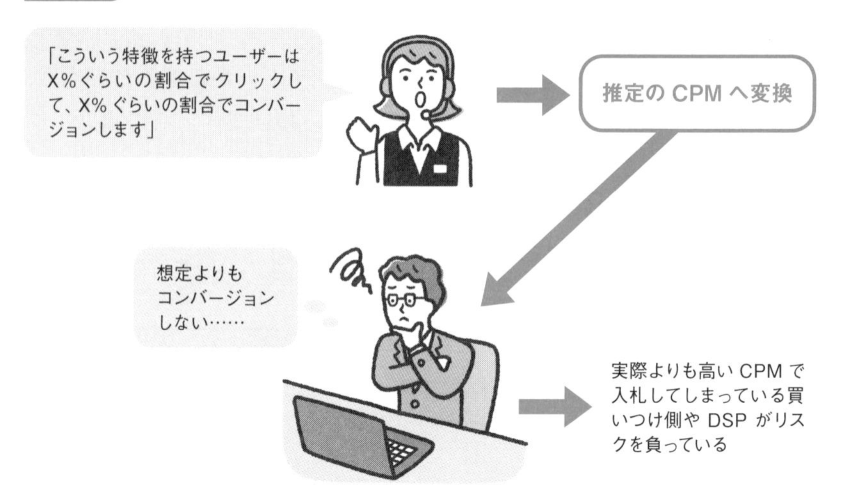

広告の価値最大化を目指すツール＝DSPとSSP

アドエクスチェンジの登場と同時期に、先にあげたアドネットワークの課題を広告主サイド、媒体社サイド双方から解決していこうというテクノロジーが登場しました。それが、広告主側のためのツールであるDSP（Demand Side Platform）と、媒体側のためのツールであるSSP（Supply Side Platform）です。

DSPとは

DSPは広告配信における最適化ツールで、その肝は「データに基づいた機械的判断による広告枠の買いつけ（プログラマティックバイイング）」です。

データとは、過去実績から予測される広告在庫や期待効果、クリック単価・時間帯・カテゴリなどの配信ルール、そして接続するアドネットワークやアドエクスチェンジにいるオーディエンスへのターゲティングなど多岐にわたります。その最適化によって、より広告主にとって効果の高い広告枠を買いつけてくれるのがDSPと考えてください。

例えば、同じ地域から野菜を買う場合でも、農家ごとの過去の作物の品質や、その年の日照時間、買いつけを行なう時期、といったさまざまなデータによって、１つ１つの野菜に異なる値づけを行なうことができます。他の業者が持っていないユニークなデータを持つことで、例えば他の業者が「買う価値がない」と判断した野菜を、自分たちだけが最適な価格で買いつける、といったことも可能になるのです。

どの媒体が効果が高いのかという「評価」が、「購入」に対する機械的なデータと連動することで、ターゲティングに関する考え方が大きく進歩しました。このサイトは広告価値が高い・低いというおおざっぱな評価でなく、広告表示１回ごとの価値がデータに基づいて算出されるようになったのです。DSPが登場した当時は「枠から人へ」というセールストークで表現されました。

図3-07 **DSPとSSP**

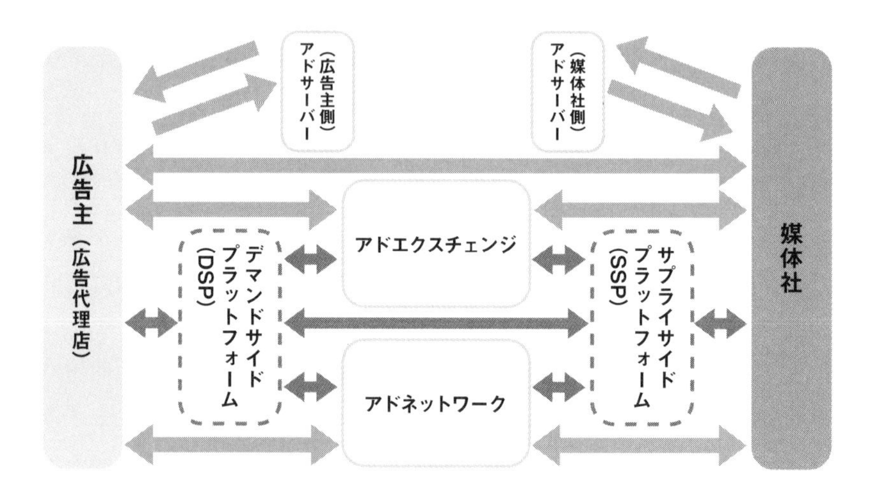

SSPとは

一方SSPは、広告枠販売における最適化ツールで、DSPと対をなすものです。SSPは各種アドネットワークやアドエクスチェンジと接続し、買いつけ側にいるDSPに対して、後述する「リアルタイムビッディング（RTB）」という仕組みを通じてオークション形式で広告枠を販売します。

DSPが広告主にとって最も効果（価値）の高い広告枠の買いつけを目指すのに対し、SSPは媒体社にとって最も収益が最大化される広告枠の販売を目指します。

またもや農作物のたとえをすると、すべての作物（広告枠）を１つの卸売業者だけにまとめて販売するのではなく、１つ１つ別の業者に販売するようなものです。それまで平均して１つ100円で売れていた野菜が、特に品質の良いものは1000円台の値段がつくようになった、というイメージです。

インターネット上に膨大な広告在庫が広がっていくと同時に、アドエクスチェンジやDSP・SSPといったテクノロジーを活用した機械的な取引市場によって、広告主・媒体社にとって価値を最大化させるエコシステムが構築されていったのです。

買い手と売り手がそれぞれの利益を最大化させる行為は、本来であれば利益が相反するものです。膨大な人的リソースをかけることなく双方が価値を高めることができたのは、テクノロジーによって徹底的な効率化ができたからに他なりません。

これらの機械を通じた広告枠の買いつけ／販売取引を、プログラマティック広告市場と呼び、2010年代を通じてデジタル広告のほとんどがこの取引形態で行なわれるようになりました。“アドエクスチェンジ”という言葉を使ったときに、特定の企業が運営する取引市場だけでなく、広義の意味で上記の広告取引の流れ、つまりDSPとSSPの協働を指すことが多いです。

図3-08　**世界のプログラマティック広告費予測**

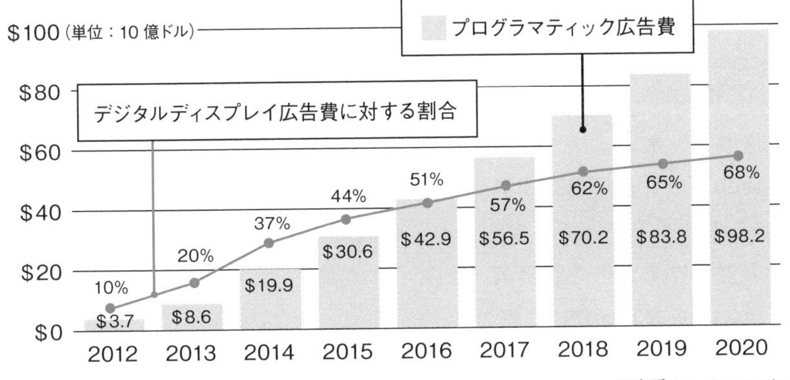

※出所：Exchangewire

リアルタイムビッディング（RTB）

こうしたプログラマティック広告を支えるのが、リアルタイムビッディング（RTB）というテクノロジーです。ビッディング（bidding）は「入札」という意味なので、RTBとは「リアルタイムに入札を行なう」という意味の言葉になります。これはどういうものでしょうか。

例えば、あなたがあるウェブサイトにアクセスして、そこに広告枠があったとします。広告が表示されるまでわずか0.1秒未満の時間の間に、裏側では機械によるこのような取引が行なわれているのです。

図3-09 **リアルタイムビッディングの仕組み**

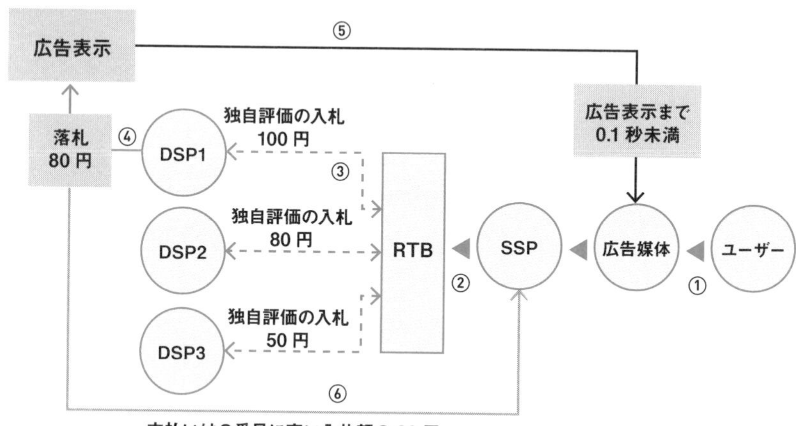

※出所：TECH+
https://news.mynavi.jp/article/so_netmedia-4/

①ユーザーがWebページを閲覧する
②Webページは広告リクエストをアドエクスチェンジやSSPに送信する（このサイトで、こんな人が、この広告枠を見ようとしています！）
③広告リクエストを受け取ったアドエクスチェンジやSSPは、当該リクエストを複数のDSPに送る
④広告リクエストを受け取ったDSPは、各DSP内で当該広告リクエストに合致した広告をリストアップし、内部でオークションを行ない、その結果をアドエクスチェンジやSSPに返す（ウチからはこの広告が、その広告枠を何円で買います！）
⑤それを受けたアドエクスチェンジやSSPは、入札のあった広告の中からさらにオークションを行ない、その後オークションの勝者を決定する（今回勝ったのは、このDSPから入札があったこの広告です！）
⑥勝者となった広告主の広告が、媒体社側のアドサーバーに送付され、

広告がユーザーに表示される

いかがでしょうか？　こうした仕組みがコンマ１秒の間に行なわれているテクノロジーの塊が、リアルタイムビッディングのシステムなのです。

余談ですが、このリアルタイムビッディングという仕組みは、金融市場のリアルタイム取引の仕組みがベースにあると言われています。2008年にリーマンショックが起きて、金融業界から放出されたエンジニアたちが、まさに立ち上がり始めていたプログラマティック広告の市場に入ってきて、ものすごいスピードで相対取引を行なうアドテクノロジー技術を築き上げたのです。個人的にとてもエモみのあるエピソードだと思っています。

次のセクションでは、使用されているオークションの理論と具体的な流れ、さらには応用編として最新のリアルタイムビッディングの仕組みであるヘッダービディングについて解説します。

POINT

- **アドネットワークと接続する取引市場として誕生したアドエクスチェンジは、バラバラだったアドネットワークの課金形態やフォーマットに統一的な概念を提示した**
- **アドエクスチェンジにおける取引のさらなる効率化ニーズが、広告主サイドが使用するDSP・媒体社サイドが使用するSSPというツールや、リアルタイムビッディングといったテクノロジーを進化させた**

プログラマティック広告の裏側にある概念と技術

前項まで、デジタル広告市場における基本的構造を解説してきました。ここからは応用編として、特にプログラマティック広告における変化や、具体的な事例をもとに広告エコシステムにおける機能の統合を学んでいきましょう。

デジタル広告を支えるオークションの仕組み

リアルタイムビッディング（RTB）の箇所で触れましたが、プログラマティック広告は金融市場のリアルタイム取引の仕組みをベースとしたオークションの仕組みで支えられています。

セカンドプライスオークションとは

まず導入されたのは、セカンドプライスオークションという仕組みです。

セカンドプライスオークションとは、最も高い値をつけた入札者がオークションで勝って落札するのですが、購入に際して支払うのは自分の入札した金額ではなく、２番目に高い値をつけた入札者の価格に最小単位（＋１円など）を足した金額とする、というルールです。

セカンドプライスという仕組みがない場合、例えば２位の人が100円で入札していたとしても、自分が1000円で落札したら1000円払わないといけなくなります。そのため、実際には1000円まで払ってもいいと思っていたとしても、金額を抑えて入札しようという心理が働いてしまうのです。これは、高く買ってほしいと思っている出品側には不都合です。

セカンドプライスがあることで、仮に他の入札より大幅に高い価格で入札をしてしまったとしても、最終的な落札価格はあくまで「入札に勝つ最低限の価格」に抑えられるというメリットがあります。入札価格を決める際に、「ここまでなら払ってもよい」と思う上限の金額を安心して設定することができるわけです。

なお、後述するヘッダービディングという仕組みが導入されたことで、業界全体がセカンドプライスからファーストプライスオークションに移行しています。

図3-10　**セカンドプライスとファーストプライスの混在**

ヘッダー入札サーバー	アドサーバー
A社　160円	D社　140円
B社　120円	E社　100円
C社　80円	F社　60円

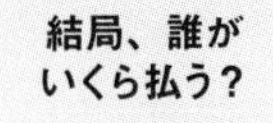

ヘッダー入札サーバーでのセカンドプライスは120円。アドサーバーがファーストプライスオークションなら、A社の120円（セカンドプライス）とD社の140円でオークションを行なう？

A社は160円支払うつもりがあるのに、
ヘッダー入札によって140円のD社に負ける？

高価値の取引を目指して
＝プライベートマーケットプレイス（PMP）

アドエクスチェンジの誕生は、広告主と媒体社双方に大きな利益をもたらし、プログラマティック広告市場を大きく拡大させました。ただし、広告主としては、価値の高い広告枠を優先的に買いつけたい、媒体社としては価値の高い広告枠をより高価格かつ効率的に販売したい、という課題は残り続けます。

そこで、純広告とプログラマティック広告のちょうど中間のような取引形態が生まれます。それがプライベートマーケットプレイス（PMP）と呼ばれる、参加できる広告主とメディアが限定されたプログラマティックな広告取引市場です。今後大きく拡大が予想されている業態です。

図3-11 **日本のインターネット広告PMP取引市場規模予測**

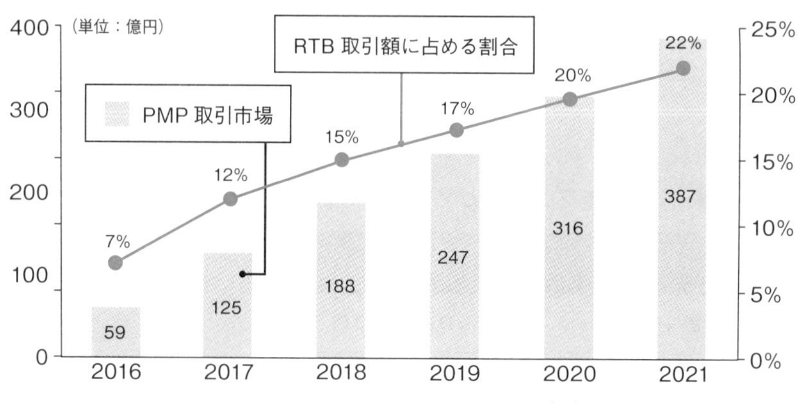

※出所：AJA ／デジタルインファクト

ヘッダービディング

ここまで説明してきたオークションの仕組みの前提になっているのは、Webページ上で広告を含むソースコードが読み込まれ始めて「から」広告枠をめぐるオークションがスタートする、というものです。

これに対し、メディアがアドサーバーへ広告リクエストを送り始める前に、複数のアドエクスチェンジに広告在庫を提供するための仕組みである「ヘッダービディング」というものが登場します。「事前入札」とでも呼ぶべき仕組みです。

この仕組みは、より多くの広告主に入札の機会を与え、また広告の読み込みスピードを速めることで、メディアの収益性をさらに向上させることになりました。

Googleの事例

　これまで説明してきたデジタル広告を構成する数多くのプレイヤーのなかで、すべての領域でサービスを提供する有名な事業者があります。筆者も以前勤務していたGoogleです（正式な社名はアルファベット社ですが、本書ではサービス名としてより一般的に知られている「Google」表記で統一します）。

　Googleは、2007年にDoubleClickというアドテクノロジー企業を約31億USドルで買収しました。これは同じくGoogleがYouTube を買収した金額の約２倍という大型買収でした。DoubleClickが提供していたサービスに、Googleがもともと持っていたサービスを統合することで、Googleはデジタル広告のエコシステムのほぼすべての要素を手に入れることとなりました。

Googleが扱うデジタル広告（DoubleClick買収後からブランド統合前まで）

- 広告主側アドサーバー（DoubleClick Campaign Manager ）
- DSP（DoubleClick Bid Manager）
- アドネットワーク（Google AdSense、Google AdMob）
- アドエクスチェンジ（Doubleclick Ad Exchange）
- SSP（Google Ad Manager）
- 媒体社側アドサーバー（DoubleClick For Publishers）

Googleによる統合① SSP・アドエクスチェンジ・媒体社側アドサーバー

　GoogleはSSPとアドエクスチェンジを統合させました。2018年に、それまで慣れ親しまれたDoubleClickのブランドを捨て、３つの機構をGoogle Ad Managerに統合したのです。

Googleが統合した3つの機構

・アドエクスチェンジ

・SSP

・媒体社側アドサーバー

⇒統合して「Google Ad Manager」に

垂直統合をすることで、もともと強かったGoogleの地位がさらに盤石なものになったと筆者は考えます。

図3-12　各役割すべてに対してサービスを提供するGoogle

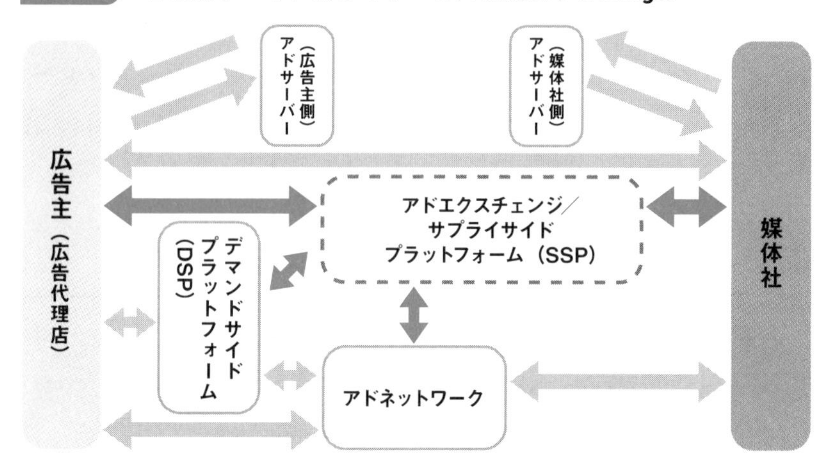

Googleによる統合② DSP・広告主側アドサーバー

同じく、DSPと広告主側アドサーバーも統合の流れにあります。同じくGoogleを例とすると、広告主側のアドサーバーとDSPを兼ね備えたものがGoogle Marketing Platformです。

Google Marketing Platform により統合されたもの

・広告主側アドサーバー（Google Marketing Platform内のCampaign Managerに）

・DSP（Google Marketing Platform内のDisplay&Video360に）

POINT

◉リアルタイムビッディング（RTB）における入札において、より単価・効果が高いマッチングができる仕組みであるヘッダービディングという技術の開発や、オークションシステムの改変が進んだ

◉デジタル広告のエコシステムにおける、ほぼすべての構成要素で製品群を提供するGoogleは、DSP・SSPとアドサーバーなどの統合を進めた

アプリ広告の歴史と進化

ここまで、アドテクノロジー市場を構成する各要素がどのように誕生・発展してきたかというデジタル広告の歴史を、Web広告に焦点をあてて説明してきました。ここからはアプリ広告に特化して、プレイヤーの栄枯盛衰も踏まえながら説明していきます。

アプリ広告の歴史を知る意味とは

ここまで解説してきたデジタル広告の歴史は、基本的にWeb（ブラウザを介して表示されるインターネット上のサイト）における動きになります。

本書を『アプリマーケティングの教科書』と銘打っておきながら、なぜWeb広告の歴史を説明したんだ、と思われる人もいるかもしれません。それにはちゃんとした理由があります。

それは、**アプリ広告がたどってきた歴史が、Web広告がたどってきた歴史と近似している実感が筆者にあるから**です。それゆえ、Web広告の歴史を押さえることで、ぐっとアプリ広告の進化を理解しやすくなるのです。そのために、読者のみなさんにまずはベースとなるWeb広告の歴史を理解してほしかったというのが背景です。

とはいえ、Web広告にはない、アプリ独特の技術やサービス、流行り廃りもあります。それらをこのパートで説明していきたいと思います。2010年代の前半からモバイル業界にいた方にとっては、懐かしい話題も多いのではないでしょうか。

アプリマーケティング黎明期＝レビューサイト

iPhone、Androidのスマートフォンが日本市場で販売され始めた2010年代初期、まだシェアもさほど高くなかった中で、ユーザーがアプリの存在を知りインストールするきっかけを多く提供していたのは「レビューサイト」でした。アプリの使い方や魅力をレビュー記事としてポストするブログ形式のサイトが登場し、支持を集めました。

市場の黎明期ゆえ、まだ「鉄板」アプリと言えるものが確立されておらず、次々にリリースされるアプリをみんなで試す、という時代でした。そのため、ガラケー時代でもゲームアプリの紹介などのサイトがありましたが、その流れでこうしたレビューサイトが人気を博しました。

「PR依頼」の代行サービスも盛んに

このようなサイトでレビューされるとダウンロード数が如実に伸びるようになったため、アプリ開発者は彼らにレビューしてもらうためプレスリリースを投げ込むようになり、多数のレビューサイトへ依頼を行なう「PR依頼」の代行サービスなども生まれました。サイト側も公式にお金をもらって記事を書く、いわゆる記事広告を収益源の１つとしていました。

レビューサイトは最盛期では数十以上ありましたが、代表的なものは「AppBank」や「アンドロイダー」などです。AppBank社はアプリ紹介の事業から、スマホゲーム攻略サイト運営などの事業展開を経て、2015年には上場に至りました。AppBankで一躍有名になった「マックスむらい」さんは、ゲーム実況などYouTube を活用した発信で飛び抜けた再生数を当時集め、現在でいう「YouTuber」の先駆け的存在だったと言えます。

※アンドロイダー

ストアランキングをてこにしたマーケティング＝リワード（ブースト）広告

レビューサイトに続いて徐々に広まったのが、リワード広告という手法です。広告を経由してアプリをインストールしたり、アプリのインストール後に特定の行動を行なったりすると（会員登録など）、そのユーザーがポイントなどの報酬（リワード）を得ることができる仕組みの広告のことです。

「お小遣いをあげるからウチのアプリをダウンロードしてくださいね」とでも言うべき手法です。ただし、ダウンロードしたあとにそのアプリを継続して利用するかどうかはユーザーに委ねられていますし、実際、リワード広告経由で獲得したユーザーの継続率は極めて低いです。であれば、一見やる意味がない広告手法のようにも思えますが、なぜこれが普及したのでしょうか？

アプリのランキングを一時的に急上昇させることを目的としたマーケティング

そもそもユーザーは、どのアプリをダウンロードするかを、どうやって決めていたのでしょうか？　前述のレビューサイトに加えて、2010年代の前半は、アプリをダウンロードするためのプラットフォーム、iOSのApp StoreやAndroidのGoogle Play（2012年まではAndroid Marketという名称）で、ダウンロードランキングをチェックして人気のアプリを知る、というのが極めて一般的なユーザー行動でした。

オリコンの最新の売上ランキングを見て、どのCDをTSUTAYAでレンタルするかを決めていたのと同じような構造です（このたとえも、今の若い世代には伝わらなくなっているのでしょうか）。

そこで、リワード広告を利用して、アプリのランキングを一時的に急上昇させることを目的としたマーケティングが人気となりました。爆発的な上昇、という様子を表して「ブースト広告」とも呼ばれていました。

広告主であるアプリ運営社は、ポイントサイト（アプリ）などに「○○のアプリをダウンロードしたら、100円分のポイントがもらえます」といった形で報酬を出します。ポイントはある程度たまったら、各種の金券・ギフト券に交換することができます。

多くのユーザーが限られた期間内に、報酬目当てに一気にアプリをインストールします。アプリプラットフォームのランキングのアルゴリズムは当時、特に「直近のインストール件数」を重視していたので、一気にダウンロードされたアプリはランキングで上位に掲載されます。

そうすると、アプリランキングでそのアプリを見つけたユーザーは「お、これが人気なんだな」と認識（勘違い、と言ってもいいかもしれません）して、アプリをインストールします。リワード（ブースト）広告経由ではない、ランキングを見たユーザーによるアプリインストールのことを「オーガニック（インストール）」と呼びます。

つまり、「リワード（ブースト）広告を出稿する　→　ランキングが

上がる　→　オーガニックインストールが増える」という順番です（補足すると、出稿したリワード広告を掲載・誘導する媒体にも広告収入が入るため、同種のサイトがネットワーク化されていきました）。

図3-13　**ブースト広告**

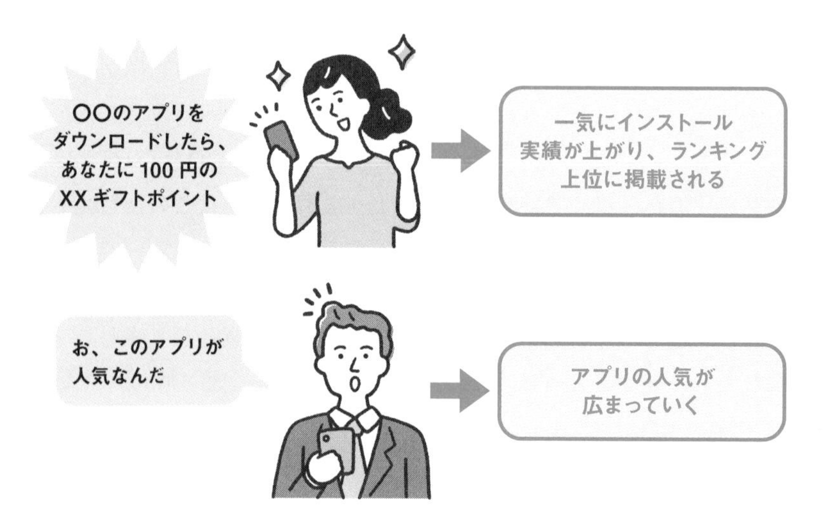

この広告手法は再現性も高く、非常に強力でした。アプリプラットフォームのランキングのアルゴリズムは公開こそされていなかったものの、広告事業者は経験的に「リワード広告によって何件ダウンロードを発生させれば、ランキングが何位まで上がるか」や「ランキング何位になると、オーガニックインストールは何件ぐらい発生するか」を知ることができたためです。「ランキングの目標順位は何位にしますか？」といった会話が、例えば広告代理店とアプリ企業の間で行なわれるような時期でした。

こうした手法を提供していた事業者の中には、例えばアドウェイズ社（AppDriver）、メタップス社（metaps）、GREE社（GREE Ads Reward）といったネット系上場企業も多く含まれます。彼らが悪いことを行なっていたと言うつもりはありません。当初は大きく問題視されていたわけでなく、アプリのインストール数を伸ばしたい事業者や、楽にお小遣いを稼ぎたい消費者から歓迎されていたのです。

アプリストアから問題視されるように

しかし、この手法は純粋にユーザー間での人気を測るランキング本来の役割を逸脱させ、消費者が本当に価値のあるアプリを見つけるのを阻害するという理由で、アプリストアから問題視されてしまいます。2010年代の前半から、アプリのダウンロードを促進するためにユーザーに報酬を与える行為そのものは利用規約で禁止されていましたが、段階的にルールの運用が厳格化されていきました。

具体的には、オファーウォールと呼ばれる「このアプリをダウンロードしたら報酬がもらえる案件一覧」機能を搭載したアプリがストアから排除（BAN）される、ブースト広告によってランキングを人為的に上げたことが判明したアプリや企業アカウントが停止処分される、などです。規約違反である当該行為を発見して摘発する匿名ブログ「アップトーキョー」なるものまで作られました（現在は閉鎖）。

そして遂に2017年、App StoreのUIから「ランキング」タブが消え、「Today」などAppleの編集チームが直接取り上げるアプリがより目立つ導線へと変更されました。厳密にはランキング機能は残っているものの、ユーザーからするとアクセスしにくい画面遷移に変わったため、ランキング上位になるとインストールが増える、という因果関係は極めて弱いものになりました。

また、App StoreだけでなくGoogle Playも含めて、ランキングアルゴリズムが継続的に変更され、今では単純なインストール数だけでなく、アクティブ率などの指標の比重が高くなりました。これによって、ユーザーに報酬を与えて表面的なインストール数を増やしても、ランキングが上がりづらくなりました。

さらにAppleは以前、App Storeのアプリを紹介するWebサイトなどに、アフィリエイトの仕組みで報酬を提供していました。過去には7％

もあった報酬の料率は段階的に下げられ、2018年にとうとう0%、つまり仕組み自体が廃止されました。

リワード（ブースト）広告を使ってもランキングが大して上がらず、ランキング自体もユーザーから見られなくなり、この手法の費用対効果は極めて薄くなりました。さらには、アプリがストアから削除されるという大きなリスクも抱えることになるため、今では日本でこの手法を使おうという事業者はほとんど皆無になりました。

見方によっては、プラットフォーマーがその仕様変更によって、1つの広告手法を残酷にも潰したということもできます。ですが、iOSやAndroidといったOSを開発・提供するプラットフォーマーの立場から見ると、ユーザーに「本当にいいアプリを発見して、スマートフォン体験を向上させ、永続的にプラットフォーム内に留まってもらう」ための、必要なアクションだったとも言えるでしょう。

国産アドネットワーク＆計測ツールの隆盛

今でこそ大きくなったスマートフォンアプリの広告市場ですが、2010年代初めはWeb広告市場と比べると、まだまだ小さいものでした。

国内ネットベンチャー企業の台頭

そんな中、nobot（ノボット）社というITベンチャー企業が颯爽と現れます。2009年の創業からわずか3年弱、事業が本格的に立ち上がってから1年あまりで、2011年にKDDIグループのmediba（メディーバ）社に十数億円で買収されるという出来事が起こります。これが、日本におけるスマートフォン広告市場の号砲を鳴らした契機となります。

nobot社はADMakerというモバイル向けアドネットワークを急速に拡大させ、広告配信在庫でGoogleが買収したAdMobに次ぐ規模となっていました。余談ですが、nobot創業者の小林清剛（Kiyo Kobayashi）氏はその後渡米し、「シリコンバレーで日本人が起業するならまず相談しろ」というアニキ的存在になっています。

こうした象徴的なM&Aのあと、いわゆる「GAFA」(Google、Amazon、Facebook、Appleの頭文字)と呼ばれるグローバル大企業ではなく、日本発のアドネットワークがその機動力を活かして国内のメディア開拓を急速に拡大させていきます。代表的なアドネットワークをあげると、nend(ファンコミュニケーションズ社)、i-mobile(アイモバイル社)といった国産アドネットワークが当時、最大級の規模を誇っていました。

その頃(2011〜2015年)私はGoogleでAdMob(モバイル向けアドネットワーク)の日本での事業展開を担当していたのですが、もともと2010年にM&Aしたサービスであったため、Googleの広告配信システムとバックエンドを統合させるというPMI(Post Merger Integration=合併後の統合)プロセスに開発リソースのほぼすべてをとられ、日本企業と同等レベルのスピードで求められる機能を開発・提供することができませんでした。そのためnendやi-mobileに大きくシェアで水を開けられ、悔しい思いをしたのをよく覚えています。

スマートフォンゲーム市場の活況

2013年以降、スマートフォンゲーム市場が一気に花開いたこともあり、そうしたゲームデベロッパーからの多額の広告費投下も手伝って、国産アドネットワークが全盛期を迎えました。パズドラ(ガンホー・オンライン・エンターテイメント社「パズル&ドラゴンズ」)、モンスト(MIXI社「モンスターストライク」)といった「スマートフォン発」の大ヒットに続き、従来GREEやモバゲー(DeNA社)といったガラケーのゲームプラットフォームやコンソール(家庭用)ゲームを主戦場としていたゲーム会社がこぞってスマートフォンゲーム市場に参入したのです。

国内ゲーム企業のみならず、「アングリーバード」で有名なフィンランドのロビオ・エンターテインメント社(2023年にセガサミーが買収を発表)、同じくフィンランドから「クラッシュ・オブ・クラン」などで有名なSupercell社、「キャンディークラッシュ」シリーズを展開するイギリスのキング社など、海外からも多くのゲーム企業が日本に進出しました。人口はわずか1億人強しかいない日本ですが、ガラケー時代に「モバイルゲームの追加コンテンツに課金する」という消費者行動が広く一般化したためか、市場としては世界から見ても大きく、魅力的だったのです。

ゲーム企業間での競争が激化するに従って、こうしたモバイルゲーム企業からの広告出稿も一層加速します。デジタル広告はもちろん、アプリを宣伝するテレビCMもこの頃から始まり、現在まで「見ない日がない」ほど一般的なものとなっています。

計測ツールの栄枯盛衰

アドネットワークへの出稿が増えるにつれ、同時に成果を計測するツールも国内事業者によるものが市場シェアを伸ばしました。こうしたトラッキングツールは本来は有料で提供されるものですが、「広告を発注してくれたら無料にしますよ」というセールストークとともに、国内広告代理店の営業の武器として開発されていきました。

代表的なものは、CyberZ社(サイバーエージェント子会社)の「F.O.X」やアドウェイズ社の「PartyTrack」といった計測ツールでした。ツウな業界人の中にはアドイノベーション社の「AdStore Tracking」を覚えている方もいるかもしれません(2018年にロックオン社へ事業譲渡)。また、グローバルでは当時「MobileAppTracking(MAT)」(その後、TUNEという名前に変わったのち、Branch社に買収されました)が人気を誇り、日本でも一部の企業に導入されていました。

これらの計測ツールの多くは、当初はタグ(ネイティブアプリではなくWebブラウザ上でトラッキングを行なうもの)をベースとしていましたが、後にSDK(Software Development Kit)という、ソフトウェアの導入を簡単に行なえるパッケージのようなもので実装されるようになりました。そのためアプリマーケティング業界では、本来は一般的な開発用語であるはずの「SDK」が、トラッキングツールのことを指す用語として堂々と誤用されるようになりました（例：「御社はどこのSDKを使っていますか？」）。

その後、F.O.XとPartyTrackはグローバル大手のトラッキングツールAdjustに事業買収され、その役目を終えました。現在ではそのAdjustと、イスラエル発のAppsFlyerがトラッキングツール界の２強となっています。トラッキングツールに関しては次のChapterで詳しくその重要性を述べますが、ここでは「いろいろな領域で栄枯盛衰があったんだなぁ」ということだけ感じていただければ幸いです。

POINT

- **アプリマーケティングの黎明期は、レビューサイトや、ブースト広告を活用したストアランキング経由のインストール獲得が流行した**
- **日本では、国内のインターネットベンチャー企業が提供するアドネットワークや計測ツールが隆盛を誇った**

国内勢の衰退とグローバルプレイヤーによる寡占化

日本市場において、アプリ広告の黎明期はnendやi-mobileといった国内企業のサービスが市場を席巻しました。しかし、市場の拡大と成熟が進むにつれて、世界的に展開する企業が徐々にシェアを広げていく、という流れが出てきます。今日に至るまで、アプリ広告におけるグローバルプレイヤーがどのように台頭したかを見ていきましょう。

グローバルプレイヤーの変遷

グローバルプレイヤーの強みは、なんと言っても圧倒的な自社サービスのユーザー母数と、そのユーザー基盤から来る豊富なデータを持っていることです。

大手プラットフォーム企業のアプリ広告提供開始時期

・2012年：Facebook Mobile App Install Ads
・2014年：Twitter（現X）Mobile App Promotion
・2015年：Google UAC（ユニバーサルアプリキャンペーン）
・2016年：LINE Ads Platform
・2018年：Apple Search Ads

グローバルプレイヤーによるデータを活かした最適化技術が、世界的に展開する資金力と開発力によってどんどんと強化され、広告プロダクトにおいて最も重要な「パフォーマンス」において、他の広告商品を圧倒するようになっていきます。

そのため2010年代後半には、これらの大手プラットフォーマーが提供する広告が獲得の軸となり、予算配分としてもこうしたグローバルプレイヤーに軸足を置くことが王道となりました。

またこの過程で、バナー中心だった広告フォーマットも、全画面（インタースティシャル）や動画広告・ネイティブ広告など、よりリッチなものへと変遷していきます。

トラッキングツールの位置づけの変化

一方、計測の重要性が増す中で、トラッキングツールの位置づけも徐々に変わっていきます。黎明期は日本において、そのプロダクト単体で収益を上げるというよりは、先述のように国内広告代理店があくまで「広告営業の武器」としていた背景が大きく、それゆえ彼らにとって技術的投資は重たいものでした。

そのうち、トラッキングツールを専門により洗練されたプロダクトを提供する会社が日本を含めたグローバル市場に展開し始め、そうした「専業ツール」と比べて国内ツールが機能で劣後することが出てきました。

例えば、動画広告が大きく市場で成長を見せる中、「View Through Conversion（広告のクリックではなく視聴に起因するコンバージョンの計測）」が国内のトラッキングツールでできない制約が問題となり始めた、といったことです。

グローバルに台頭してきたトラッキングツールで、日本市場に浸透したサービスは、AdjustとAppsFlyerです。ベルリン発のスタートアップ企業であったAdjustは、先にあげたCyberZ社の「F.O.X」とアドウェイズ社の「PartyTrack」両方を買収し、日本市場における顧客基盤を一気に固めました。イスラエル発のスタートアップ企業であったAppsFlyerは、その高い技術力をもって、日本市場でも大きくシェアを伸ばしました。

本稿を書いている2023年において、筆者の体感では、日本のアプリマーケティングにおける計測ツールの市場シェアはこの２社で７～８割は少なくとも占められていると考えます。

広告市場での支配力を強めるGoogle、Meta

デジタル広告は先述の通り、グローバルプレイヤーを軸とした予算配分が王道になってきています。デジタル広告市場の定義と、その市場規模を分母とした各プレイヤーの市場シェアを算出するのは極めて難しい作業ですが、公正取引委員会が提出した市場構造には、デジタル広告のタイプ・商流とともにシェアが記載されているので、参考までに掲載します。

これを読むと、検索連動型広告ではGoogleが70～80%の市場シェアを、一般メディアにおける広告ではGoogle（YouTube）とMetaがそれぞれ10～20%の市場シェアを、ディスプレイネットワークではGoogleが50～60%、Metaが10%ほどの市場シェアを獲得しているとされています。

広告という市場において、１つの事業者にこれだけシェアが集まるということは、やはり異例の存在と言えるでしょう。こうしたグローバルプレイヤーは、市場の黎明期ではまだ本格的な参入をしてきません。その分、市場が未だ小さい時期は以下の３点がWeb、アプリに共通して歴史上観測される一連の流れです。

市場が小さい時期に発生する流れ

①スタートアップがニッチ市場として開拓し
②国内の事業者がそれなりのサイズまで台頭するが
③市場が成熟していく過程で、グローバルの大手プラットフォーマーが本格参入し、圧倒的なシェアを奪う

図 3-14 **日本のデジタル広告の市場構造**

- デジタル広告市場は、自らの Web サイトなどの**広告枠を販売するパブリッシャー**と、**広告枠を買って広告を出稿する広告主**、両者を仲介する**プラットフォーム事業者（以下「PF 事業者」）やアドテク事業者等の仲介事業者**などからなる市場。
- 多様なデータから分析して個人の嗜好などに合わせた広告を配信する**ターゲティング広告など、新たな技術が生まれ急速に発展**。
- 高度に複雑化したシステムによって、個人が Web サイト等を閲覧した瞬間に、Web サイトなどの媒体で広告枠を提供する**パブリッシャーの広告枠と広告主が出稿する広告が、リアルタイムでマッチング**されて配信。膨大な数の入札取引が行なわれている。
- こうした中、当初、デジタル広告技術を提供する多くのアドテク事業者の参入によって機能分化が進展（売り手を支援する機能、買い手を支援する機能など）したが、その後、マッチングを行う **PF 事業者の買収等により垂直統合**が進展。

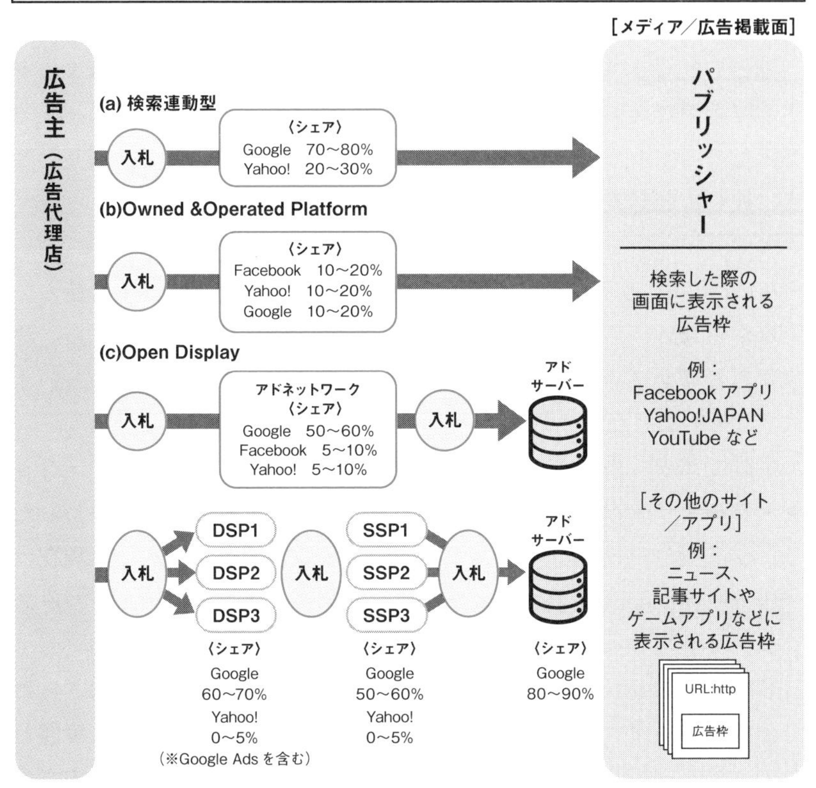

※出所：内閣官房デジタル市場競争本部事務局「デジタル広告市場の競争評価 最終報告 概要」
https://www.kantei.go.jp/jp/singi/digitalmarket/kyosokaigi/dai5/siryou2s.pdf

アプリ市場で先ほど解説した代表的なプレイヤーを対応させると、
①nobot社
②ファンコミュニケーションズ社やアイモバイル社
③Google、Meta
といった企業になります。

AdMobの例

1つわかりやすい事例をあげると、筆者も担当していたGoogleのアプリ向け広告マネタイズのプロダクト「AdMob」もこうした展開を経ました。

もともとはモバイル端末向けのディスプレイ広告を開発するスタートアップ企業であったAdMobは2006年に設立され、当時はまだニッチであったモバイル広告市場に最も早く参入したことで、市場の急成長とともに彼らのビジネスを短期間で急成長させました。

AdMobは、当時モバイルアプリのセグメントにプロダクトを持っていなかったWeb広告の雄であるGoogleに2009年に買収されました。設立からわずか3年あまりながら、買収価格は約7億5000万ドルという大きなものでした。

余談ですが、当時のAdMob日本法人の代表はJohn Lagerling（ジョン・ラーゲリン）氏。NTTドコモでｉモードの立ち上げにかかわったり、GoogleやFacebookでモバイル部門の重職を歴任し、2023年現在はメルカリUSのCEOを務められている「日米モバイル業界のスーパースター」です。

買収後、Googleの開発リソースと資本力をもって、AdMobはさらにその成長が加速するはず——そう考えるのが自然です。しかし実態として、AdMobはGoogleによる買収からしばらく停滞し、日本国内でもnend、i-mobileといった競合の後塵を拝します。

筆者は2011年にGoogleに入社しましたが、当時はもともと買収前からAdMobにいた人がGoogle内の他部署に異動したり、逆にGoogleからAdMob部門に参画したりというフェーズでした。

より重要だったのが技術的な統合です。当時、Googleの既存システムとは完全に独立したものとして動いていたAdMobを、Google広告システムの中に統合しようとする裏側の開発に、リソースの多くを割いていました。

Googleの後ろ盾という強さ

リソースの多くをバックエンドの統合に割かざるをえなかった分、急成長するモバイル市場で、クライアントが真に必要とするプロダクトのメイン機能で、国内の事業者に遅れを取るという事態となったのです。新しい機能を開発するとしても、バックエンドの統合が終わったあとでないと無駄が生じてしまいます。そのため、追加の機能開発は統合完了を待たなければならず、その状態が2年ほど続いたのです。

nendを展開するファンコミュニケーションズ社や、アイモバイル社といった他のプレーヤーのプロダクトが、自分たちよりもクライアントのニーズを満たしているのがわかっているのに、“一世代前”のプロダクトを「使ってください」と営業に行かなければならなかったのを覚えています。当然、思ったように契約が取れなかったり、使ってもらえたとしてもパフォーマンスで彼らに負けてシェアを取られてしまったり、といったことを体験しました。

とはいえ、その状態が永遠と続くわけではありません。Googleに買収されたことによる強さが、バックエンドの統合が終わったあと、2015年頃からどんどんと発揮され始めました。統合により、Googleに出稿している広告主の案件が、そのままアプリに流れてくるようになったのです。それによってデマンドパワー、つまり広告主からの買い圧力が圧倒的に強くなります。

従来は「(Googleとは別で) AdMobに出稿しましょう」と営業して広告案件を獲得しないといけなかったのが、Googleが抱える広告主すべてが顧客として入っている状態になると、プロダクトの機能差異を超越して、広告単価などで圧倒的なパフォーマンスを発揮し始めました。オークションの仕組みで動くアドネットワークにおいて「より多くの広告主が入札に参加している」というのは、落札価格がより高くなるということ、つまり媒体側からは「自分たちの広告枠をより高く買ってもらえる」ということを意味します。

そのパフォーマンスをもって、AdMobを導入してくれる媒体に高い収益をお返しできるようになりました（AdMobは広告マネタイゼーションのためのサービスですから、単価がどれくらい高いか、が最も重要なパフォーマンス指標です)。

圧倒的な成果によってマーケットを席巻していく様子を通じて、グローバルプラットフォームの戦い方や、力を発揮するフェーズでの強さを筆者は肌で感じたのでした（もっとも、その「一番伸びる」タイミングを前に、残念ながら筆者はGoogleを辞めていたので、同業界内で横目に見ていた、と言ったほうが正確です)。

事業の成否を分けるのは機能差分より数字に現れるパフォーマンス

なおこの流れは、広告業界においてより顕著で再現性があるものかもしれません。というのも、デジタル広告はほぼすべてのクライアントに共通する普遍的な目的があり（例えば、アプリであればインストール単価の低減および件数の増大)、仕組みやフォーマットも似通っています（AppleやGoogleのアプリストア、AdjustやAppsFlyerによるトラッキング、バナーや動画など統一されたフォーマット)。

そうなると、事業の成否を分けていくのは機能差分よりは数字に現れるパフォーマンス。それを高いレベルに持っていくために必要なのは営業力というよりは、開発力・資本力と豊富なユーザーデータです。

大手プラットフォーマーが有利になるのは、そうしたリソースを潤沢に持っているというのが大きな理由です。それに加えて、過去から積み上げてきた既存広告主（買い手）の基盤があるので、市場が成熟していくタイミングで一気に席巻していく「パワープレイ」が可能になる、といった構造だと筆者は理解しています。

今後、大手グローバル企業と競合する可能性のある事業を行なっている方に、少しでも参考にしていただけたら幸いです。

POINT

- **Web広告と同じくアプリ広告においても、市場の成熟とともにGoogleやMetaといったグローバル企業が、徐々に国内企業と比して強い力を持つようになった**
- **グローバル企業が競争力を強める理由は、広告プロダクトのパフォーマンスを高めるうえで必要な、開発力（資本力）やデータ量で圧倒できるからである**

Chapter

4

マーケティングメトリックスを理解しよう

広告キャンペーンにおいて重要なのは
「成果」であることに異論のある方はいないでしょう。
そして、その「成果」を測るためには
専門的な知識が必要です。本章では「計測」という、
アプリマーケティングにとって最も重要な
要素におけるさまざまな概念を解説します。

計測に関する概念

あなたが、アプリの広告キャンペーンの責任者だったとして、どのぐらいの成果を出せば「成功」と言えるでしょうか？　どのような指標で成果を測るべきでしょうか？　獲得したユーザーからどのくらい収益を生めるでしょうか？　それを可視化する「計測」について考えていきましょう。

計測の基本的な3つのステップ

アプリマーケティングの効果計測は３つのステップに分解できます。

計測の3つのステップ

1. 投下した広告予算の効果を計測（獲得単価）
2. 獲得した顧客からの生涯価値を計算（LTV）
3. 「収入」と「支出」のバランスを検証（ROAS、ユニットエコノミクス）

「広告宣伝」の成否を、みなさんはどのように定義していますか？　正確な計測が難しいオフラインやブランディング広告の場合は「決められた期間で予算通りにキャンペーンを実行できたか」が重要というケースもあるかもしれませんが、デジタル広告の場合は成果が数字で可視化されてしまうので、それを無視するわけにはいきません。

「どれだけの効率性でどれだけ多くの顧客を獲得できたか」を最重要視しているケースは、未だに多く見られます。新しいユーザーを獲得するのにかかるコストは低ければ低いほどいいし、少ないよりはたくさん獲得できたほうがいい、という考え方です。これは一見すると正しそうに見えます。

しかし、どれだけ安い単価で顧客を獲得できたとしても、ほとんどお金を使ってくれない、ビジネスにつながらない顧客ばかりでは意味がありません。逆に、獲得単価が通常の倍かかったとしても、通常の３倍お金を使ってくれる優良顧客を獲得できていたら、そのプロモーションは大成功と言えるでしょう。

計測とビジネス成長のための「マーケティング戦略」は表裏一体

「決められた予算内にぴったり納める」ことはいいことでしょうか。経営を計画通りに進捗させることを何より優先すべきなら、そうかもしれません。しかし、本来は顧客からの収益が獲得費用以上に見込まれる、わかりやすく言うと「広告を打てば打つほど儲かる」ことがわかっているのに、予算を重視してそれ以下の資本投下しかしていないとすると、それは「機会損失」に他なりません。筆者の考えでは、そのプロモーションを「成功」と呼ぶのははばかられます。

より積極的にビジネスを成長させたいと考えるアプリ企業の中には、「計測される指標が目標に達している限り、予算は青天井（上限なし）」というところさえあります。みなさんの会社の多くが、他社と競争していることと思いますが、「予算厳守」はともすると「他社にシェアを奪われるのを黙って見ている」ことに他ならないかもしれません。

投下した資本（本書における最たる例としてはプロモーション費用）に対して、どれくらい効率よく運用できたのか、そして獲得した顧客からどれくらい収益（リターン）を得られるのか、という計測（予測を含む）が成り立つことで、初めてアプリビジネスを再現性高く成長させる「マーケティング戦略」が考えられます。

この節では実践編の入り口として、計測というテーマを最初に説明していきます。一緒に学んでいきましょう。

図4-01 **プロモーションの成功、不成功**

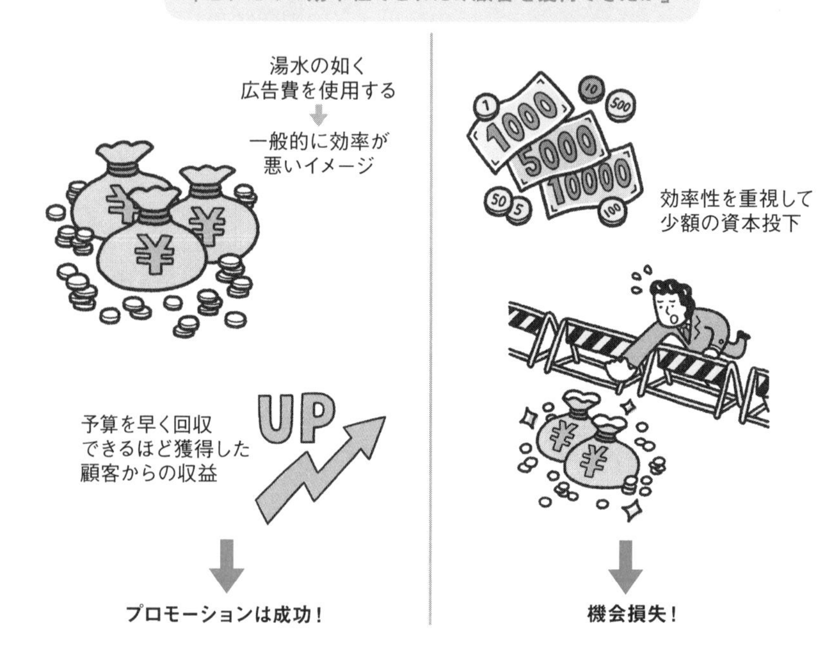

「先行指標」と「遅行指標」

アプリビジネスで毎日のように使用される言葉が「KPI」です。これは「Key Performance Indicator」という言葉の略語で、日本語に直すと「重要業績評価指標」です。また、その上位概念として、「KGI」という言葉があります。これは「Key Goal Indicator」という言葉の略語で、最終的に目指すゴールに対する指標を設定します。

例えば、KGIをそのアプリの「売上」とした場合、KPIはこのように分解することができます。

売上 = ユーザー数 × ユーザー1人あたりの売上

これはあくまで一例であり、分解の仕方は他にも無数にあります。この分解は「事業においてどういった切り口で把握される指標が重要なのか？」「アクションによって改善が可能な指標なのか？」という問いから設定されるべきです。

いざ「売上を上げる！」と目標を立てても、その目標に対する打ち手はいろいろと考えられます。先ほどの例では、「ユーザー数を増やす」ことも可能ですし、ユーザー数を一切変えなくとも「1ユーザーあたりの売上を増やす」ことで全体の売上も上がります。

「売上」そのものを指標として見たとしても、直接改善の一手につながるアクションを取れるものではありません。一方で、「1ユーザーあたりの売上を上げる」というのはいくつかの打ち手があげられそうです。例えば、

ユーザー1人あたりの売上 = 購入単価 × 購入回数

とさらに分解し、「単価を上げる」「回数を増やす」それぞれの打ち手を考える、といった具合です。

このように、アクションによって改善を意図する直接の指標のことを「先行指標」、先行指標の数値が変化した結果として反応する指標を「遅行指標」と言います。

陥りがちな落とし穴としては、改善させようと掲げている指標が実はまだ「遅行指標」でしかなく、本当に改善を目指すには、もう一段、二段分解した「先行指標」を見つけないといけない、というケースがあります。

例えば優秀な営業パーソンや営業組織は、見込み顧客数、実際にアポイントメントに至った件数、最終的に契約締結ができた数などさまざまな指標を把握しています。営業の成績が悪い、だから「商談の数を増やす」を目標にする、からさらに一段階深掘って、商談の数が少ないのは「見込み顧客のリストが少ない」「コールドコール（飛び込み電話営業）

の回数が少ない」「アポイントへの転換率が低い」などのどこに問題があるのかを特定して、初めて具体的かつ有効な改善アクションを打てるのです。

ただ、「売上を上げたい」と考えているのは「遅行指標」だけを追って思考が停止してしまっている状態です。「先行指標」を的確に捉えることで、結果としての「遅行指標」の改善を目指すことができます。

図 4-02 **遅行指標と先行指標**

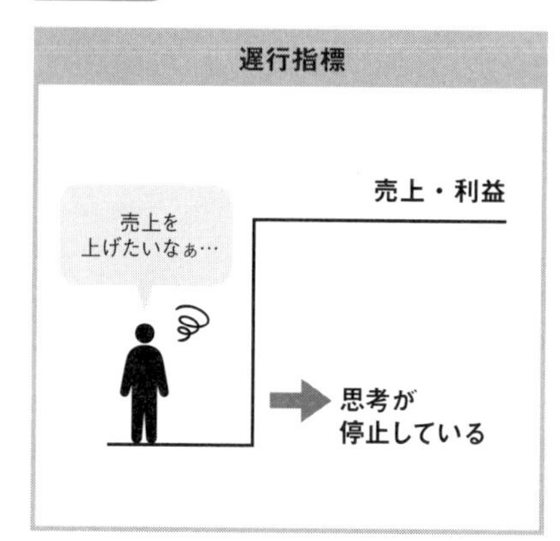

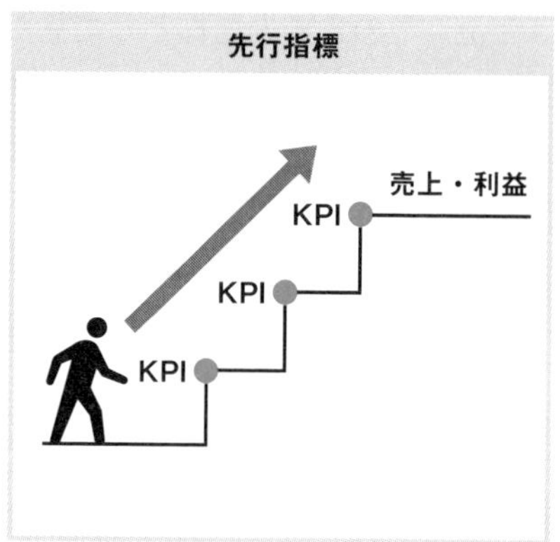

なお、ビジネスを分解して打ち手を考える、という手法についてはさまざまな書籍などで解説されています。モバイルマーケティング業界の大先輩でもあるMoonshot社代表・菅原健一（通称すがけん）氏の『小さく分けて考える 「悩む時間」と「無駄な頑張り」を80％減らす分解思考』（SBクリエイティブ）という本がわかりやすいと思うので、より掘り下げたい方はぜひ読んでみてください。

次項から、アプリマーケティングの現場で使われる、本Chapter冒頭で解説した３ステップ（覚えていますか？）を詳しく紹介していきます。その際は、どれが先行指標として改善可能なのか、そのためにどういったアクションが考えられるのか、より効果的な先行指標は設定できないか、などを意識しながら読み進めてみてください。

POINT

◉計測の基本的なステップは、投下予算の効果の検測→獲得した顧客の生涯価値の計算→収入と支出のバランスの検証

◉アプリに合わせて、ビジネス構造を正しく分解し、打ち手につながる「先行指標」を定めよう

1. 投下予算の効果を計測する（獲得単価の計算）

アプリビジネスの出発点は、ユーザーによるアプリのインストールです。アプリがユーザーのスマートフォンなどの端末に存在しない限り、ビジネスを開始するどころか、ユーザーに価値提供をすることすらできません。

アプリのインストール単価を算出する

アプリのプロモーションを行なうときに、「インストール単価 ＝ 1インストールを獲得するための費用」がいくら必要か、という指標を把握することは非常に重要です。実際の実務においても、インストール単価（Cost Per Install ＝ 略してCPI）はKPIとして設定される、最も一般的な指標の1つです。

アプリのインストール単価は図4-03の図式で計算されます。ここからアルファベット略語が多用されるので、馴染みのない方にとっては覚えるのが大変かもしれませんが、1つ1つ丁寧に説明しますので、がんばってついてきてください。

図 4-03　**アプリのインストール単価の計算式**

Cost	1000000 円
Impression	2000000 回
CPM	500 円｛(1000000 / 2000000) × 1000｝
Click	20,000 回
CTR（クリック率）	1.0%（20000 / 2000000）
CPC（クリック単価）	50 円（1000000 / 20000）
Install	1000 件
CVR（インストール率）	5.0%（1000 / 20000）
CPI（インストール単価）	1000 円（1000000 / 1000）

①Cost：広告にかかった費用の総額

②Impression：広告が表示された回数

③CPM（Cost Per Mille）：広告表示1000回あたりの費用

CPM = (Cost / Impression) × 1000

④Click：広告がユーザーにクリックされた回数

⑤CTR（Click Through Rate）：表示された広告がクリックされた割合（クリック率）

CTR = Click / Impression

⑥CPC（Cost Per Click）：広告クリック１回あたりの費用（クリック単価）

CPC = Cost / Click

⑦Install：アプリがインストールされた回数。顧客に転換した、という意味で「Conversion（CV）」と呼ぶ

⑧CVR（Conversion Rate）：広告がクリックされた回数のうちインストールに至った割合（コンバージョン率、インストール率）

CVR = Install / Click

⑨CPI（Cost Per Install）：インストール１件あたりの費用（インストール単価）

CPI = Cost / Install

例えば図4-03のように、100万円をかけてアプリを宣伝して、1000件のインストールを獲得した場合、１インストールあたりにかかった費用（つまりCPI）は1000円です。

仮にあなたのアプリのCPIの目標が500円、つまり現在の半分に獲得単価を抑制しないといけなかったとします。

広告出稿費用（Cost）を半分にしても、クリック率やインストール率が変わらなければ、インストール単価（CPI）は1000円のままで変わりません。つまりCostはCPIの先行指標ではありません。

獲得単価を半分に下げる、逆に言うと獲得効率を倍に上げるには、クリック率やインストール率を倍にする、といった改善が有効です。

例えば、広告クリエイティブをよりキャッチーなものに差し替えたり、アプリストアの紹介文を魅力的なものに変えたりといった施策を行なうことで、実現可能かもしれません（このように、具体的なアクションで改善可能な先行指標に分解することが重要です）。

計算上は、CPM（広告表示1000回あたりの単価）やCPC（クリック単価）を半分にすることでも、CPIを半分に下げることは可能です。ただし、CPMやCPCが低いということは、他の広告主から人気がない媒体や広告枠だからかもしれません（デジタルでもそうでなくても、人気がない広告枠の単価は下がります）。

そのような媒体を選ぶと、クリック率やインストール率などの指標が悪化してしまう可能性があります。ある先行指標に変化を加える際は、他の指標にまで影響が出ていないかを必ずモニタリングしましょう。

この計算式を頭に入れておくと、遅行指標と先行指標を入れ替えて計算するといったことも可能になります。

例えば、これまではCPIを遅行指標として、先行指標が何になるかを論じてきましたが、遅行指標をCPMに変えた場合、今度はCPIが先行指標になるのです。

図4-04 遅行指標と先行指標

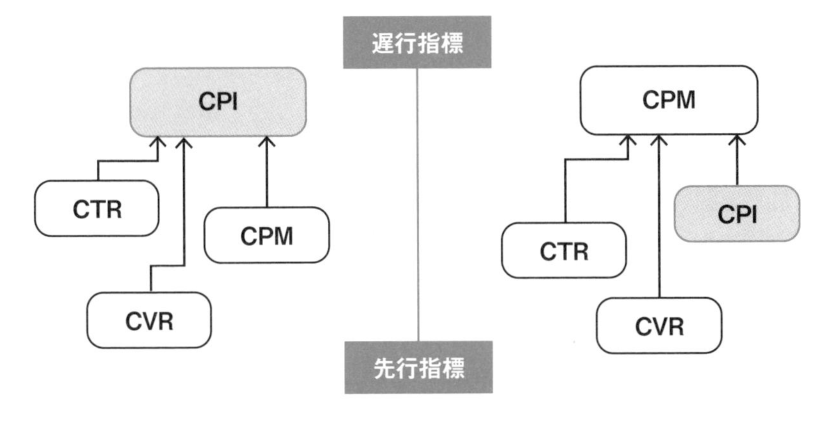

ワガママにも聞こえる広告主の要望も、分解で絞り込んでいける

以前のChapterで、アドネットワークはオークションによって広告枠の取引を行なっているという話をしました。みなさんのアプリがより成長速度を上げるために、もっと広告出稿の規模を拡大させたいとなった場合、より多くの広告表示機会を勝ち取るためには「広告表示あたりの単価（CPM）を上げる」ことが必要ということです。つまり、遅行指標がCPMになったということです。

CPM（遅行指標）に影響する先行指標は、CPI、CVR、CPC、CTRなどです。他の指標が変わらなかった場合、例えばそれまで1000円だったCPIを1500円まで上げることを許容できれば、CPMも1.5倍にすることができるので、広告出稿の規模を拡大することができます。

逆に、CPIが高くなることを許容できない場合は、CVRやCTRといった指標を改善して効率を上げない限り、広告配信金額を伸ばせないということです。「もっとたくさん広告を配信して、ユーザーを増やしたい。けど獲得単価は上げられない」という、ワガママにも聞こえる広告主の要望も、このように分解すれば「どの指標を改善させればいいか」「どのような打ち手が考えられるか」が絞り込めます。

LTVを高める

ここまで読んで理解していただいた方は、広告によるビジネス成長を加速させるために「獲得単価の許容値を上げる」ことが有効だということがわかってきたのではないでしょうか。

ただ、闇雲に獲得単価を上げることは利益を圧迫しますし、最悪「逆ざや」つまりユーザーを獲得すればするほど赤字になってしまうことさえあります。

健全な利益水準を維持しながら獲得単価を上げるためには、ユーザー１人あたりの収益性、いわゆるLTV（Life Time Value ＝ 生涯価値）を高めることが肝要です。きちんと儲ける、収益性を高めることは、より積極的にサービスをユーザーに届けるための大きな助けになるのです。

「よいサービスを作ることにしか興味がない」「お金儲けのことは考えたくない」といった職人気質な方にも、そのサービスをより多くの人に届けるという大義のために、しっかりマネタイズに向き合ってほしいと思う所以です。次の項目で、LTVについて詳しく説明します。

POINT

- **アプリビジネスの出発点である「インストール」を獲得するための費用（CPI）を理解しよう**
- **こうした指標の計算では、“アルファベット３文字”の用語が頻発するので、それぞれの関係を計算式とともに覚えよう**

2.獲得した顧客からの収益を予測する（LTV）

1つ前の項では「ユーザーを1人獲得するのにどのくらいコストがかかるのか」を計測する手法を学びました。続いて「1人のユーザーからいくら収益を得られるのか」を計測・計算する手法を学びましょう。

LTVの計算方法

1人のユーザーがそのサービスを通じてどのくらいお金を落としてくれるのか、という指標を「顧客生涯価値（Life Time Value、略してLTV）」と呼びます。これがわかれば「1ユーザーを獲得するのにいくらまでコストをかけてもいいのか（その費用を回収できるのか）」という重要な論点の答えがわかることになります。

ビジネスモデルに合わせて計算式を立てる

LTVにはさまざまな計算方法があります。重要なのは、そのビジネスモデルの特徴に合わせて計算式を立てることです。

例えばゲームのように、アプリ内課金で都度ユーザーが支払っていくビジネスなのか、月額制のビデオオンデマンドや法人向けツールのように定額課金（サブスクリプション）でユーザーが特定の期間に特定の金額を支払っていくビジネスなのか、ではLTVの計算方法や確からしさが大きく異なります。

図4-05　**サービスのタイプごとに異なるLTVの計算方法**

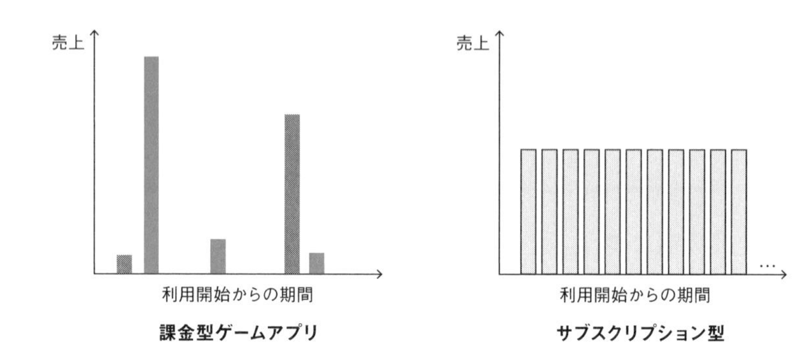

後者のビジネスは「SaaS（Software as a Service＝ソフトウェアをサービスとして提供するモデル）」などの業界に代表されるもので、LTVは「期間あたりの売上 × 平均残存期間」という比較的シンプルな計算式で求めることができます（こちらについては、P123のコラム②「SaaSモデルで使われる美しいLTV計算ロジック」で少しマニアック気味に解説します）。

ここでは前者の、ユーザーごとの一定期間内の売上が定まっていないケースを想定して、具体的なLTVの計算方法を考えます。課金や広告で収益化を行なうアプリを始めた想定で考えていきましょう。基本的な考えはどちらのビジネスでも突き詰めると変わりませんが、よく広告マネタイズを行なうアプリ起点に特化した形で考えてみたいと思います。

それでは大きく３つ、LTVを計算する方法を解説します。

①アプリのリリースからある程度時間が経っている場合

最もシンプルで簡易的な方法は、これまでの「累計売上」を「ユーザー数またはダウンロード数累計」で割る、という方法です。

例えば、過去２か月の累計売上が200万円で、延べユーザー数が累計10万人だったとしたら、LTVは20円という計算です。

理科の問題でよくある注釈「ただし○○による影響はないものとす

る」のように、この計算方法はいくつかのことを前提としています。それは、以下の理由によるものです。

①比較的直近にアプリのユーザーとなった顧客が、累計売上に大きな影響を与えていない（規格外に大きな金額の課金などがない）
②ユーザー数累計が大きな影響を受けるほどには、大量に新規のユーザーが増えていない

そもそも「累計売上÷累計ユーザー数」という計算では、厳密にはLTVを求めることはできません。なぜなら、“これまで”にアプリをダウンロードしたユーザーが“今後”生み出す売上が、計算にまったく考慮されていないからです。

ただし、ある程度の母数のユーザー数と売上がすでに発生していて、割り算の“分子”も“分母”もだいたい同じぐらいのペースで上昇している状態においては、この計算結果は概ねLTVと近いものになります（理論上、期間を無限に大きくすれば、LTVとイコールになります）。

この計算方法が向いているのは、ある程度リリースから時間が経って、数字の増加ペースに大きな変動がないことが判明しているアプリということができます。

一方そうではない場合、この計算方法では間違ったLTVを導き出してしまいます。例えば次のようなケースです。

- アプリ改善やイベントによってLTVが向上している場合、改善前のLTVに引きずられてしまい、直近のLTVを正確に把握するのは限界があります。アプリの収益性の高まりを認識するスピードが遅れてしまうため、機動的な戦略・戦術の変更が難しくなる、というデメリットがあります。
- リリース初期の計算には使えません。ダウンロードや会員登録は、ユーザーがアプリをインストールしたその日に計上されますが、売上はそこから時間を経て、将来にわたって発生し続けます。ユーザーが将来

いくらお金を使ってくれるかは、まったくデータがない状態では予測できません。そのため、アプリを公開した「初動」時点ではデータが不足しており、顧客の「生涯価値」を計算することはできません。

加えてこの計算方法では、先行指標となるどのKPIを改善することで売上が向上できるのか、という打ち手の議論をしにくいという問題もあります。

以上を総合すると、この方法が最も向いているのは、リリースからある程度の時間が経過し、ユーザー数や売上の増加ペースが安定したアプリで、言わば「答え合わせ」のように過去の実績からLTVのアタリをつける、というケースだと言えそうです。

②リリース初期や最新の実績から直近のLTVを計測したい場合

リリース初期のLTV計算や、最新の売上やユーザー数といったデータをできる限り反映した数字を出したい場合はどうすればよいでしょうか？　１つの方法が「ARPDAUと平均顧客寿命（日数）を掛け算する」というもの。①よりもより細かい計算が必要です。

LTV = ARPDAU × 平均顧客寿命

ARPDAU とは「Average Revenue Per Daily Active User」のことで、アクティブユーザー１人あたり１日にいくらの売上になるか、という指標です（カタカナで書くことは基本ありませんが、口頭では「アープダウ」と発音します)。ARPDAUは以下の計算式で求められます。

（ある期間の売上合計）÷（同期間のDAUの合計）

例えば、リリース後１～７日目の間に70万円の売上があり、同じ期間のDAU（Daily Active User）の合計が７万人（平均DAU １万人 ×

７日間）だったとすると、ARPDAUは10円（70万円 ÷ ７万人）となります。この計算はそこまで難しくないでしょう。

次に、ユーザー１人あたりの平均顧客寿命（日数）を計算します。ユーザーがアプリをインストールしてから二度と使わなくなるまでの期間が、平均すると何日間か、という指標です。

例えば、インストール後２日目で継続率が50%、６日後の継続率が20%、30日後の継続率が10%、60日後に０%になることが予想できた場合を想定します。継続率の推移の実データがまだ得られていない場合は、過去の同様なアプリの傾向から予測することが多いです。

計算をしやすくするため、このアプリを新たにインストールするユーザーが１日に100人いたとしましょう。今日を初日としたとき、インストールしてくれた100人のユーザーは、１週間後の20人まで徐々に減っていきます。

１日目：利用者100人
２日目：50人（２日目継続率が50%なので）
３日目：40人
…
７日目：20人

といったような形です。３日目から７日目までは１日５人ずつ減っていくとすると、初日から７日目終了時点までの延べユーザー数は300人となります。

100＋50＋40＋35＋30＋25＋20＝300

同様に、８～60日目までのユーザー数を算出してみましょう。ここでは以下の前提を置いてみます。計算式がピンとこない方は、「等差数列の和」の求め方を検索してみてください。

・８日目～30日目：30日後の継続率が10%なので、23日かけて

20→10人まで同じペースで減少する

(20+10) × 23 ÷ 2 − 20 = のべ325人

・31日目～ 60 日目：残存していた10人が0人になるまで、30日かけて同じペースで減少する

(10+0) × 30 ÷ 2 − 10 = のべ140人

つまり、初日に獲得した100人のユーザーが60日目にゼロになるまでの間に合計765人・日（300 ＋ 325 ＋ 140）に 遊ばれることになるので、ユーザー１人あたりの平均プレイ日数は7.65日になります。

このケースでは、初日で離脱するユーザーも50人いるものの、30日以上プレイするユーザーも10人いるので、平均すると１週間ちょっとは遊んでくれているということになります。

図 4-06　**ユーザー数の推移**

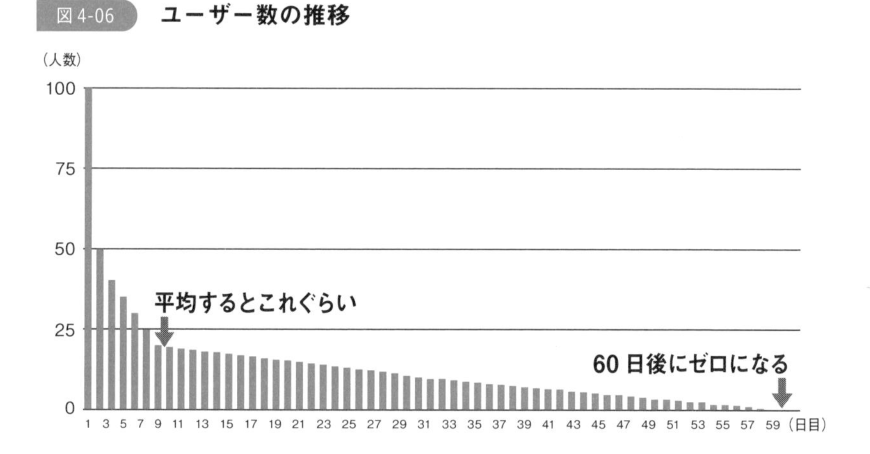

先ほど算出したARPDAUは10円でしたから、以下の計算になります。

ユーザー１人あたり１日に10円の売上 × 休眠するまでに平均7.85日
= LTV 78.5円

この計算式に従って考えると、みなさんがアプリのLTVを高めるため

のアプローチは大きく「ARPDAUを上げる」「継続率を改善する」の2つが考えられるということがおわかりですね。①の「累計売上÷累計ユーザー数」という計算方法と比較すると、ずっと打ち手を考えやすい分解方法です。

なお、アプリそれぞれによって大きく異なる継続率ですが、カテゴリによって平均的な数値の統計が出ています。ご興味のある方はぜひ調べてみてください。

図4-07 **アプリのカテゴリ別、ユーザーの継続率**

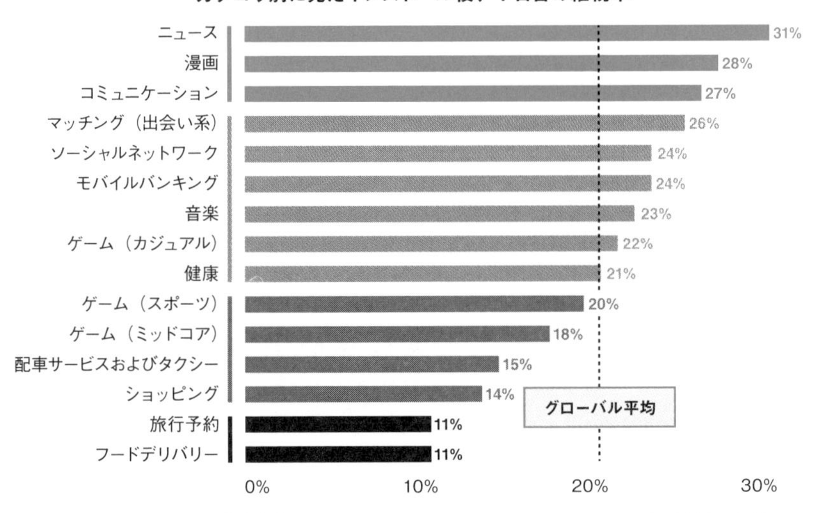

※出所：adjust株式会社 https://prtimes.jp/main/html/rd/p/000000037.000011908.html

③リリースする前にLTVをシミュレーションしたい場合

これまでの2つのパターンはアプリがリリースされたあとに、実際のデータをもとにLTVを把握しようというものでした。ですが、中にはアプリリリースの前に、LTVをシミュレーションしたいというときもあるでしょう。例えば、企業で予算作成のために事業計画を作らないといけない、といったケースです。

そうした場合も②で解説した「ARPDAU × 平均顧客寿命」を想定することで、シミュレーションをすることができます。

しかし、アプリリリース前のため、まだARPDAUの計算の基となる実際の数値はありませんので、それを推定する方法が必要です。この場合、アプリのビジネスモデルによって押さえるべき指標は変わってきます。

この指標を分解して整理することで、①の方法で論点としてあげた「先行指標を特定して、打ち手を考える」ためのヒントにもなります。みなさんのアプリでもどの指標を改善すればLTVが上がっていくかを、ぜひ一緒に考えながら読んでください。

広告により収益化するモデルの場合

ARPDAU = 1人が1日に広告を閲覧する回数 × CPM ÷ 1000

例えば、ユーザーがアプリを1日に2回起動してくれて、そのたびに

・CPM 500円の全画面広告を1回

・CPM 50円のバナー広告を3回

見てくれるものとします。この場合、以下の計算式になります。

ARPDAU = {(1 × 500 ÷ 1000) + (3 × 50 ÷ 1000)} × 2 = 1.3円

各フォーマットの広告閲覧数は、1日あたりのアプリの起動回数、起動のたびにどのような行動をとるのか、その行動によりどの広告に何回接触するのか……とシミュレーションすることで計算します。

広告フォーマットごと（Chapter 6で解説しますが、バナー、インタースティシャル、動画リワード広告など）に分けたり、複数国に展開するアプリなら国ごとにCPMやユーザー数を分けて想定することで、より細かい精度で予測していくことができるでしょう。

アプリ内課金により収益化するモデルの場合

ARPDAU＝課金率 × 1人あたりの課金金額

先ほどの例と同じく、細かく分析していくのに重要なのは、課金率、つまりどの程度の割合の人が課金をしてくれるか、の内訳です。

実際には、多額の課金をしてくれる人（業界では「重課金ユーザー」などと呼ばれます）、少額の課金をしてくれる人（ライト課金ユーザー）、そして無課金のユーザーといったセグメントに分けて、コホート分析という課金傾向の分析をしていくことなどが求められます。

例えば、全ユーザーのうち0.1%の人が平均1万円を、2.9%の人が平均500円を30日に一度課金してくれて、残りの97%は無課金だったとします。この場合のARPDAUは次のようになります。

（10000 × 0.001＋500 × 0.029）÷ 30＝0.82円

ARPDAUを高めるためのアプローチは

・重課金ユーザー、ライト課金ユーザーのいずれかの

・平均課金額、あるいは課金率を上げる

となるわけです。これらに加えて、継続率を高めて顧客の平均寿命を長くすることが、LTVを上げることにつながります。

最後に顧客平均寿命のシミュレーションについては、②と同様に、X日目継続率を積分することで求めることができます（②の平均プレイ日数の計算は、1日目、2日目、……、X日目までの継続率を積分していたのです）。

いかがでしたか？　それぞれのパターンでLTVを計算する方法と、LTVを改善させるために改善すべき指標や取りうる施策について、少しでも具体的にイメージがわいたでしょうか？

POINT

- ◉アプリユーザーの顧客生涯価値（Life Time Value、略してLTV）を算出するには大きく３種類の方法がある
- ◉算出方法はタイミングやフェーズ（アプリローンチの前か後か、ローンチ直後か安定期か）で使い分けよう

アプリ先生コラム②

SaaSモデルで使われる美しいLTV計算ロジック

SaaS のモデル化では何が可能になるか

LTVを考えるにあたっては、そのビジネスモデルに即した計算を組むべきです。特に本文では、ゲームなど、都度課金が生まれるモデルでLTVの計算方法をご案内しました。

このコラムでは、ユーザーの生涯価値と投下コストに対する研究が進んだSaaS（Software as a Service）で一般化された計算モデルをご紹介します。

SaaSでの前提は、特定の期間に対して、1ユーザーは価格プランに応じて特定の金額（例えば月額）を支払う、という点です。そのためランダムにアプリ内課金が発生するモデルと異なり、月単位や年単位といった形で期間ごとの売上を揃えることができます（従量課金の要素がある場合は、平均月額や年額を計算する必要がありますが、簡略化のためここでは固定された金額を支払うものとします）。

先ほど、ゲームの例では最終的に「ARPDAU × 平均顧客寿命（休眠するまでに平均的に遊ぶ日数）= LTV 」で計算しました。SaaS のモデルでは、いくつかの変数を固定することができるので、ここで解説します。

図　SaaSのモデル化では何が可能になるか

	都度課金アプリ（ゲームなど）		SaaS	
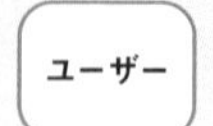		アプリを起動するかは日々のユーザー次第		契約している限り、ユーザーとしてお金を払う
		すごくハマる時期もあればまったく起動しない期間もある		どの月で解約したかで「離脱」を把握しやすい
		重課金する人もいれば、ほぼ課金しない人もいる		プランに応じて月次などで課金される

・契約している＝アクティブと言えるため、LTVの基本的計算において“DAU”の概念は不要になり、ARPA（Average Revenue per Account）を考えればよい
・固定期間（例：月次）における顧客維持率から、解約率（チャーンレート）を計算しやすい
・ARPDAUで課金傾向別にコホート分析をするのではなく、プランごとにARPAがセットしやすい（従量課金やオプション課金などを無視すれば、いくつかのプランごとに課金額が一定）

このような特徴を持つSaaSにおいて、一般的にLTV を計算したいというときに用いられるのは、

LTV = ARPA ÷ チャーンレート

というものです。少しこれまでに紹介したのとは違った形に見えますよね。チャーンレートで割るって、どういうことなのでしょうか……。

この式を紐解くと、実は先ほどと同様の式を変形しています。

LTV = ARPA × 平均顧客寿命

まず、ARPDAUがARPAに変わっています。そして、平均顧客寿命を先ほどは原始的に「残存しているユーザー数の総和」を用いて計算しましたが、解約率が一定水準で安定している場合、以下のような美しい数式で表すことができるのです。

平均顧客寿命 = 1 ÷ 解約率（チャーンレート）

解約率はシンプルに「解約したユーザー数 ÷ 解約前のユーザー数」で計算できます。月間解約ユーザー数が100名、月初のユーザー数が1万名の場合、月次のチャーンレートは1％。平均顧客寿命は（1 ÷ 1％）で100ヶ月となります。
「LTV = ARPA ÷ 1％」としてもいいですし、
「LTV = ARPA × 100」としてもいいかと思います。

「平均顧客寿命 = 1 ÷ 解約率」となる理由を数学的に理解したい方は「等比数列の和」について調べてみてください。やっている計算としてはこの場合、

$$1 + (1 - 1\%) + (1 - 1\%)^2 + \cdots + (1 - 1\%)^\infty = 1 \div 1\%$$

というもので、実は残存しているユーザー数の総和を計算しているのと同じです。

カンのいい方はこの数式を見て「ということは、解約率を半分に下げれば、LTVはなんと2倍になる」ということがすぐにわかったのではないでしょうか。

多くのSaaSビジネスは、期間ごとのユーザーあたり売上と解約率が安定しているため、こうしたモデル化が容易にできるのです。

参考

SaaSの公式「LTV/CAC > 3x」ってなんでなの？分解して考えてみた。

https://www.wantedly.com/companies/wantedly/post_articles/136733

ユーザの平均継続期間が「1/解約率」で求められることの数学的証明

https://migi.hatenablog.com/entry/churn-formula

3.「収入」と「支出」のバランスを検証する（ROASとユニットエコノミクス）

ここまで、ユーザーを１人獲得するのにどのくらいのコストがかかったか（CPI）と、獲得したユーザーから生涯でどれくらい収益を上げることができるか（LTV）を解説してきました。最後に、この２つの概念を組み合わせて、「この広告を投下して１ユーザーを獲得したときに、広告費用を回収して利益を生むことができるのか？」という問いに答えられるための、ROASという概念を解説していきます。

ROASは1日にしてならず

ROASとはReturn On Ad Spendの略（「ロアス」と読みます）で、日本語に訳すと「広告費用対効果」のことです。Y円かけて獲得したユーザーから得られた収益をX円としたときに、「X（収益）÷ Y（コスト）」で計算される指標です。パーセンテージで表します。

さらに、ROASと合わせてよく使われる言葉として、「ユニットエコノミクス」というものがあります。

「LTV（１ユーザーあたりの生涯価値）÷ CPA（１ユーザーを獲得するのにかかるコスト）」で何倍かという指標を定め、それが目標以上なら「ユニットエコノミクスが成立している」と表現します。

逆に、ユーザーから得られることが期待される生涯売上より、そのユーザーを獲得するためのコストのほうが高くかかっている場合は、マーケティングを行なうほど赤字になります。これでは「ユニットエコノミクスが成立していない」ということになります。

カジュアルゲームにおけるROASの見方

冒頭のROASのお話で、少しでも疑問を持たれた方は鋭いです。収益（X円）は期限を設定しない限り、いつまで経っても確定しないですよね。

もちろん、前述のLTVを使って計算することもできますが、リアルタイムにその広告投下の効果・価値を測りたい場合、数日から数週間、数ヶ月といった期間でROASを計算していくのが一般的です。

筆者が特に馴染みの深いジャンルである、カジュアルゲームを例に取ると、７日から14日ROAS、30日ROASを計測するのが一般的です。より高速でマーケティングのPDCAを回したい方の中には、１日や０日ROASを計測しているところさえあります。

カジュアルゲームは、主にユーザーに広告を見させることで得られる収入からビジネスを成立させていることが多いです。ユーザーの行動としては、インストールの直後はステージをガンガン進める（序盤はステージ１つ１つも比較的短いため、最初に多くの広告を見ることになる）、その後は広告に飽きてくるためクリックする率も下がり、CPMが徐々に下がっていくという特徴があります。そのため、ビジネスは必然的に短い日数で稼いでいくスタイルです。

図 4-08　**カジュアルゲームと広告**

※参考：tekunodo「Touch the Numbers」

したがって、数日から長くても１ヶ月といったサイクルでPDCAを回していく必要があるために、上記のようなROAS測定期間が一般的になっていくわけです。

同じゲームカテゴリでも、ソーシャルゲームのようなゲームでは様相が異なります。広告でマネタイズするカジュアルゲームと違ってアプリ内課金が収益の柱となり、ユーザーはゲーム内通貨を購入して、キャラクターや武器といったアイテムをゲットするためや、プレイをスピーディに進めるために通貨を支払う、といった行動が一般的です。

そのため、序盤からある程度無料でプレイして「ハマって初めて課金する」という特徴があります。アプリによっても異なりますが、インストール初日から多くのユーザーに課金してもらおうという狙いがあるのでない限りは、もう少し長いROAS測定期間を確保したほうがいいかもしれません。

日本のアプリ企業は回収期間を短めに設定し、広告の投資回収を厳しく評価しがち

また、コラボや周年といったイベントによる課金の波がある場合や、課金請求を行なうタイミングがモバイルキャリアなどに依存している場合も同様です。ある特定の期間で売上を回収する、といった特別なスケジュールが考えられますので、そういった点にも注意が必要です。

例えば、インストールから20日後に一気にユーザーからの収益が期待できるのに、14日目までのデータでLTVを計算してしまったら、ユニットエコノミクスが合っているかどうかを正しく評価できません。

筆者が見聞きしてきた経験をもとにお話しすると、日本のアプリ企業は回収期間を短めに設定し、広告の投資回収を厳しく評価しがちです。海外の企業のほうが、ミドル課金ユーザーが多めで、ある程度ROASの評価期間を広く取っているなという印象があります（ただし、PDCAを回すサイクルが長い、というわけでは必ずしもありません）。

許容できる回収期間が長い場合と短い場合を比較すると、長い場合のほうが獲得単価が多少高くなっても「ユニットエコノミクスを合わせられる」と判断できるようになるため、よりアグレッシブなユーザー獲得戦略を打つことができます。

一方で、例えば「90日で50%、残り180日で100%回収」という長期プランを計画していた場合、「本当に91～270日目の間で獲得コストの50%を回収できているのか？」などきちんとモニタリングを行なわないと、気づかないうちにユニットエコノミクスが崩壊していた、といった事態になるリスクがあるので注意が必要です。

上記はゲームの事例ですが、アプリのカテゴリが違えば考え方を組み直す必要があると思います。理解していただきたいのは、計算する期間というのは非常に重要で、お金を支払ってくれるユーザーの行動特性や、アプリインストール後のユーザージャーニーをしっかり考えて設定する必要があるということです。

どうやって広告のパフォーマンスを上げるか
～数字から打ち手へ～

ここまで、広告の基本的な効果測定と、ビジネスにおける検証サイクルを学びました。それでは、実際にこれらの指標を計測する体制が整ったあと、どのように打ち手を考えていけばよいでしょうか？

ここで重要になるのが、先述した「先行指標」と「遅行指標」という考え方です。

例えば、よくKPIに設定されるCPI（インストール単価）。これを単純に「CPIを安くしたい」と考えるのは簡単です。例えば、より効率のよいキャンペーンだけに予算を集中させ、CPIが高い媒体や配信先を停止すればいいのです。しかしそうした場合、ユーザー獲得件数や出稿額も縮小します。「本当にユーザー獲得数を下げていくことがビジネスの目的に合致していたんだっけ？」という問いが残ります。

ですから、出稿額と獲得件数をなるべく維持しつつ、CPIを下げる方法を考えないといけません。どうしたらいいのでしょうか？
「よりよい媒体を探す」ことはもちろん有効です。こちらについては次のChapterで詳しく解説します。

直接的に改善を加えられる2つの要素

同じ媒体（配信面）に出稿し続ける場合、直接的に改善を加えられる要素（よくレバーと呼ばれます）は大きく２つあります。

１つはCTR（Click Through Rate = クリック率）です。「広告が表示された回数のうち、何回クリックされたか」で測られる指標でした。より多くの人がクリックしてくれると、同じ広告費用をかけたときに、インストールしてくれる人が増えることになります。ですから、ユーザーがより興味を持って、クリックしたくなるようなクリエイティブ（広告素材）に変更・改良していくというのが打ち手となります。

もう１つはCVR（Conversion Rate）です。CV（Conversion）の定義はいったんアプリインストールと想定しましょう。そのためCVRは「広告がクリックされた回数のうち、何回インストールまで至ったか」という指標になります。

広告がクリックされたあと、ユーザーはApp StoreやGoogle Play といったアプリストアに遷移します。そのページには、説明文やスクリーンショットなどの要素（クリエイティブ）があり、これらを魅力的にすることで、ユーザーがより興味を持ってアプリをインストールしてくれるようになります。ASO（App Store Optimization）= アプリストア最適化、と呼ばれるマーケティング手法です。

このような方法によってCVRが改善されると、広告の効率が改善され、出稿金額を維持したままより安い単価で、多くのユーザーを獲得できるようになります。

こういった改善活動を最も積極的に行なっているのが、ハイパーカジュアルゲーム（HCG）というジャンルのゲームアプリ開発者たちです。筆者も多くのHCG開発者さんと仕事をしてきましたが、彼らの中にはCPI数十円といった驚異的な低水準でユーザーを獲得できているケースがあります。

これはCTR・CVRがともに10％以上といった極めて高い水準の指標を実現しているから実現できています。特にこのジャンルのプロモーションは、気軽に誰でもプレイできるハードルの低さと、ぱっと見で「やりたい！」と誰もが思うような魅力的なクリエイティブ（主に動画）が特徴です。広告を見た人のうち、10人に１人以上が興味を持ってクリックして、そのうち10人に１人以上が実際にインストールする、というのはその他のジャンルではあり得ないほど高い水準です（成功しているゲームはもっとずっと高い数値を叩き出しています）。

インストール後も、チュートリアルからゲームに入って没頭するまで、離脱させない設計になっています。プレイする楽しさや気持ちよさという右脳的・アート的な部分を、測定可能な指標に落とし込んで、細かく高速でPDCAを回すという、研究・探求が非常に進んでいるジャンルだと筆者は考えています。

与えられた１つの指標だけを盲目的に追いかけるだけではいけない

１点注意が必要なのは、広告フォーマットや媒体によって、CTRやCVRの標準的な数値が大きく変わってくることです。

例えば、Apple Search Ads（App Store上の検索連動型広告、略称ASA）は、ユーザーがアプリの名前などを検索した結果画面に表示される関連性の高い広告なので、CTRやCVRは自然と高い水準になります。わざわざ特定のアプリ、あるいは特定の用途のアプリを検索しているわけなので、ダウンロード意向の高いユーザーが広告に触れていると考えられるからです。

逆にバナー広告などは、動画広告や検索連動型広告と比べてCTRが極めて低いです。ですがCPMが安いので、獲得単価（CPI）やROASで見ると実はお買い得だというケースもあります。CPIを下げるために「CTRやCVRが悪い媒体やフォーマットを停止しよう」とすると、こういった「実は貢献度の高いもの」まで止めてしまうリスクがあります。

広告フォーマットや媒体の特性を理解したうえで、条件を揃えて、本質的に重要な指標で比較する。まずはこれができていないと、正しいアクションの意思決定はできません。くれぐれもお気をつけください。

そして最後に、無事にCPIを下げることに成功したとしても、もしかすると「獲得単価は高いけれどLTVはもっと高いユーザー」、つまり「ROASが高いユーザー」を自らの判断で取り逃がしているかもしれません。

１つの指標を変化させた際に、連動して別の指標が想定外の変化をしていないか、全体としてビジネスはよい方向に向かっているのか、を常に総合的にモニタリングし続けるよう心がけましょう。

マーケターは経営者なのです。与えられた１つの指標だけを盲目的に追いかけるだけでは、価値を出して事業に貢献できているとは言い難いと肝に銘じておきましょう。

POINT

- **CPI（インストール単価）とLTV（顧客生涯価値）の考え方を理解して、ROASやユニットエコノミクスを評価できるようになろう**
- **重要指標を決めて計測体制を整えたうえで、その指標を改善させるための打ち手につなげよう**

アプリ先生コラム③

広告クリエイティブの闇

広告を見てインストールしたゲームの内容が違う?

業界に長く生息していると、「この広告は確かにパフォーマンスがいいけど、ユーザーのためになっているんだっけ？」という問題に直面することがあります。例えば、ゲームの広告で、実際のゲームとはまったく違うクリエイティブで広告を打っているケースが結構あります。

このような広告をスマートフォン上でご覧になったことがある方も多いのではないでしょうか？

「広告のゲーム画面」

「実際のゲーム画面」

※出所：【内容が違う】
広告詐欺が多いスマホのゲームアプリ広告の問題点を解説!
https://jp.spideraf.com/media/articles/mobile-game-ad-fraud

広告で表示されているゲーム内容を期待してインストールしたユーザーにとっては、プレイしてみると「あれっ」と思われることでしょう。

こうした広告が使われ続ける背景としては、インストールしたユーザーのうちそれなりの数が、広告と違ったゲームでも遊び続けてくれるというのが1つ。もう1つは、実際のゲーム画面を使って広告を配信したときよりも、獲得単価が低く抑えられるからです。つまり、CPIやROASという指標で見たとき、この広告クリエイティブはパフォーマンスがよいと判断されているということです。

違法性はないのか

広告において実際のゲームとはかけ離れたクリエイティブを使うことは、違法ではないのでしょうか？　抵触する可能性がある法律には、例えば景品表示法があります。景品表示法には、以下のようなことが定められています。

【優良誤認】（景品表示法第5条第1号）

事業者が、自己の供給する商品・サービスの取引において、その品質、規格その他の内容について、一般消費者に対し、

(1) 実際のものよりも著しく優良であると示すもの

(2) 事実に相違して競争関係にある事業者に係るものよりも著しく優良であると示すもの

であって、不当に顧客を誘引し、一般消費者による自主的かつ合理的な選択を阻害するおそれがあると認められる表示を禁止しています（優良誤認表示の禁止）。

※出所：消費者庁「優良誤認とは」
https://www.caa.go.jp/policies/policy/representation/fair_labeling/representation_regulation/misleading_representation/

【おとり広告に関する表示】（景品表示法第５条第３号の規定に基づく告示）

(1) 取引の申出に係る商品・サービスについて、取引を行うための準備がなされていない場合のその商品・サービスについての表示

(2) 取引の申出に係る商品・サービスの供給量が著しく限定されているにもかかわらず、その限定の内容が明りょうに記載されていない場合のその商品・サービスについての表示

(3) 取引の申出に係る商品・サービスの供給期間、供給の相手方又は顧客一人当たりの供給量が限定されているにもかかわらず、その限定の内容が明りょうに記載されていない場合のその商品・サービスについての表示

(4) 取引の申出に係る商品・サービスについて、合理的理由がないのに取引の成立を妨げる行為が行われる場合その他実際には取引する意思がない場合のその商品・サービスについての表示

※出所：消費者庁「おとり広告に関する表示」
https://www.caa.go.jp/policies/policy/representation/fair_labeling/representation_regulation/case_002/

事業者が、優良誤認表示やおとり広告に関する表示を行なっていると認められた場合は、消費者庁長官は当該事業者に対し、措置命令などの措置を行なうことになりますが、筆者の知る限り、こうした広告が大々的に取り締まられた、という事例はまだ聞きません。

筆者は法律家ではないため、先に述べたような広告が法律に抵触するかどうか判断はできませんが、いずれにしてもマーケターとしてクリエイティブにこうした違法性がないかは常に注意を払うべきでしょう。法律にさえ違反していなければ何をしてもいい、というわけではありませんが……。

成功にかける貪欲さ

半分笑い話ですが、このような批判を受けた海外のとあるゲーム会社の中から、実際に広告でパフォーマンスのよいミニゲーム（「ピンを抜く」など）をゲームのサブコンテンツとして実装した、というところまで出てきました。「実際にゲームの中にあるものを宣伝しているのだから、詐欺とは言わせないぞ」というわけです。逆転の発想というか、成功のためにできることは何でもやろうという精神は、賞賛に値します。

このような、無理やりよく言えば「挑戦的な」試みをしているアプリ会社のほとんどが、日本ではなく海外のものです。広告のパフォーマンスを改善して、より事業を速く大きく成長させたいというモチベーションからか、実にバラエティ豊かな切り口の広告クリエイティブを、すごいスピードで試してきます。そしてどこかの会社が成功パターンを見つけると、それが横展開（模倣？）されるスピードも目を見張るものがあります。

日本のアプリ企業のマーケティングに関して、お行儀がよいというのは業界モラルという点では評価すべき点でしょう。ですが反面、成功にかける貪欲さで海外勢に遅れをとっているのではないか、それが日本のアプリ市場が海外勢にシェアをどんどん奪われている理由の１つなのではないか、という思いも個人的に持っています。

Chapter

5

アプリマーケティング実践編
- ユーザー獲得 -

ここまで理論的な内容を多くカバーしてきましたが、
本章からはより実践的な内容に入っていきます。
アプリマーケティングの最も普遍的かつ重要な目的の
1つに「ユーザーを増やす」ということがあげられます。
では、そのユーザーをどう獲得していけば
いいのでしょうか？

予算を最適に配分する思考プロセス

アプリのユーザーを増やす、インストール数を伸ばすための方法は数多くあります。より再現性が高く、大きなインパクトを出しやすいという観点から、ここでは主にデジタル広告によるユーザー獲得について解説します。

アプリ広告におけるメディアプランニング

Chapter 2で「メディアプランニング」の基本的な考え方をお話ししました。メディアプランニングとは、広告予算をどの媒体にどう振り分けるか、を決定することです。

アプリ広告においても、大きく考えや、やり方が異なるわけではありません。基本的に、目的ごとに最適な予算配分を行なっていくことが重要です。例えば、ユーザー獲得と一口にいっても、以下のような種類が考えられます。

・これまでそのアプリを使ったことがない「新規ユーザー」
・アプリはインストールしたが、長くそのアプリを起動していない「休眠ユーザー」
・過去にそのアプリを使っていたが、アンインストール（端末から消去）した「離脱ユーザー」

アプリマーケティングでは、まだまだ「新規ユーザーに、何件インストールされたか」という指標で結果を測られることが多いですが、実際にはインストールしてもアプリを使ってくれないユーザーや、収益につながらない（課金してくれないなど）ユーザーをいくら獲得しても、ビジネスの成長には貢献しません。

それだけでなく、一度はそのアプリに興味を持ってインストールしたことがある「休眠ユーザー」や「離脱ユーザー」に、再度アプリを開いてもらうことで、アプリの利用や課金売上につなげることを狙うというアプローチを検討してみてもいいかもしれません。もちろん、過去にある程度のボリュームのインストールがないと、わずかな数のターゲットにがんばってリーチするという非効率な行動になってしまいますが。

ビジネス上のユーザー行動をベースとした考え方

インストールだけされても事業的には意味が薄いという考え方から、以下のようなビジネスインパクトを重視したKPIを設計することも多いです。

- **継続率やROAS（広告費用対効果）**
- **インストール後の会員登録**
- **（物品やアプリ内アイテムなどの）初回購入・初回課金**

アプリをインストールしたユーザーにどのような行動をとってほしいのかによって、目標とするKPIや、選定する媒体や広告の訴求軸といった打ち手が変わってきます。よく筆者が聞くのは、「この行動を行なったユーザーは、そうでないユーザーと比べて、圧倒的にその後の動きが活性化される」というアクションを見つけて、それをインストール直後のゴールに設定するというアプローチです。

例えばSNSであれば「７人のユーザーをフォローすると、継続率が３倍になる」という法則が見つかるかもしれません。会員登録があるサービスであれば「初回起動時に登録したユーザーは、２回目の起動をしてくれる割合が50%高い」かもしれません。例えば後者のケースですと、アプリのインストールをゴールにするのではなく、会員登録地点をゴールに設定して宣伝を行なうことは合理的です。
（ただしこのとき、本当の因果関係があるのかどうかを注意深く観察・分析するようにしてください。例えば、会員登録をしたから→起動率が上がる、のではなく、もともと利用意欲が高かった→当然会員登録も起動もする、という「隠れた要因」がある場合、利用意欲が低いユーザーに無理やり会員登録をさせても起動率には貢献しない可能性があります。
　このケースで、会員登録をインストール後の重要アクションと定義して、会員登録１件あたりのコストをCPA（Cost Per ActionまたはCost Per Acquisition）と呼ぶこともあります。

　アプリマーケターの仕事は、インストールを増やすことでしょうか？
　それとも、インストール後にこちらが意図した通りにアプリを使ってくれるユーザーを増やすことでしょうか？
　どちらが正解、というものではありません。中には、インストール後のユーザーの行動に責任を持つのはプロダクト側で、マーケティング部門の仕事は「入り口」までお客さんを連れてくるところだ、と分業体制を敷いているところもあります。
　あくまで私見ですが、筆者はその考えには反対です。マーケター（だけでなく、対価をもらって仕事をしているプロは全員）の仕事のゴールは「雇用主のビジネスを成長させること」であるべき、というのが最も大きな理由です。そのため「質は悪くても、とりあえずインストールを安くたくさん獲得する」ではなく「質の高いユーザーを増やす」ことをゴールとし、目標指標に据え、その最大化のためのアクション（媒体選定や予算配分など）をデータを基に企画実行すべきだと考えます。
　また、インストールだけを目標に掲げていると、Chapter 8で後述するアドフラウドに知らないうちに、あるいは知っていながら予算を垂れ流すことにつながりかねません。

どういった媒体やアドネットワークに出稿すべきか?

したがって、メディアプランニングにおいて、質の高いユーザーの獲得に貢献してくれる媒体はどこか？　という論点が大事になります。

これまでも若干触れてきましたが、アプリのインストールからインストール後のユーザー行動（イベント）などを計測して、データを提供してくれる会社があります。Mobile Measurement Partner（モバイル計測パートナー、略称MMP）と呼ばれる会社で、代表的企業としては、AppsFlyer や Adjustといった企業があげられます。

こうしたMMPは非常に多くのアプリ企業のマーケティングのパフォーマンスデータを保有しており、それらを集計したレポートを「パフォーマンスインデックス」などの名前で定期的に発表しています。地域やアプリのカテゴリごとに、どの広告媒体やアドネットワークがパフォーマンスがよいのかを、ランキング形式で発表してくれています。

▍パフォーマンスインデックス

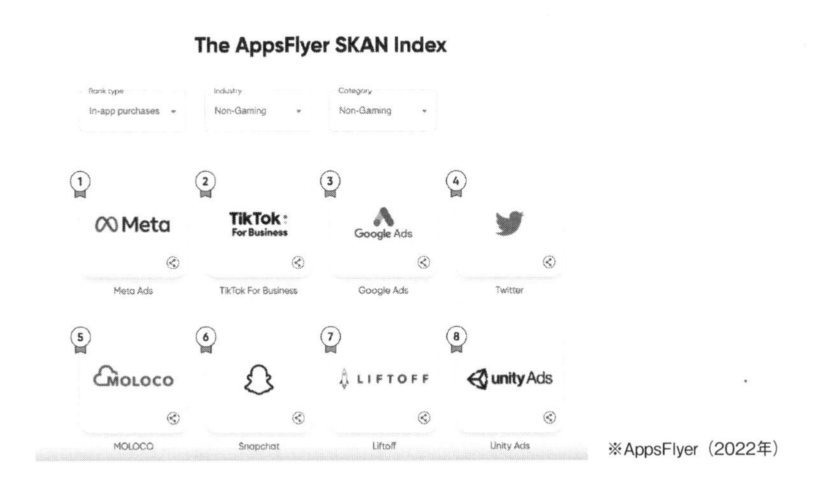

※AppsFlyer（2022年）

ランキングにはさまざまな切り口での種類があります。例えばアプリ内課金や広告収益といったマネタイズに最も貢献したものはどこか、休眠ユーザーの復帰に貢献したものはどこか、などです。自社のアプリのカテゴリや対象地域に加えて、ビジネスの目的に合わせたランキングを見ることで、自分たちに合った媒体・アドネットワークの候補の参考となることでしょう。

ただし、これらのデータは当然、AppsFlyer のランキングなら、AppsFlyerで計測されたインストールやアプリの利用のみに基づいています。別のトラッキングツールを使っているアプリのデータは含まれないですし、例えばまだ利用者が少ない新興の優良媒体などはランキングには出てきません。

ネガティブチェックの材料として使う

AppsFlyerやAdjustといったMMPは世界的なシェアが高く、データが豊富にある＝ランキングも比較的信用できるはずだ、というのが現時点での業界的な認識です。とはいえ、盲目的に過信してしまわないよう、注意が必要です。

筆者がおすすめする使い方の1つが、ネガティブチェックの材料にする、というものです。例えば前述のAppsFlyerのランキングには、Volume rankingとPower rankingの2種類があり、そのうちPower rankingのほうはインストールの件数だけではなく、インストール後の継続率など「質」に関するいくつかの指標が評価基準になっています。

ですから、「Volume rankingでは上位なのにPower rankingでは下位または圏外の媒体は、質がすごく悪いということかな？」とか、「長く業界にいるのにランキングに出てこない媒体は、実は規模がとても小さいか、質がとても悪いのかな？」といった見方をすることができます。その媒体の営業パーソンや、その媒体を何らかの理由で売りたい広告代理店は、悪い評判をわざわざ教えてくれないですからね。

なお筆者は転職先を決める際に、これらのランキングも参照しました。もちろん他の観点からも総合的に判断しましたが、常に上位にランクインする企業に現在も勤めています。実際、広告パフォーマンスや健全性など極めて優れており、ランキングに対する信頼度も私の中で上がりました。

上位から順番に予算を配分する

このランキングのいくつかを眺めていると、多少の順位の変動はあれど、上位に来ている媒体・広告ネットワークの顔ぶれはどの地域・カテゴリでも概ね変わらない、ということに気づくでしょう。

上位に来ているのは、GAFAと括られる巨大プラットフォーマー、つまりGoogle（YouTube、検索など含む）、Meta（Facebook・Instagram）、Apple（Search Ads）や、大きなユーザーを抱えるプラットフォーマー（X（Twitter）、Snapchat、TikTokなど）。

その他には、独立系の広告ネットワーク大手（AppLovin、Unity Ads、ironSourceなど）や、DSP大手（Moloco、Liftoffなど）が上位に来ていることが多いです。

メディアプランニングにおいて、パフォーマンスのPDCAを回す前の初期の設計段階では、こうした上位のところから順番に予算を配分しておけば、大きな失敗はしにくいと思います。特に予算が限られている場合は、不必要に分散させるより、いくつかの大手媒体に集中させたほうがパフォーマンス的にも作業効率的にも好ましいでしょう。

もちろん、大手プラットフォーマーや広告ネットワーク・DSP大手以外にも、クオリティの高いユーザーを獲得できて、急成長している媒体やネットワークもあります。そういったところを誰よりも早く見つけて活用することができれば、競合他社の一歩先を行くことができます。ただしその分、リスクももちろんあります。

その後データが出揃ってきたら、パフォーマンスを振り返りながら、適宜予算の配分を変えたり、新しい媒体や広告ネットワークを試してみたり、といったことにトライしましょう。次の項で具体的に解説します。

図 5-01 **上位から順番に予算を配分していく**

パフォーマンスのPDCAが回る前の
初期の設計段階では……

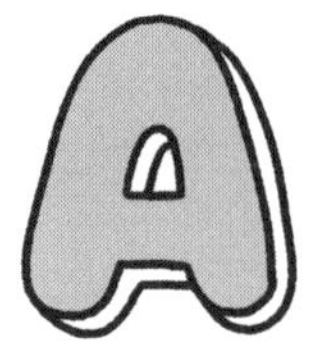

巨大プラットフォーマーから順番に
予算を配分していくことで、大きな失敗はしない

POINT

- アプリ広告のメディアプランニングにおいては、インストールをベースとした考え方と、ユーザー行動をベースとした考え方がある
- Mobile Measurement Partner（MMP）が発表する、パフォーマンスランキングなどを参考にしつつ、質の高いユーザーを獲得できそうな媒体を広告出稿先として選ぼう

アプリ先生コラム④

アプリストア最適化（ASO）

お金をかけないと成功確率を高めることはできないのか？

ユーザー獲得にはさまざまな手法があります。本書では主にデジタル広告について取り上げており、その理由は再現性が高いことと、事業へのインパクトが大きいことです。

例えば「テレビ番組で取り上げてもらう」ことは一時的にはユーザー数の増加に大きく寄与してくれますが、よほど優秀な広報担当者がいたとしても再現性が低い（狙って何度もできるものではない）ものですし、インストールの増加も一時的です。

ただ、デジタル広告のスキルがあれば、今日と同じくらいの効果を明日も来月もほぼ確実に得る設計をすることができるでしょう。つまり、毎日コンスタントにユーザーを獲得し続けて、予算さえ投下することができれば数千、数万のインストールを短期間で上げることも可能です。

しかし、お金をかけない限り、意図して成功確率を高めることはできないのでしょうか？　本コラムでは、（作業にかかる人件費を除いては）無料で再現性も高く、成功したときのメリットも大きい「ASO」という施策をご紹介します。

ASOとは「App Store Optimization」の略で、日本語訳は「アプリストア最適化」です。WebにおけるSEO（Search Engine Optimization＝検索

エンジン最適化）が、Googleなどのオンライン検索経由での集客を最大化させる手法であるのに対し、ASOはインストール数を最大化させるためにApp StoreやGoogle Playといったアプリストア上で行なう施策のことを言います。

ASOが最終的に狙うのはインストール数の増加ですが、中間ゴールとするのは「適切なキーワードを選択すること」「検索順位を上げること」そして「アプリの紹介ページに来てくれた人の転換率を上げること」の3点です。

検索順位を上げるために必要なアルゴリズムの仕組み

順番は前後しますが、最初に検索順位について解説します。「ゲーム」や「漫画」など、好きなキーワードでアプリストア内で検索してみてください。たくさんのアプリが検索結果に出てきますよね。

ユーザーが「こんなアプリないかな」と思って検索したとき、みなさんのアプリがそのニーズにバッチリ合うものだったとしても、検索結果で競合に勝って上位に表示されないことには、インストールはおろか気づいてもらうことすらできません。

逆に、順位を上げれば上げるほど、多くのユーザーがアプリ紹介ページを訪れてくれるようになり、インストール数は増加します。

そのキーワードが人気であればあるほど、検索するユーザー、つまりみなさんの顧客になってくれる可能性のあるユーザーは多いですが、同時に競争はより激しくなります。

特定のキーワードで検索された際の順位は、どうすれば上げることができるのでしょうか？　WebのSEOと同様、重要なのが「アルゴリズム」です。

App Store、Google Playはそれぞれ、微妙に異なったロジックで検索結果の順位を機械的に決めています。そして厄介なことに、アルゴリズムは定期的にアップデートされ、変化します。

例えば、2010年代の前半などは「何でもいいからキーワードがアプリの情報に含まれていること」が必要十分条件と言ってもいい状況でした。アプリ名や説明文だけでなく、デベロッパー名もその対象に含まれていたので、笑い話のようですが、筆者の知るゲーム会社の中には「game」「free」といった検索されそうなキーワードを文字数上限まで詰め込んだ社名の会社を作り、その会社名義でアプリを配信しているところまでありました。

しかしその後、アルゴリズムの変更によって「デベロッパー名」の検索順位への影響度は下がり、アプリ名や説明文といった他の要素の重要性が相対的に上がりました。

こういったアルゴリズム変更は定期的に行なわれているため、検索順位を上げるための方策についても、そのときのアルゴリズムによって違うということになります。この本で最新のアルゴリズムに基づいて解説をしても、いずれ古い知識になってしまうことが想定されます。そのため、ここで2つ普遍的にお伝えしたいことがあります。

1つは、必ず最新の情報を定期的に調べる癖をつけてくださいということです。筆者もブログ「Qの雑念記」で最新の状況を踏まえて、ときどき記事をあげています。詳しく知りたい方は、ぜひオンラインで最新情報を探してみてください。

もう1つは、調べる際に必ずAppleやGoogleといったアプリストアを展開する企業が提供する情報にアクセスしてください、ということです。言わば、こうした情報が「原典」とも言えるもので、二次情報の記事や聞いた話などだけを鵜呑みにすることはとても危険なのです。

例えば、2023年7月現在、Appleは以下の情報をページで提供しています。

参考

App Storeでの検索に向けた最適化

https://developer.apple.com/jp/app-store/search/

検索結果の順位：Appleは、最も的確な結果が表示されるよう、App Storeの検索機能を常に改良しています。検索結果の順位は、以下を含む多くの要素に基づいて表示されます。

テキストの関連性：
Appのタイトル、キーワード、プライマリカテゴリとの一致
ユーザーの行動：
ダウンロード数、評価とレビューのクオリティとその数

最後にご認識いただきたいのは、アルゴリズムはAppleやGoogleが「ユーザーが彼らの意図にあったアプリを見つけやすくなる」ために開発・更新（改善）をしているものである、ということです。

例えば、検索結果に表示させるためだけの目的で、ゲーム要素のない計算機アプリの説明文に「ゲーム 無料」というキーワードを入れたり、アルゴリズムをハックするためだけに特定のキーワードを大量に説明文に含めたり、といった「ユーザーの利便性につながらない」小手先のテクニックは、いずれアルゴリズムの更新や進化で意味をなさなくなるでしょう。

適切なキーワードの選択

検索された際の順位を上げることが重要だと書きましたが、そもそもどのキーワードの対策を行なうのがよいのでしょうか？　理論上はもちろん、すべてのキーワードで１位を取れればインストール数を最大化できるわけですが、関連性の薄いキーワードで上位をとっても効果が薄いですし（「ゲーム」で検索した直後に業務効率化アプリをダウンロードするユーザーは多くないでしょう）、対応リソースも膨大にかかってしまいます。

特に優先すべきキーワードは、「関連性」と「検索ボリューム」がともに高いものです。関連性が高いというのは、概念的には「あるキーワードでアプリを検索しているユーザーが、あなたのアプリを探している可能性がどれぐらい高いか」ということです。

例えば、みなさんが写真加工アプリを運営しているとします。「画像加工」で検索しているユーザーにみなさんのアプリを紹介すると、それなりに「そうそう、こういうのを探していたんだよ」と喜んでもらえそうですね。

「インスタ」で検索しているユーザーはどうでしょうか？　中にはInstagramアプリそのものを探している人や、写真加工ではなくSNS系アプリを探している人も含まれているかもしれません。「画像 加工」では少し関連性は低そうです。

一番関連性が高いのは、みなさんのアプリ名そのもの（一般名詞ではなくユニークな名前である場合）で検索されるケースです。検索広告や検索エンジン対策の文脈で「ブランドワード」と呼ばれます。テレビCMの最後に「〇〇で検索」とサービス名に言及するのは、他の類似サービスではなく自社のサービスをピンポイントで見つけてもらう、ブランドワードの検索を促進するためです。

ブランドワードは変えられないので、キーワード選択もなにもありませんが（強いて言えば、社名やサービス名をアルファベットにするかカタカナにするかで、正確に覚えてもらえるかどうかに影響する、といったマニアックな話はあります）、それ以外ではどのように関連性の高いキーワードを選ぶとよいでしょうか。

いくつか方法はありますが、すぐに始められるのは想像力を働かせることです。自分たちのアプリを「こんな人に、こんな用途で使ってほしい」と思う相手は、どんなキーワードで検索するでしょうか？
「写真 加工」だけでなく「画像 加工」「インスタ 加工」「写真 編集」「背景 消す」といった組み合わせで検索してはいないでしょうか？　実際にアプリの既存ユーザーにインタビューをして答え合わせをしてみてもいいかもしれません。

みなさんの競合にあたるアプリのページを見てみるのもいいかもしれません。どのようにアプリを紹介しているかや、「こんなシーンにオススメ！」と記載されている想定用途など、見落としていた要素やキーワードが見つかるかもしれません（ただし、丸パクリはやめましょう）。

ここで注意すべきなのは「検索ボリューム」です。関連性が極めて高い特定のキーワード検索順位を、がんばって１位に上げたとしても、そのキーワードで検索しているユーザーが１日に１人しかいなければ、最大でも１日に１件のインストールにしかつながりません。

検索数の多いキーワードは、競合も多いためバランスを考慮する必要はありますが、原則としてはある程度ボリュームの見込めるキーワードに絞って対策を講じるのが効率的でしょう。

検索ボリュームを調べるのは容易ではありません。Webブラウザでは、Googleから検索用に提供されている「キーワードプランナー」で目星をつける方法もありますが、Webで検索数の多いキーワードがアプリストアでも同様に多く検索されている保証はありません。

実は、この問題を同時に解決できる方法があります。それは「検索連動型広告の出稿」です。具体的には、iOSではApple Search Ads、AndroidではGoogle App Campaignです。

検索連動型広告に出稿するASO文脈でのメリットは、数値を可視化することができる点です。どのキーワードがどれくらい検索されて、どれくらいクリックされて、どれくらいインストールにつながっているのか、通常は得られないこうした情報に広告のパフォーマンスという形でアクセスできるようになるのです。

例えば、あるキーワードで検索してアプリの紹介ページに訪れた人の、インストールに至る転換率が極めて高いとわかったとします。そのキーワードで検索するユーザーは、まさにみなさんのアプリを探している可能性が高いわけです。そのキーワードの検索数が多いかどうかもわかります。

そのようなキーワードで検索した際の順位があまり高くなかった場合、「見つけてもらえさえすればインストールしてくれるユーザー」に見つけてもらえていない、ということが言えます。こうしたものが、まさに「ASO対策をすべきキーワード」です。

さらに言えば、Apple Search Adsでは管理画面から、関連語句を探すために提案されたキーワードやApp Storeでの検索に基づくキーワードの人気度を知ることができます。

Apple Search Ads　Advanced　Basic　Appleのアプローチ　成功事例　ヘルプ　リソース　サインイン

関連性と人気度に集中する。

人々は、アプリを見つけてダウンロードするという意図を持ってApp Storeにアクセスします。そこで入力される検索語句は、あなたが得ることができる最も強い意図のシグナルです。関連性が高く人気のあるキーワードを選ぶことで、人々がアプリを検索するその瞬間にリーチすることができます。可能性のあるあらゆるキーワードを網羅したリストに入札するより、最も関連性の高いキーワードに集中し、検索マッチのようなツールを使ってその他のキーワードを見つけていきましょう。関連する語句を探すには、アカウントでキーワード提案ツールを使用することもできます。このツールでは、App Storeでの検索に基づき、キーワードの人気度が表示されます。

＋ ギター 練習
＋ ギター レッスン
＋ ギター 学習
＋ ギター クラシック
＋ ギター アコースティック

※Apple Search Ads
https://searchads.apple.com/jp/best-practices/keywords

検索連動型広告の運用そのものにはノウハウと工数が必要で、さらにそのデータをASOに活用するのは一朝一夕にこなせるものではありません。外部にお願いするにしても、広告運用とASOの両方を相互に関連づけられる知識・経験を持っているところを選ばないといけないので注意してください。

筆者の知る範囲では、リバティーンズ（株）という会社がこの領域を非常に得意としており、自動化ツールなども開発しています。このコラムで前述した「すごい社名でアプリを配信していた」のも実はこちらの会社で、多くの実地経験からマニアックな最新知識を得ており、個人的にもASOやアプリの検索連動広告について定期的に教えてもらっています。

ストアページの転換率の改善

適切にキーワードを選択し、検索順位を上げる対策を講じた結果、みなさんのアプリ紹介ページに訪れるユーザー数は増加しました。しかし思ったよりもダウンロード数は伸びません。なぜでしょうか？

一言で言うと、ユーザーに「このアプリをダウンロードしよう」と思わせることができていない、ということです。

App Store や Google Play といったアプリストア上のアプリを紹介する

画面で「インストールする」ボタンを押すのは物理的には簡単ですが、ユーザーの心理的ハードルはずっと高いです。不必要にたくさんのアプリを端末に入れたくない、必要な機能は満たされているのか、他のアプリよりこのアプリが本当に一番いいのか、過去に使ったユーザーからの評判はどうか……さまざまな角度から吟味したうえで、ハードルを乗り越えた一部のユーザーだけが実際にそのアプリをダウンロードすることを選択します。

広告や他のマーケティング活動によってアプリストアに訪れる前にユーザーに高い期待を抱かせることはもちろん重要ですが、ここではアプリの紹介ページに訪れたあとについてのみ考慮します。

上記のようなユーザー心理を考えると、アプリの紹介ページでは、ユーザーが必要としている情報をわかりやすく提供することと、安心感を与えることの2つが必要だとおわかりかと思います。

例えば、アプリで使える機能やできること、対応しているものとしていないもの、他のアプリとの違いやイチオシのポイントなど、ユーザーが知りたいと思うであろうことを漏れなく、かつわかりやすく簡潔に盛り込みましょう。

前述した「検索キーワードの選択」はここでも有効です。それらのキーワードは、まさにユーザーが何を求めてみなさんのアプリ紹介ページに訪れたかを示す最高のヒントだからです。

例えば、先の写真加工アプリの例ですと「インスタ 加工」で検索してページに来ているユーザーがそれなりに多いことがわかったら、「Instagramに投稿する画像サイズにも対応しています」と言及したほうがいいでしょう。逆にその対応を行なわないと、「よさそうなアプリなんだけど、インスタ投稿のために使えるかわからないから、別のアプリにしよう」とインストール直前で潜在ユーザーを逃してしまいかねません。

情報を伝える場所はアプリの説明文だけではありません。最も視認性が高く影響力を持つスクリーンショット（動画も掲載可能）や、アイコン、アプリ名など、アプリ紹介ページ上でユーザーの目に触れるすべての情報が該当します。

例えば、スクリーンショット１つを例にとっても、非常に多くの変数があります。アプリのどの画面を掲載するのか、テキストで何を訴求するのか、色やサイズをどうするのか、向きは縦長・横長どちらにするか……さらには、App Store と Google Play でもユーザーへの見え方が異なるため（縦型・横型それぞれのとき、画面のどれぐらいの面積を占有するかなど）、単純に同じ画像を両方のストアに使うのは最適解ではありません。

これについてはデザインの良し悪しも含めて、すべてのアプリに共通する正解というものはありません。仮説を立てて、実験し、データを見ながらよりよい状態へと改善を続けていく必要があります。幸い両OSともに、アプリ紹介ページの各要素をA/Bテストできる機能を提供してくれています。

そして、みなさんが直接的にコントロールできるわけではないですが、ユーザーが意外とよく見ているのが、他のユーザーからの評価（星の数、最大５つ）やレビューのコメントです。

SNSのような半ばインフラに近い「誰もが当然のように使う」アプリを除くと、評価とインストール数（転換率）には明確な相関があり、星の数が増えるたびに転換率は数倍に跳ね上がるという噂も聞いたことがあります。

お金を払えば高評価をつけてくれる業者なども存在しますが、アプリストアもそういった偽物の評価を排除したり、影響度を下げたりするアルゴリズムを開発しています。レビューを読んだユーザーには案外すぐ嘘か本当かを見抜かれてしまうものです。最悪の場合、ポリシー違反でアプリがストアから排除されるリスクもあります。

やはり王道は、アプリの価値を高め続けることでユーザーから高く評価されること（気に入ってくれていそうなユーザーにレビューをアプリ内で依頼する、といった施策は有効です）と、レビュー以外も含めユーザーからの声に耳を傾け、真摯に対応することでしょう。結果としてそれが高い評価や信頼につながりますし、アプリの継続率やLTVといった指標にも良い影響を与えてくれるはずです。

アドネットワークの運用への副次的作用

最後に、このASOというものは実はアドネットワークの運用にもプラスに働くということに言及しておきます。

Chapter4で「アプリのインストール単価の計算式」を解説しましたが、CVR（広告をクリックしたユーザーのうち、インストールに至る転換率）はCPI（インストール単価）の「先行指標」でしたね。このCVRは、実はASO文脈でいま説明した「ストアページの転換率」と同じものです。入り口が検索か、デジタル広告かという違いだけです。

そのため、ASOのためにアプリ紹介ページを改善することで、デジタル広告の効果も同時に改善していくことになります。逆に言えば、それができていない状態では、いくら広告を配信しても思ったほどインストールにつながらない、非効率な状態になってしまいます。

また、キーワードの選定のところで「ユーザーは何を求めてこのアプリをインストールしようと思うのか」と考えを巡らせましたが、これはデジタル広告のクリエイティブの訴求軸に活用できます。

「インスタ 加工」というニーズを持った、広告ネットワークの向こうにいるユーザーに対して、「このアプリを使えばインスタ用に画像を加工できます」というメッセージのクリエイティブを届けるのです。

筆者は Google、AppLovin、Moloco など、いくつもの広告ネットワークやDSPで働いてきましたが、「ユーザーのニーズに合ったクリエイティブを作る」ことと「アプリ紹介ページを改善する」ことが広告パフォーマンスに良い影響を与えなかったことはありません。

このように、アプリマーケティングの施策は、同じ概念が適用できたり、いろいろなところで相乗効果的につながっていたりするのです。こうした興味深さ・奥深さが本書をお読みのみなさんにも伝わっているといいのですが。

媒体やアドネットワークごとの予算配分をどう考えるべきか？

ある程度パフォーマンスがよさそうな媒体・アドネットワークに当たりをつけたところで、予算はどう配分すればよいのでしょうか？　どのケースにも当てはまる最適解をお伝えすることは難しいですが、注意すべき点を紹介します。

1. 出稿する媒体・アドネットワークの数と機械学習の関係性

ある広告代理店に広告主に提案するメディアプランを見せてもらったことがあるのですが、大手プラットフォームやアドネットワークなど、合わせて25個の広告媒体に細かく予算が配分されていました。月間予算の合計は200万円ほど。正直、筆者はこのプランニングをいいものとは思えませんでした。

このメディアプランでは、予算を多く配分されているところでも20万円程度、中には１万～２万円しか配分されていないアドネットワークもありました。本当にこれほどの分散が必要なのでしょうか。

実は、答えがYESになるケースがあります。予算が非常に大きな規模である場合です。

広告媒体には「最低（推奨）予算」というものがあります。営業効率的な観点で「最低これぐらいはもらわないと、手間が見合わない」という基準で決まっているものもありますが、より重要なのは、運用を機械が半自動的に行なう最近の広告媒体は「これぐらいは最低でも広告を配信してデータを溜めないと、パフォーマンスが十分に発揮されない」最低水準があるということです。

この章末のコラムに、デジタル広告媒体の裏側でどのようなシステムが動いているかを解説しているので、詳しくはそちらをお読みください。

自動化の裏側で動いているML

配信先広告枠やクリエイティブの選択、値決めなどをすべて手動で行なわないといけなかった時代は終わりを迎えつつあり、広告運用業務のより大きな部分が自動化されています。その裏側で動いているのがAI（人工知能）の中でも特にML（Machine Learning = 機械学習）と呼ばれる技術です。

機械学習は文字通り、機械が大量のデータから「学習」を行ない、与えられたゴールに対して最適なアクションを自ら導き出してくれます。逆に言うと、カンが多少働く人間と異なり、データがない、あるいは十分に集まっていない状態の機械は、その性質上どうしても限られたパフォーマンスしか出すことができません。

予算をあまりに小さく配分し過ぎてしまうと、どの媒体にも機械にとって十分なデータが溜まらず、すべて中途半端なパフォーマンスに終わってしまう可能性が高いのです。

それならいっそ、予算が限定的である場合は「GoogleかMetaだけ出稿する」ほうがよっぽどいいと思います。最初の１つか２つの媒体は最もメジャーなものの中から、自社サービスとの相性なり運用経験なりで選べばいいのです。パフォーマンスが出たら「今がアクセルの踏みどきです」と社内交渉して追加予算を勝ち取り、その後で他の媒体にトライすればよいのです。

Google、Metaだけに出稿する意味とは

Chapter 2 で解説した「限界コスト」の概念を覚えていますか？

一般的には、同じ媒体に対して投下する予算を増やせば増やすほど、獲得効率は落ち、インストール単価が徐々に上がってしまいます。

背景には、近年の各広告プラットフォームは賢く、与えられた予算でできる限り「安く獲得できるユーザーから順番に」獲得しようとしてくれる、ということがあります。したがって、最初は「効率よく低い単価で獲得できるユーザー」から順番に獲得してくれるのですが、そうしたユーザーが減ってくると、徐々に獲得単価が上がっていくというわけです。

たとえは悪いですが、池にいるお腹が空いた魚をあらかた釣り終えてしまうと、食いつきが悪い魚しか残らなくなってしまって釣果のペースが落ちる、というイメージが近いかもしれません。

この考え方に基づくと、同じ100万円を投下するにしても、Googleに10万円、Metaに10万円、X（Twitter）に10万円、Appleに10万円、アドネットワークに10万円……といった分散をしたほうが獲得単価は安くなるのでは？　と思われるかもしれませんが、ここで注意すべきことがあります。

先ほど述べた広告プラットフォームのML（機械学習）が働くためには、ある程度のデータ量が必要だということです。

先ほどの限界コストの原則には反しているのですが、実は配信をし始めた直後の10万円よりも、機械学習が進んだあとの10万円のほうが獲得効率がいいという現象が起こります。

そのため、小さい予算を多くの広告プラットフォームに分散させるのは得策ではないのです。100万円あったら、せめて50万円ぐらいは１つの広告プラットフォームに集中投下したほうがよい、という意味で「GoogleとMetaで十分」ということを筆者の意見として述べました。

実際の「最低（推奨）予算」は媒体により異なります。学習のために必要なデータ量やコストは、少ないに越したことはありません。各媒体のプロダクトチームがしのぎを削っている、地味ですが重要な競争ポイントなのです。

図5-02 **100万円の予算配分**

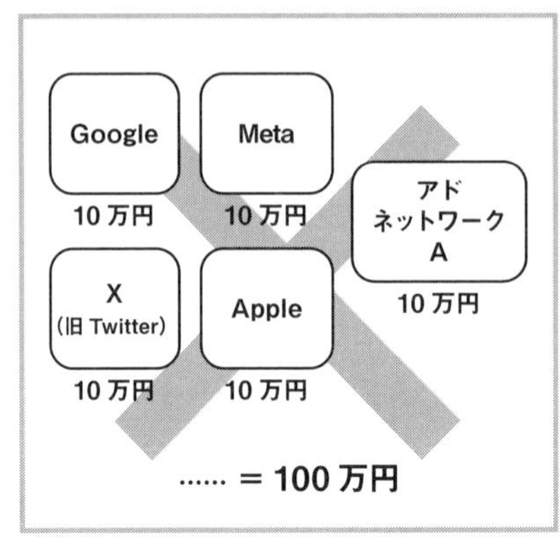

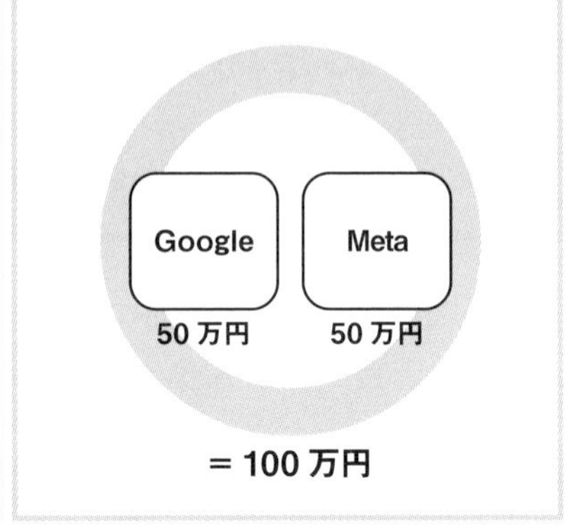

2. 広告運用の裏側にある人件費

複数の広告プラットフォームやアドネットワークに予算を分散するということは、その数だけキャンペーンの設定やクリエイティブの作成、モニタリングや運用調整など、それぞれに対応する工数が必要になるということです。

筆者が過去に所属したSmartly.ioという企業は、SNS広告の運用を自動化したり、クリエイティブを一括で大量に作成・入稿したりできるSaaS型ソリューションを提供していました。そのようなツールを使うことで、複数の広告プラットフォームへの出稿作業やクリエイティブ作成の工数を減らすことはできますが、出稿する媒体が少なければそもそもそのような手間が必要なくなる、ということも事実です。

手間がかかるということは、それだけ人件費がかかっているということなので、実は広告費以外のコストがかさんでしまうということを意味します。一方で、広告代理店に業務を委託する場合も、どの程度の業務量に対していくらの手数料が取られているのかを認識すべきです。

広告運用の担当者レベルの目線では、CPIやROASなどの数字を追っているだけで、このような付随コストはあまり意識されないポイントかもしれません。ですが経営者の目線で言えば、広告運用担当者の負担と人件費という、レポートに表れないコストについても考慮すべきです。

以上、2つのポイントを見てきましたが、それらを踏まえると、次のプロセスが王道と言えると思います。

- パフォーマンスインデックスなどで確認できる、パフォーマンスの高い媒体やアドネットワークに絞って始める
- しばらくは媒体の数を増やすよりも、獲得コストの増加をモニタリングしながら、現在出稿している媒体への予算を徐々に増やし、運用にしっかり取り組む
- 現在出稿している媒体だけではパフォーマンスが合わなくなってきたら、増加する工数・手間と獲得コストとのバランスを考慮し、新しい媒体やアドネットワークを増やすことを検討する

このあと、パフォーマンスインデックスでも上位に来る媒体（広告プラットフォーム）を解説します。それらの説明を読みつつ、自分自身が判断をできる情報や軸を増やしていくことが、マーケターに求められることだと考えています。

広告代理店やメディアレップをはじめ、みなさんにアドバイスをくれる企業は多いと思いますが、それぞれが自らのビジネスを最大化するというインセンティブ構造のうえでサービスを提供しているということを忘れないようにしましょう。そうした会社に情報収集や意思決定を丸投げせず、まずは自分が自社のマーケティングにとって正しい判断をできるための知識を持つことこそ、マーケターにとって求められる姿勢だと筆者は考えます。

図5-03 **広告プラットフォーム比較表**

	どこに出るのか	強みや特徴	弱みや弱点
Google (App Campaign)	自社媒体 ・検索結果 ・Google Play ・YouTube 第三者のWebサイトやアプリ(AdSense、AdMob)	・世界最大の規模とリーチ ・運用がほぼ自動化 ・ブランディングから刈り取りまでフルファネルで活用可能	・一部、見ることができないデータがある(ブラックボックス) ・計測をMMPではなく自社の基準で行なっている ・計測条件が一部、他媒体と異なる(「Engaged-view」の存在など)
Meta	自社媒体 ・Facebook ・Instagram ・メッセージアプリ 第三者のWebサイトやアプリ(Audience Network)	・規模が大きい ・運用がほぼ自動化 ・独自のユーザーデータに基づく豊富なターゲティングの選択肢 ※デモグラ(ユーザー属性)や趣味趣向など ・ユニークな配信面や広告フォーマット(ストーリーズやリールなど)	・クリエイティブの量産や最適化が必要で運用負荷が大きい ・手動で細かく設定 ・運用するよりも、自動化に任せたほうが成果が高い場合も多い ・計測をMMPではなく自社の基準で行なっている
Apple (Search Ads)	App Store検索結果 App Store内ディスプレイ広告枠	・インストール意向が高いユーザーを着実に刈り取り(CTR、CVRが高い) ・アドフラウドがない ・広告データをASOにも活用可能 ・クリエイティブ制作工数が極小	・検索キーワードの選定や入稿に工数がかかる ・キーワードの検索回数によりボリュームが出づらいことがある ・計測をMMPではなく自社の基準で行なっている
SNSプラットフォーム (X (Twitter)、Tiktok、Snapなど)	自社媒体(SNSのコンテンツフィード) 一部、第三者のWebサイトやアプリに配信されるものも	・ユニークなターゲティングの選択肢(デモグラ、興味関心、話題など) ・SNSごとに異なる、得意なユーザー層や国 ・地域がある ・インフルエンサーの活用余地 ・ユニークな広告フォーマット(カルーセル、縦型動画など)	・クリエイティブの量産や最適化が必要で運用負荷が大きい ・計測をMMPではなく自社の基準で行なっている ・特にビュースルーの設定やアトリビューション期間など、デフォルト設定だと広告主が不利になっていることが多い
アドネットワーク (AppLovin、Unity Ads、ironSourceなど)	第三者のアプリ(ゲーム、漫画、ニュース、ポイ活、エンタメなど多種多様)	・配信先アプリの種類の豊富さ ・広告主にとって相性がいいアプリに配信可能 ・配信面を開示している(ところは安心できる) ・管理画面上でインハウス運用が可能なところや、運用を代行してくれるところもある ・クリエイティブを制作してくれるところもある	・自社独自の配信面を持たない ・開始条件や運用上のコツがネットワークごとに異なる(最低出稿金額、最低単価、手動による承認が必要、など) ・計測条件が媒体ごとに異なる ・カテゴリごとに得意不得意があることが多い ・日本語でのサポートが不十分な場合がある
DSP (Moloco、Liftoff、UNICORNなど)	第三者のアプリ(ゲーム、漫画、ニュース、ポイ活、エンタメなど多種多様)	・複数のアドネットワークやSSPにまとめて出稿可能 ・配信先アプリの種類の豊富さ ・枠単位ではなくインプレッション単位での細かい最適化 ・機械学習技術やクリエイティブなど、各社異なる強みを持つ ・リアルタイムでパフォーマンスの確認や運用調整が可能(なところが多い)	・自社独自の配信面を持たない ・開始条件や運用上のコツがネットワークごとに異なる(最低出稿金額、最低単価、手動による承認が必要、など) ・計測条件が媒体ごとに異なる ・カテゴリごとに得意不得意があることが多い ・日本語でのサポートが不十分な場合がある

3. Walled Gardenとオープンインターネット

先ほど、機械学習を走らせるため、媒体ごとに一定の金額を投下したほうがよい結果が得られやすいと述べました。その理由は、デジタル広告のパフォーマンスを高めるうえで機械学習が重要で、機械学習には一定量のデータが必要だからです。

モバイルのデジタル広告というのは巨大で複雑です。世界では数十億、日本だけでも約1億のユーザーが、それぞれ日々数時間をモバイル端末で消費しています。世の中には広告でマネタイズしているスマホアプリが何百万もあって、今この瞬間も、毎秒数百万というものすごい数の広告枠が取引されています。

リアルタイムビッディング（RTB）などのテクノロジーは、この膨大なトラフィックをリアルタイムで分析し、広告主それぞれにとって最適な広告枠とその価格を見極め、ミリセカンド（1000分の1秒）単位で入札することを技術的に可能にしてきました。一方、それを高いレベルで実現させるには、卓越した技術力と、巨大なマシンパワーが必要です。

そのため、GoogleやMeta、新興勢ではTikTokといった大手プラットフォーマー（「Big Tech（ビッグテック）」と呼ばれます）は、広告パフォーマンスを高める機械学習技術とサーバーなどのインフラに大きな投資をしてきました。その結果、GoogleやAmazonの検索結果や、YouTube、Facebook、Instagram、TikTokのタイムライン といった、彼ら自身の「領地」でプロモーションを行なう際には、広告主は高いパフォーマンスという恩恵を受けられるようになっています。

高いパフォーマンスをもたらすBig Tech

こうしたBig Tech企業は同時に、検索エンジンやSNSなどの領域で何億人単位で使われるサービスを提供しています。しかし意外なことに、これらの巨大プラットフォームをすべて足し上げても、実は消費者の可処分時間の30%強しかシェアがないという調査結果があります（OpenX調べ、2020年）。

※https://lp.openx.com/hubfs/Thought%20Leadership/OpenWeb_vs_WalledGardens_US.pdf

他方、これらBig Techの企業の「広告市場での売上シェア」（割かれる予算配分）はそれよりずっと大きく、同じ調査では約60%程度を占めるとされています。こうした企業は、ユーザーがそのプラットフォームに留まるような施策を展開し、結果としてユーザーの属性や行動に関する膨大なデータを持つようになりました。また、その高い売上や利益は、彼らに他の企業とは比べものにならないほどの技術・インフラ投資を可能にさせます。

その結果、彼らの広告プラットフォームはそれぞれ単体で、大きな規模と高いパフォーマンスを広告主にもたらすようになりました。そしてBig Tech企業は歴史的に、その広告枠を外部のアドテクノロジー企業（DSPなど）に解放することなく、自社プラットフォームを通してしか購入ができないようにする戦略をとってきています。例えば、YouTubeやInstagramの広告枠は、MolocoなどのDSPから買いつけを行なうことができないということです。

Big Techの台頭による弊害

このような、Big Tech企業が構築した「閉じられた」広告トラフィックを「Walled Garden（ウォールドガーデン、日本語訳「壁に囲まれた庭」）」と呼びます。逆にそれ以外の、RTBなど第三者ソリューションによりアクセス可能な広告トラフィックを「オープンインターネット」と言います。

先述した「ユーザーの消費時間の割に広告予算がBig TechのWalled Gardenに集中し過ぎている」というのは、欧米の規制当局が独占禁止法などの観点から目を光らせているだけでなく、みなさんマーケターにとっても問題です。なぜなら、言い方を変えると「ユーザーが多くの時間を費やしているオープンインターネットに、十分な予算を割くことができていない」という機会損失が起きているということだからです。
ただ、なぜこのような状態になっているかを考えると、Big Tech企業に強制されているといった理由ではなく、シンプルに彼らの「パフォーマンスがいい」ことに尽きるというのが実態でしょう。このパフォーマンスの差は、まさにBig Techが巨額の投資をして機械学習技術およびインフラを強化してきた結果です。

ということは、Walled Gardenの外にある広いオープンインターネットの世界では、Big Tech企業ほどの高い技術を活用することができず、高いパフォーマンスを得られない、だから予算を割くことができない、という構造になっているのです。
実際、私も広告主や広告代理店から受ける相談で多いのが「Big Techに予算が集中し過ぎている」「オープンインターネットでパフォーマンスと規模を両立できる媒体があれば使いたい」というものです。日本だけでなく世界中の広告主が抱えている課題の1つと言えます。

Big Techに風穴を開ける企業たち

そこに風穴を開けようとしている企業があります。代表的なものがChapter 3で解説した「DSP」企業たちです。筆者が現在所属しているMolocoという会社がアプリ領域で代表的なDSPの1つなので、そのアプローチを例にとって説明します。多分に宣伝的に見えるかと思いますが、なるべく公平な記述をするよう努めますのでご容赦ください。

Molocoの取り組み

Molocoは、GoogleでYouTubeやAndroidの機械学習エンジニアをしていたIkkjin Ahn（イクジン・アン）らを中心に米国で2013年に創業された企業です。世界トップクラスのエンジニアやデータサイエンティスト数百人を雇用して、創業以来、機械学習技術を磨き続けてきました。

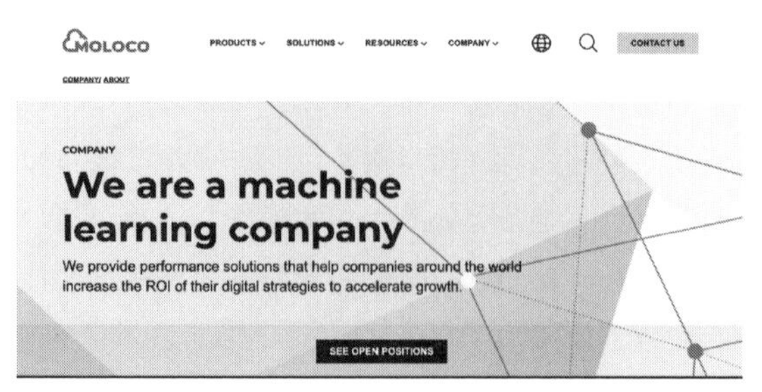

※Moloco https://www.moloco.com/

同時にマシンパワーやインフラにも大きな投資を行なっており、例えば1秒間に数百万回という大量の広告のリクエストをサーバーでさばき、月間で数百億回を超える広告表示を行なっています。

ファーストパーティデータの分析で得られるもの

DSPは自らの「領地」つまり広告を表示させるWebサイトやアプリを持たず、RTBを通じてSSPやアドネットワークなどから広告枠を買いつけています。これらの広告トラフィックから得られるデータに加えて、広告主が自らの意思でMolocoに共有している自社データ（自分自身が保有しているという意味で「ファーストパーティデータ」と呼ばれます）が、機械学習の基になります。

ファーストパーティデータを分析することで、広告主それぞれにとって「優良顧客になってくれる確率が高いユーザー」の特徴を予測。そして広告トラフィックの1つ1つについて、広告主にとって価値があるインプレッション（広告表示）機会なのか、そうであればいくらの価値があるのか、を正しく予測して、オークションに勝てそうな最低価格で効率的に入札する。これを毎秒数百万回行なっているのです。

「優秀な居酒屋の客引き」をイメージしてみるとわかりやすいかもしれません（法令・条例違反ではないケースを想定してください）。みなさんが居酒屋の店長で、アルバイトに客引きをさせます。ある人は「かしこまりました！」と元気よく表に出て、道行く人に片っ端から500円割引のクーポンを手わたし始めます。

優秀なアルバイトくんは、まずそれまでの自店の（ファーストパーティ）データを学習します。その結果、「スーツを着ている人が多い」「男女で来る客は、男だけ・女だけのグループより20%客単価が高い」「サンダルを履いた客は１人もいない」など、個人情報に紐づかない範囲でも色々なインサイトを得ます。

そして自分のリソースを効率活用しながらお店の利益を最大化すべく、よりお客さんになりそうな人にだけ声をかける、中でも高い客単価が見込まれる人には割引額が大きなクーポンをわたして獲得率を高める、といった「賢い」アクションを取り始めます。客引きをしながらも、アクションの結果をリアルタイムに反映させて、成果をさらに高めていきます。

ざっくりとした説明ですが、後者がDSPが行なっている「ファーストパーティデータの活用」「機械学習による最適化」「オープンインターネットからのユーザー獲得」のイメージです。学習の精度とスピードがDSPの実力を測る指標である、ということも実感いただけたかと思います。

Big Tech並みのソリューションを提供

Molocoが目指すのはモバイル領域における「デジタルマーケティングと機械学習の民主化」です。つまり、最高レベルの機械学習技術を、すべての広告主が、Walled Gardenのみでなくインターネット上のすべての広告枠で利用できる状態にするということです。

なおMolocoは、機械学習が「民主化されていない」のは、ユーザー獲得の領域だけではないと考えています。アプリのユーザー獲得を行なう広告主向けの「Moloco Cloud DSP」に加えて、下記のようなソリューションも提供しています。

- ECサイトを始めとするBtoBtoCマーケットプレイスを運営する事業者が、Amazonのようなプラットフォーム内広告ソリューションを作りたい場合に使う技術基盤「リテールメディアプラットフォーム」

・媒体社、特に動画ストリーミングサービスの事業者が、YouTubeのようなパフォーマンス広告プラットフォームを作りたい場合に使う各種ソリューションを提供する「Performance Ad Server」

これらによって、Big Techほどの技術投資をする体力のない企業が、Big Tech企業並みに優れたビジネスソリューションを作る手助けをしています。

筆者はこのMolocoのミッションに強く共感しています。自分自身も（多くの同僚も）Googleに勤務経験があり、Big Techがユーザーにとって価値の高いサービスを提供していることには疑いを持っていません。ですが、Big Techが囲い込んでいるエコシステムの外にも大きく広がるオープンインターネットの世界があり、ビジネス成長のために活用したい広告主、優れたサービスを収益につなげたい媒体社が数えきれないほどあります。

高度な機械学習技術を広く提供することで、デジタルマーケティングがプラットフォーマーに過度に集中・依存せず、消費者にとって価値のあるサービスを作っている人たちがビジネスにおける成功確率を高められるよう、マーケターの力になりたいのです。

遠回りのようですが、本書を書いているのも、デジタルマーケティングに携わるマーケターの知識の底上げをしたい、正しいスキルセットを持ってほしいという想いからです。Moloco が目指すマーケターの「エンパワーメント」こそ、本書の一貫したテーマでもあり、自分がモバイル業界にできる「恩返し」ではないかと考えています。

POINT

- メディアプランニング（予算配分）において、過度な媒体分散・集中や、媒体の機械学習が働くための最低金額に注意しよう
- プロモーション体制を考えるにあたっては、広告にかける費用だけでなく、広告代理店に支払う手数料や自社の広告運用担当者の業務負担・人件費まで考慮する必要がある

アプリ先生コラム⑤

アプリインストール広告の初期の機械学習ってどういうメカニズムで動いているの？

単価の問題

筆者は初めてアプリ広告の出稿を行なう方から、下記のようなご質問をいただくことがけっこうあります。

“広告を出稿する際に、「最初から低い CPI の目標値を入れると機械学習が進まず、まったくインストールされない」「最初のうちは一定期間、“高い”目標CPIを設定して、機械学習を進ませながら徐々に単価を下げていくのがよい」と言われました。

そうは言っても、高単価でCPIの設定をすると「CPI ＞ LTV」の期間が長いほど赤字が膨らむので、できるだけ短い期間で学習を終わらせて、目標 CPI にたどり着きたいと思っています。

どのくらいの単価から始めて、何日くらい学習させ、どんなペースでCPIを下げていけばいいのでしょうか？”

媒体やアドネットワークの営業の現場で、多く聞かれるのがこの説明です。

「最初は単価高めで出して、データが溜まってから徐々に下げていったほうがいいですよ！」

筆者自身も、AppLovinやMolocoで広告主・広告代理店に対してそのような説明をしてきましたし、しています。この説明が間違っているわけではないのですが、お金を出す立場である広告主の目線に立って、きちんとそのメカニズムを説明しよう思います。

2018年11月末にGoogle が発表したブログ記事では、以下の記述があります。

・キャンペーン予算（日予算）は最低でも目標CPIの50倍に設定する
・機械学習には十分なデータ量（最低１日50件以上）が必要
・キャンペーン改善後は２～４週間ほど待って様子を見る

※出所：[ブログ記事] Google広告 ユニバーサルアプリキャンペーンでインストール数とアプリ内行動（課金など）の獲得数をバランス良く最適化する場合の13のヒント
https://support.google.com/google-ads/thread/4489960?hl=ja

これらのヒントを信じるならば、目標CPIの50倍以上の予算を用意し、単価は「１日50件インストールが出る程度」まで上げて、２～４週間それを継続する必要があるということになります。

１日50件という目安は、個人的にはそれほど違和感のある数字ではありません。また、Googleよりも配信先や接触ユーザー数が少ない媒体や、機械学習技術が優れた媒体であれば、もっと少ないデータでも最適化できる可能性があります。例えばMolocoでは、CPIを最適化ゴールにする場合、キャンペーンごとに１日30件程度のインストールを１～２週間継続させるというのを推奨する最低予算の目安としています。

Googleの学習

それでは、推奨する初期の２～４週間でGoogleは何を学習しているのかを簡単に解説します。

新しくGoogle広告キャンペーンを開始したとき、Googleはそのキャンペーンやアプリについてのデータを一切持っていません。一方で、Google広告キャンペーンでは広告を配信する先のメディアがたくさんあります 。Google検索やYouTube、Google PlayといったGoogle自身が保有するメディアに加えて、AdMobという広告ネットワークを通じて第三者のアプリの広告枠に配信できるからです。

これら配信先メディアのそれぞれについて、どこでどの広告が何%ぐらいクリックされるか、そのあと何%ぐらいダウンロードされるのかがわからないと、どのメディアにどのような優先度で配信すべきかを判断できません。

そのため、最初はそれぞれの配信面から「新規案件のテスト用」のトラフィックを一部確保して、その枠の中で新しいキャンペーンを配信します。そしてクリック率やコンバージョン率といったデータを集めるのです。

ここではシンプルに説明するために、変数を「配信面」だけ書きましたが、実際にはGoogleが持っている多くのデータ（「年齢」「性別」などのデモグラフィックデータに加え、「地域」「興味関心」「Android で他にどんなアプリをインストールしたか」など多くの変数）で、広告のクリックやインストールにつながりやすい条件が何かというのを計算（学習）していると推測されます。

信頼に足りうるデータ量が溜まって、インストール単価・クリック率・コンバージョン率から算出されるCPM（Chapter 4で解説したマーケティングメトリックスの計算式を思い出してください）が、あるメディアにおける最低限の水準と同等かそれ以上であれば、そのメディアのテスト用以外の（通常の）トラフィックが割り当てられます。そうなった場合に初めて、そのメディアから安定的・継続的にインプレッションが出るようになります。

逆に、CPMが低過ぎるメディアへはあまり広告が配信されなくなります。CPMが低い広告案件を配信することはメディアの収益性を損ないますし、成果につながりにくいトラフィックを買い続けることは広告主にとってもプラスにならないためです。

そして、よいメディアへの買いつけは継続しながら、他に相性のいいメディアを探すべく新しい配信面のテスト枠に広告を配信し、悪いところは止める……という一連の試験的配信を初期の機械学習としてやっている、はずです（詳細の仕様やアルゴリズムは公開されていないので、あくまで公開情報と筆者の観察できる範囲の情報に基づく推察です）。

目標CPIの考え方

このコラムの冒頭の、機械学習に対する営業パーソンの説明に戻りましょう。

仮にテスト出稿時の目標CPIが低いと、機械によって判断される「予想されるCPM」も比例して低くなります。その結果、メディアごとにテスト用に割り当てられる初期のトラフィックが他のキャンペーンよりも優先的に与えられず、インプレッションが少ししか出ない、またはまったく配信されないということになります。

そのため、目標CPIが低く設定されていると、「相性のいい」媒体を見つけるに至るまでに時間がかかってしまいます。その判断に必要な統計的に十分な量のデータが溜まるまでに時間がかかるからです。最悪の場合、本当は潜在的に「相性がよい」媒体なのに、広告が一切配信されないまま終わってしまう、といったことが起こりえます。

Google広告の説明で考えてみます。十分なデータが溜まるまでに必要なインストール数は「１日50件」×「14～30日（２～４週間）」なので、1500件ぐらいのインストールがあれば、それなりの数のメディアを試したうえで、統計的に一定の信頼度で相性のいい配信先やユーザー属性が十分判断可能、といったロジックなのでしょう。

どのくらいの最低予算が最初に求められるかは、CPI 200円のアプリなら、だいたい15万～30万円程度ということになります（200円×750～1500件）。

最後に、Googleの元同僚から実際に聞いた話をご紹介します。アプリキャンペーンでは広告主に対して、出稿初期に入札価格を高めにすべき理由として、以下のような説明をされているとのことでした。

- **入札単価によって、Googleアプリ広告キャンペーンがテスト・学習・補正する「範囲」が決定する**

- **学習期間中に高い単価で入札を行なうと、Googleが自動的に「検討する広告枠」が増える**

- **その結果、より多くの広告フォーマットやオーディエンスへのアプローチ機会が得られ、CVRが向上する（パターンを発見できる）可能性が高まる**

- **CVRが向上できるパターンをより多く見つけられれば、CPIやCPAが下がるケースは多い**

このような裏側のロジックを知ることで、マーケターのみなさんは広告営業の担当者が単に「受注金額を釣り上げる」ためだけに高い予算を推奨しているわけではないことが理解いただけたかと思います。

Chapter

6

アプリマーケティング実践編
- マネタイズ -

Chapter 5では「アプリユーザーの獲得」について、
具体的な広告媒体などもあげながら解説してきました。
このChapter 6 では「アプリ（またはアプリを起点とした
サービス）からどのように収益を上げることができるか」、
その具体的な方法について解説していきます。

アプリを起点とした ビジネスモデルの分類

「アプリビジネス」という言葉を聞いて、みなさんはどういったビジネスを想像されますか？　ゲームアプリでアイテムのために課金をしたり、ECアプリで洋服を買ったり、音楽や動画配信サービスに月額料金を支払ったりすることかもしれません。アプリ（を軸にした）ビジネスにはさまざまなビジネスモデルがあります。ここからは、収益化方法の分類をしたうえで、実際にビジネスを構築するアプローチについて考えてみましょう。

無料アプリ vs 有料アプリ

まず、ユーザーがそのアプリをインストールする入り口が無料か有料かという分類があります。アイテムを獲得するために課金をしているゲームアプリは有料に思えるかもしれませんが、「アプリを利用するだけ」ではお金はかかっていないので「無料アプリ」に分類されます。

逆に、以下のような形で、App StoreやGoogle Playでそのアプリをインストールするときにお金を払っているアプリのことを「有料アプリ」とここでは定義しています。

・ドラゴンクエストVのアプリを1800円で購入して遊ぶ
・便利なカレンダーアプリを100円で購入して使用する

アプリを有料で販売するビジネスは、生産性を上げるためのツール系アプリや、買い切りで楽しむゲーム（コンソールゲームをスマホにそのまま移植したものも多い）などでよく用いられています。

というのも、あまり考えずにとりあえずインストールできる無料アプリと違い、有料アプリはインストールする前にユーザーがより慎重に吟味します。そのため、「このアプリを使うと（無料アプリではできない）こんなことができる」という便益が明確なツールアプリや、従来の家庭用ゲームのように「このタイトルを買って時間をかけて楽しもう」という意思が固まっている有名IPのゲームなどでないと、有料のハードルを越えるのは相当難しいでしょう。

とりあえず触ってみないことには価値がわからないアプリは、現実的に考えて、無料アプリとして出したほうが無難です。実際、９割以上のアプリは無料で配信されています。

無料アプリの収益モデル

それでは、アプリのインストール自体は無料でできるアプリはどのように収益を上げているでしょうか。主要なビジネスモデルをいくつか紹介します。

A. アプリ内課金（In-App Purchase）

A-1. 消耗型

一度使うとなくなり、再度購入することが可能な課金形態です。例えば、ゲームでガチャを回したりするための原資となるアプリ内通貨の購入をすることや、漫画アプリで次の話を読むためのチケットを買うこと（いずれも、なくなったら再度購入しないといけない）などが、わかりやすい例と言えるでしょう。

A-2. 非消耗型

一度課金すれば、その効果が永続的に続く課金形態です。例えばツール系アプリで、アプリ内の広告表示を一切なくすための権利を購入したり、写真撮影アプリで新しい加工フィルターを使用するための権利を購入したり、といった課金がこれにあたります。

A-3. サブスクリプション

あらかじめ決められた期間、あるいはユーザーが自らキャンセルするまで、定期的に課金が行なわれる形態です。「月額990円」などのいわゆる定額制サービスがその代表的なもので、NetflixやAmazon Primeなどの動画配信サービスや、Spotifyなどの音楽配信サービスなどが幅広いユーザー層に使われています。マッチングアプリの「3ヶ月利用権」のように、自動更新されない形態もあります。

B. 広告

アプリ内に埋め込んだ広告をユーザー画面に掲載することで、広告主から支払われる広告料を収益源とする形態です。広告を表示したとき、広告がユーザーにタップされたとき、広告タップ後に広告主のアプリがインストールされたとき、といったタイミングで収益が発生し、それぞれCPM課金、CPC課金、CPI課金と言います。

カジュアルゲームや、漫画やニュースなどのコンテンツアプリ、ポイ活やツールアプリなど、さまざまなジャンルがあります。みなさんが広告でアプリの宣伝をしたときに、広告が配信される先がこれらのアプリです。GoogleやMetaなどのBig Tech企業も、広告モデルで収益化していると言えます。

広告による収益化については後ほど詳しくノウハウを紹介します。

C. サービス収益

「アプリビジネス」と言ったとき、狭義にはアプリ内から収益を上げるものを指すかもしれませんが、広義にはアプリを軸としたサービスやビジネスが含まれます。例えば、Uber Eatsなどに代表されるフードデリバリー（出前）サービスの例を考えてみましょう。

このサービスで食べ物を注文すると、ドライバーが食べ物を配達してくれます。アプリ内のコンテンツを買っているわけでも、バナーや動画といった広告を見させられているわけでもありません。ユーザーはレストランに料理の対価としての代金（プラス、ドライバーへの配達料）を支払っていますが、デリバリーサービスはその中から手数料を受け取ります。大元のお金の出所はユーザーですが、飲食店も一部の手数料を負担しています。

注文してくれるユーザーと接するという意味で、アプリが大きな役割を果たしているので、「アプリビジネス」と言って違和感はないでしょう。Uber Eatsのケースを例にとると、アプリそのものにユーザーが直接お金を支払っているというより、間接的にアプリを通じて手数料収入を得ているというほうが自然です。アプリ単体からの収益だけではなく、こうした「アプリで実現させたサービスによって収益を上げる」という視点も持っておくといいですね。

図 6-01　**レストラン・デリバリーサービスのビジネスモデル**

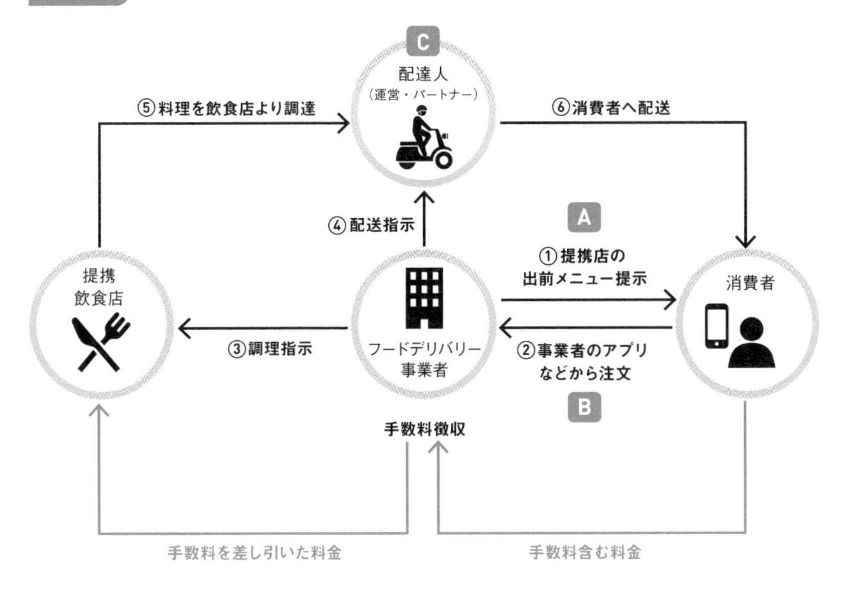

“or” ではなく、“and” で発想しよう

ここまで紹介してきた収益形態のパターンですが、必ずしもどれか１つに絞る必要はありません。最初は複雑な運用をしなくてもすむように、ある程度まで１つの課金形態でアプリ（サービス）を運営したほう

が効率的かもしれませんが、複数の収益形態を組み合わせることで、売上機会の最大化やリスク分散を行なうことも効果的です。

例えば次のような組み合わせ方があります。

・有料アプリだけだとなかなかダウンロードされないので、「広告あり無料版」と「広告なし有料版」を両方出して、無料版のほうを知名度アップのために使う

・無料のゲームアプリで広告と課金を組み合わせる。例えば、100円課金すればゲーム内通貨が1000ポイントもらえるところに、動画広告を視聴すれば５ポイントもらえる、という仕組みを用意する

ユーザーの中には「有料アプリは絶対ダウンロードしない」「アプリ内課金は何があってもしない」という人もいれば、逆に「まったく課金することに抵抗がない」といった人もいます。１つの収益化方法だけしか用意していないと、一部のユーザーからの収益機会を逃してしまうことになるのです。

みなさんもぜひ普段使っているアプリについて、どんな収益化手段をとっているのだろう、という観点であらためて眺め直してみてください。

POINT

◉アプリの収益化方法には、ダウンロード販売、広告や課金（消耗型・非消耗型・サブスクリプション）などのタイプがある

◉１つではなく複数の収益化方法を組み合わせることで、リスクの分散と売上機会の最大化が見込める

広告でアプリをマネタイズする方法

前項でさまざまなアプリのマネタイズ方法を紹介しました。この項では、アプリを広告でマネタイズしようとした場合に、どういった論点を考える必要があるのかを、事業者目線とユーザー目線を行き来しながら解説していきます。

広告マネタイズに重要な3つのポイント

広告でアプリをマネタイズする場合、以下の下３つを決めることがほぼすべてと言っても過言ではありません。順番についても、上から順に考えていくといいでしょう。

①どのフォーマットの広告を使うか
②どの広告ネットワークを使うか
③複数の広告ネットワークの組み合わせ

どのフォーマットの広告を使うか

日頃からアプリをよく使っている人なら、アプリ内に表示される広告にはいろいろなフォーマット（見せ方やサイズ）があることにお気づきかと思います。ここで、主なフォーマットと、それぞれの特徴、メリット・デメリット、活用法について説明していきます。

バナー広告

特徴

アプリ内の特定のスペースに、（ほとんどの場合）画像広告が配信されます。最も多く使われているのが320×50ピクセルの横長サイズで、アプリによっては300×250の「レクタングル（中）」サイズや、タブレット用でより大きなサイズが使われることもあります。

多くの場合、画面の最上部または最下部に固定で表示されます。SNSのタイムラインのように、メインコンテンツ画面が長くスクロールされるデザインになっている場合、コンテンツの合間にバナー広告が差し込まれるケースもあります。

メリット・デメリット

メリットは、導入の手軽さです。決めないといけないのは「どこに配置するか」だけで、後述するインタースティシャルや動画リワード広告のように、表示させるタイミングや頻度などを考えたり調整したりする必要はありません。また実装の技術的ハードルも、他のフォーマットと比べると低いです。

デメリットは、ユーザーによってはゲーム・アプリの“世界観”が壊れると嫌がる人がいることです。バナー広告に限りませんが、画面上にずっと出ているという特徴から、特にこう感じるユーザーが多いようです。対策として、課金したらバナーを非表示にできるオプションを用意する、というのも１つの手です。ただし、バナーが消えたときに画面デザインが崩れないように設計しておく必要があり、注意が必要です。

活用法・注意点

使用時の注意点として、ユーザーがよく操作するエリアの近くにバナー広告を設置すると、誤って広告をタップしてしまう（誤タップ、ミスタップと呼ばれる）ことがあることです。ユーザーの体験も損ねますし、中長期的にはあまり収益にも貢献してくれません。誤タップが多いアプリはその分、広告ネットワークのアルゴリズムによって広告媒体としての評価を落とされてしまって、収益性を下げられたり、最悪の場合は広告アカウントが停止されてしまうこともあります。

ちゃんとユーザーから見られて、誤タップを招かない、興味がある広告だった場合は意図的にタップする、という配置を心がけることが重要です。

インタースティシャル（全画面）広告

特徴

インタースティシャルという単語そのものは実は「全画面の」という意味ではなく、もともとはコンテンツ間の「すきまに入る」という意味です。広告文脈では、画面と画面を遷移する間や、ゲームアプリで１ゲームが終わった一区切りのタイミングなど、１つのユーザー動作が終わったキリのよいタイミングで画面全体に表示される広告のことを「インタースティシャル」と呼びます。

表示されるのは静止画の場合もあれば、動画や、プレイアブル広告（※）のこともあります。基本的には何も考えずに実装してしまえば、広告ネットワークの側でそのときどきで最も収益性の高いフォーマットを配信してくれます。

もし配信したくないフォーマットがある場合、それぞれの形式を管理画面からON/OFFできる広告ネットワークもあれば、担当者に連絡してON/OFFしてもらわないといけない場合もあります。

動画やプレイアブル広告※の場合は、YouTubeのTrueView広告のように、一定時間（５秒のことが多い）たったら広告をスキップ（強制終了）できるボタンが表示される仕様になっていることが多いです。

※プレイアブル広告とは：広告の中でアプリを触って擬似体験できるインタラクティブなタイプの広告のこと。全画面（インタースティシャル）広告や、後述する動画リワード広告において、動画のかわりに掲載されたり、動画視聴後のエンドカード（止め絵）の代わりに使われたりする。

メリット・デメリット

バナー広告と比べたメリットとしては、まずは収益性（eCPM）が数倍から10倍以上高いという点です。端末の全画面を占有するので視認性が高く、広告の内容をユーザーに届ける効果も高いため、クリック率や広告視聴後のコンバージョン率がバナーよりも高くなる傾向にあります。

また、バナー広告のデメリットである「世界観を壊す」という心配は比較的薄くなります。インタースティシャル広告が表示される一瞬を除くと、UI上に広告が表示されていることはないからです。

ただし、コンテンツの合間で画面全体が広告になってしまうというのは、その瞬間ユーザーの意識を完全にアプリから離れさせてしまうことになるので、それは別の種類のデメリットとも言えるでしょう。

活用方法・注意点

インタースティシャル広告のイメージに近いのは、テレビを見ているときに挿入されるCMです。あまりに頻繁に出し過ぎるとユーザーの邪魔になるので、工夫が必要です。

例えば出すタイミングとして、ユーザーが何かを「しようとする」ときではなく、何か「し終えた」ときにする（アプリの起動時ではなく、SNSへの投稿完了時など１つの行動をし終えたときに出すなど）、表示頻度を「毎回」ではなく「数分に１回」程度になるようプログラム側で制御する、などです。

よく「インタースティシャル広告を入れると継続率が下がりませんか？」という質問を受けますが、影響はゼロではないものの、個人的には気にし過ぎるほどでもないと思います。極端にユーザーストレスのかかる実装にしない限り、継続率には悪影響がないという研究もあります。

身近な例で言うと、広告が邪魔だなぁと思いながらも、多くの人はYouTube自体を使うのをやめる、という判断には至っていません。アプリやコンテンツ自体の魅力と、邪魔に感じる広告とのせめぎ合いなので、一概に「これ以上は広告の出し過ぎ」という決まったラインがあるわけではありません。

「広告は邪魔だけどそれでも使いたい」と思わせるアプリを作ることが

できれば理想ですし、そうでなければ収益性を犠牲にして頻度などを調整する必要が出てきます。理想を言うと、広告の表示頻度などのパラメータを変更した際、継続率や起動率にどの程度の影響があるかを測定できるような設計にすることが望ましいです。

ネイティブ広告

特徴

ネイティブとは「自然な」という意味の英単語。ネイティブ広告とは直訳すると「自然な広告」ですが、つまり「コンテンツの一部のように見える広告」のことを言います。

「ネイティブ広告」にも実は２種類あります。１つは「記事（コンテンツ）と広告が自然に融合している広告」で、これは記事広告とも呼ばれています。ニュースアプリなど、記事コンテンツを配信するようなタイプのサービスで使われるもので、制作や営業など人的リソースも相当に必要です。

もう１つは、コンテンツとは独立した広告なのだけれど、表示のされ方がバナーよりもコンテンツと馴染んでいて、よく見ないと広告とはわからないようなものです。今回のアプリ内広告の文脈でネイティブ広告と呼ぶのはこちらのタイプになります。

みなさんがイメージしやすいのは、Facebook、InstagramやX（Twitter）といったSNSのタイムライン上に流れてくる広告です。バナー画像や動画だけではなく、例えば広告主の企業のアイコンや名前がユーザー投稿と同じ形式で表示されていたり、デバイスや表示場所によって自動的にサイズが変わったりすることで、広告が周りのコンテンツに自然と馴染む形になっています。

メリット・デメリット

ネイティブ広告の最大のメリットは、広告が「広告っぽい」見た目ではないため、アプリ利用者のユーザー体験を阻害しないという点です。

もちろん、コンテンツと広告の配分が悪い（広告の割合が多過ぎる）とよいユーザー体験にはなりませんが、そうでなければ、ユーザーが「このアプリ、広告が多くてウザい」と感じることが、バナーなど他のフォーマットと比べて比較的少ないです。

デメリットとしては、アプリのUIに合わせて広告のフォーマットを独自にデザインしないといけない点です。バナーのように「配置場所を決めたら終わり」とはいきません。より収益性の高いデザインを常に模索していく必要があります。

活用方法・注意点

すべての広告ネットワークがネイティブ広告フォーマットを提供しているわけではありません。なぜなら、テキストやアイコン画像、メイン画像、（あれば）動画など、広告主に用意してもらわないといけない素材の種類が多く、バナーや動画広告など他のフォーマットよりも手間がかかるからです。あまり標準的ではない素材は、広告主が持っていないことも多いでしょう。

そのため、実装したいデザインによっては、対応可能な広告ネットワークの数が制限されてしまいます。そうすると、配信可能な広告案件が十分になかったりといった理由から、収益性が思ったほど上がらない可能性があります。

オファーウォール

特徴

アプリ内通貨などがあるアプリでときどき使われる広告フォーマットです。アプリ内の特定の画面、多くはアプリ内通貨の購入画面などから「オファー」の一覧を開き、そこに掲載されている案件について条件を満たすと、所定のアプリ内報酬がもらえる……というものです。

例えば、ある動画視聴サービスの会員登録をすると3000ポイントがもらえる、といった形です。

メリット・デメリット

通常は、課金したり、動画リワード広告（後述）を視聴しないと獲得できないアプリ内通貨を手に入れることができるので、ユーザーによってはメリットを感じる人も少なくありません。

また、アプリ内課金と併用しやすいというのも特徴です。課金をするユーザーは全体の数%程度にしか過ぎないことも多く、「課金しないとアプリ内通貨を獲得できないなら、もういいや」とアプリを使うのをやめてしまうユーザーがいることを考えると、課金をしなくてもアプリ内通貨を獲得できるオプションをユーザーに与えることで、離脱を防ぐ一定の効果があると考えられます。これは動画リワード広告についても同様です。

デメリットとしては、オファーウォールは業界的にはトレンドのマネタイズ手段ではないため、提供している事業者の数が限られるという点です。後述する「メディエーション」のような、複数の広告事業者を併用できるソリューションも、がんばって探さないと見つけるのは難しいでしょう。

活用方法・注意点

注意点として、Chapter 3の「リワード（ブースト）広告」のところで触れましたが、特にiOSで「アプリのダウンロードに対してインセンティブを与える」という行為がAppleの規約で禁止されています。万が一オファーウォールの中に「アプリをダウンロードしたらポイントをあげる」といった案件が混じっているとAppleに指摘されると、最悪の場合、アプリ公開が中止されてしまうこともあります。

余談ですが、筆者が以前お手伝いしていた先のゲームアプリでこれが起き、さらに最悪なことにそのタイミングがApp Storeの「オススメ」掲載中だった……ということがありました。関係者一同、泣きました。その後オファーウォールをアプリから外して再審査にかけ、アプリは無事に配信再開できましたが、当然「オススメ」には復活させてもらえませんでした。

動画リワード広告

特徴

広告動画を最後まで視聴した対価として、ユーザーにリワード（報酬）を付与するという広告フォーマットです。イメージしやすくなるよう、動画広告を視聴した対価として何が得られるのか、以下にアプリのカテゴリごとの具体例を紹介します。

[ゲーム]

・そのアプリ内で使える通貨をもらえる
・ゲームオーバー時にコンティニューできる
・ステージクリア時に得られる獲得コインを倍にできる
・一定時間特殊効果が得られる（10分間ゲームスピードアップ、経験値２倍、パワーアップなど）

[非ゲーム]

・漫画アプリなどでアプリ内通貨（閲覧チケットなど）をもらえる
・特定の機能が一定期間使えるようになる
・ポイ活アプリなどで一定時間特殊効果が得られる（１時間ポイント２倍など）

メリット・デメリット

収益性はとても高く、eCPM（広告を1000回表示させたときに得られる収益）が1000円を超えることもあります。その理由は、ユーザーの端末の全画面を占有する動画広告を、最後まで（通常15～30秒）必ず見せることができるからです。広告の内容をユーザーに存分に伝達できるため、CTR（クリック率）やCVR（コンバージョン率）も他のフォーマットより高くなる傾向にあります。

収益だけではなく、継続率・起動頻度・滞在時間といった重要なKPIを（実装次第で）副次的に改善できる、というのも大きなポイントです。筆者はこれを独自に「動画リワード広告の見えざる手※」理論と呼んでいます。どのような副次的効果があるか以下に説明します。

参考

収益以外のKPIも改善！
「動画リワード広告の見えざる手」理論
http://www.tatsuojapan.com/2016/05/kpi.html

[アクションゲーム]

ゲームに飽きて、そろそろやめようかな……と思うタイミングで動画リワード広告を見せる。

→報酬を通常プレイよりも大きく付与する
→その報酬を使ってもっとプレイしたくなる
→離脱を防ぎ、プレイ時間を伸ばす

[放置ゲーム]

動画広告を見たら、アプリを閉じている間の４時間分、ゲーム内コインが溜まるスピードが倍になる。

→そうでなければ次回の起動が翌日以降になっていたユーザーのうち何割かが、４時間後に起動する
→アプリから離れる前に、また動画リワード広告を視聴する
→起動サイクルが早くなり、アプリの利用時間が伸びる

[漫画アプリ]

毎日１話ずつ新しい話が公開されるが、課金をすれば先を読むことができる。

→動画広告を見たら１話“だけ”先を読める
→「１話先を読むことが楽しい」体験により「もっと先を読みたい」という渇望をユーザーに抱かせる

→ 課金率がアップする

なお動画リワード広告は、課金アプリと相性がいい珍しいフォーマットです。カジュアルゲームはもちろん、MIXI社「モンスターストライク」のような有名なソーシャルゲームにも実装されていたりします。

活用方法・注意点

動画リワード広告を実装する際には、アプリを利用しているときのユーザーの心理状態を念頭に入れながら、どの場所に、どのタイミングで、どれぐらいの頻度で表示させて、報酬は何をどれぐらいにすればアプリ全体にとって最適になるのか、を考えないといけません。

別に報酬が「ほしくない」タイミングや内容で実装しても、ほとんど見てもらえないからです。

そのため、広告やマネタイズ担当者だけで設計するのは不十分で、プロダクトマネージャーなどのアプリ全体の体験をデザインする立場の人も交えて議論すべきでしょう。

また、動画リワード広告を入れると課金率が下がってしまわないか、という質問もときどき受けます。課金しないと本来は得られなかった価値を、広告を視聴するだけで無料で得られるためです。筆者の体験では、下がらないように工夫することはできます。

そもそも、課金をするユーザーとしないユーザーは、モチベーションや優先順位が異なります。課金をしないユーザーは、広告視聴で自分の時間を犠牲にしてでもお金を払いたくない。一方で課金ユーザーは「広告なんかで時間をとられたくない、サクサク進めたい」というモチベーションが強い人です。ですから、後者にとって広告を見ることで得られるわずかな報酬は、無料であってもそこまで有難くなく、課金する人は（広告視聴で無料で得られるというオプションがあっても）結局課金という選択肢をとることが多いのです。

そのことを裏づける具体的な例をいくつかご紹介します。

・動画リワード広告の「見えざる手」によって未課金ユーザーの継続率

が上がります。さらに、広告きっかけで課金アイテムの効果を実感し、後に課金ユーザーが出てくる効果も期待できるため、課金売上があわよくば向上する可能性があります。

・日本のソーシャルゲームで、従来はアプリ内課金しかなかったゲームにあとから動画リワード広告を入れた事例があります。それらの中には、未課金ユーザーにだけ広告を見せるという実装にしたところがありました。検証の結果、広告を見たユーザーのほうが見ていないユーザーよりも、その後課金に転換する割合が高くなった、というデータが出ました。

・上記の通り、X日以内に（または過去に１度でも）課金したユーザーには動画リワード広告を表示しない、という実装は技術的には可能です。そうすれば「現在の課金ユーザー」が課金しなくなるリスクは最小限にすることができます。

・ただし、課金ユーザーの中には「課金もするけど、動画リワード広告でもらえる報酬ももらっておくよ」という人もいます。課金ユーザーから動画リワード広告表示のオプションをなくしてしまうと、「広告が見られなくなった」という不満の声が上がるかもしれません。実際（報酬を得たいのに）動画広告が見られない、という不満のレビューがアプリストア内に見られることがあります。

もし動画リワード広告の存在によって課金率が下がるとしたら、それは実装方法に問題があるのかもしれません。課金しなくても十分だ、とユーザーが思ってしまうぐらい報酬をあげ過ぎてしまう、といったことです。

ただしこれは、例えば「ログインボーナス」など、動画リワード広告以外で報酬をあげている設計にも同じことが言えます。動画リワード広告の導入が課金率の低下の直接の原因と見るのは早計であり、根本原因はアプリ全体の体験デザインだと筆者は考えます。
動画リワード広告を活用したアプリの設計は、“時系列”と“モチベーションの推移”を正確に把握することが重要です。繰り返しになりますが、どのタイミングでどんな報酬を与えたら、ユーザーが満足し、エンゲージメントが高くなるのかを考えるのが要諦になります。
アプリ事業者の側によって“デザインされた”ストレスを解消する手段として“課金”と“広告”両方のオプションを用意し、報酬の量とタイミングを適切にバランスさせて、課金・非課金ユーザーを双方幸せにしながら、収益を最大化させましょう。

どの広告ネットワークを使うか（主要なアドネットワーク）

みなさんがマネタイズに際して「どの広告ネットワークを使おうかな」と考えているのと同様に、前のChapterで説明した通り、広告主も使うアドネットワークを選別しています。

すべての広告ネットワークがすべての広告案件を取り扱っていればいいのですが、実際はそうではありません。基本的には、多くの案件を抱えている広告ネットワークのほうが、みなさんにとっての収益性が高くなります。
理由は２つあり、１つは広告枠獲得のためのオークションのプレッシャーが高いので単価が押し上げられること。もう１つは、さまざまな広告案件があることで、より自分のアプリと相性のよい案件を配信できる（つまり、クリック率やインストール率が高い）可能性が高くなるからです。
わかりやすい例をあげましょう。ゲームを遊んでいるユーザーの目の前に、別の似たようなゲームの広告を表示させれば、それなりの確率で広告がクリックされ、アプリがインストールされるでしょう。しかし、みなさんが運営しているのがゲームではなくビジネスパーソン向けのツールアプリだった場合は、ゲームアプリの広告しか配信してくれないところよりも、ユーザーに合わせてビジネスパーソン向けの広告案件も配信してくれるアドネットワークを使ったほうが効果が高そうですよね。

もちろん、たくさん広告案件を取り扱っていても、配信のアルゴリズムが未熟なアドネットワーク（誰にでも同じ広告ばかり何度も配信する、など）だと、収益性は低くなります。しかし、そのような技術が未熟な広告ネットワークは、広告主から見た場合の成果も悪いので、結果的に広告主から不人気になります。

したがって、マネタイズの際に選ぶ広告ネットワークは、原則として「広告主から人気のアドネットワーク」を選んでおくのが無難、ということになります。前述したAppsFlyerの「パフォーマンスインデックス」などで、上位にきているアドネットワークから順番に採用すれば大外しはしないでしょう。

具体的には、人気なのはGoogleのAdMob、MetaのAudience Network、AppLovin、Unity Ads、Mintegralなどです。MolocoのようにDSPながらマネタイズSDKを提供し始めたところもありますが、一方でX（Twitter）やAppleのように、広告主には人気なのに広告収益化ソリューションを提供していないところもあります。

では、この中からどれを選べばいいのでしょうか？　実際には、1つを選ぶのではなく、複数を組み合わせることで収益性を最大化するというのをベストプラクティスとして推奨します。次の項で詳しく説明します。

POINT

- **アプリを広告でマネタイズする際は、まずアプリに合わせて導入する広告フォーマットを決め、次に広告ネットワークを決める**
- **広告ネットワークを選ぶ際は、広告主から人気なものの中から複数を選んで組み合わせよう**

複数の広告ネットワークを組み合わせて収益性を最大化する

前項で解説した「広告によるアプリ収益化」の続きです。ここでは、複数の広告ネットワークを導入することを前提に、どのような構成や実装をしていくと収益性（提供する広告枠の価値）が上がるのかを説明します。

アプリにおける広告マネタイズがたどってきた歴史

アプリにおける広告を活用したマネタイズは、以下のような歴史をたどってきました。

①アドネットワークを１つだけ設定する時代
②アドネットワークを複数使い、比率でトラフィックを振り分ける時代
③メディエーションを使って、ウォーターフォールで設定する時代
④上記ウォーターフォールの中に、１つのアドネットワークを複数入れる時代
⑤アプリ内ビディングで一挙にアドネットワークを呼び出す時代

業界に長くお勤めの玄人の方以外、なんのことかわからないと思いますので、１つずつ説明をしていきます。

①アドネットワークを1つだけ設定する時代

その当時主流だったアドネットワークの中から「うちはAdMobを使

う」「評判がいいからi-mobileを使おう」といったように、利用するものを１つ選ぶ、というのが最も初期のスタンダードな方法でした。

メリットはあまりないのですが、強いてあげるとすれば、実装と管理の楽さです。開発経験のない筆者のような人間は「SDKを入れるだけなんだから、簡単なんでしょ？」と軽く考えてしまいがちですが、新しいSDKを１つ追加するためには、実装に加えて、テストの工数や、バグが発生する可能性、定期的なSDKの更新といったエンジニア側への負担が発生します。また、複数のアドネットワークを使うと、ビジネス担当者の作業の手間もそれなりに増えます。

1つだけにすることのデメリット

例えば、いま月間１万円の収益を広告で上げている方は、仮に使うアドネットワークを増やすことで収益が倍増したとしても、そのためのコストが１万円以上かかってしまわないか、という観点が必要です。とりあえず一番メジャーなGoogleのAdMobあたりを１つだけ使っておいて、自分の時間やお金はアプリをよりよいものにすることや、ユーザーを増やすことに使ったほうが合理的かもしれません。

一方、ある程度の広告収益があるアプリ事業者の場合は話が別です。この方法は構造的にいくつかの問題を抱えているため、今では中規模以上のアプリ事業者はこの方法を選びません。

アドネットワークには、当然マネタイズを行なうアプリ事業者の反対側に、出稿している広告主がいます。すべての広告主がすべてのアドネットワークに出稿しているわけではないため、アドネットワークごとに取り扱っている広告主の種類や数は決まっています。ですから、１つのアドネットワークだけを使うということは、他のアドネットワークに出稿している広告主と出会う機会を逸していることになるのです。

また、１つのアドネットワークだけを使っていると、そうでない場合と比べると、同じ広告を同じユーザーに繰り返し表示させることになりがちです。すると、だんだんと収益性は下がります。今ではほとんどありませんが、昔はアプリ面に広告出稿をする広告主が少なかったため、同じユーザーに何度も広告を表示させ続けていると、そのうち「もう表示する広告が残っていない」状態（在庫切れ、と呼ばれます）になったりもしました。

②アドネットワークを複数使い、比率でトラフィックを振り分ける時代

そこで、複数のアドネットワークをアプリに実装して、アドネットワークAには60%、アドネットワークBには40%、といったように表示の比率を分けるという時代が訪れます。これによって、アドネットワークを１つだけ使う場合のデメリット、つまり、問題を払拭することができます。

広告のバリエーションが少ない
→同じ広告ばかり表示されてしまう
→収益性が低下する

どのアドネットワークに何%のトラフィックを割り当てるかは、そのときどきの収益性に応じて調整します。１つのアドネットワークにより多くのトラフィックを割り当てる（たくさん表示させる）と、収益性は下がっていきます。

例えば、最初は収益性の高いアドネットワークAのほうに大半のトラフィックを割り当てていましたが、だんだんとeCPMが下がっていき、アドネットワークBに逆転されます。そこで、数割程度のトラフィックをアドネットワークAからBに割り当てると、AのeCPMが少し回復し、逆にBは悪化します。

どれぐらいトラフィックを増減させれば、どれくらいeCPMが上下するかは、残念ながら正確な予測は難しいです。また、アドネットワークの収益性は当時、今よりも短期的に大きく変動しました。トラフィックの増減以外に、例えば特定の大手広告主が大型のキャンペーンを開始し

たといった事情で、大きく収益性が向上したりすることがありました。モバイル広告市場が比較的まだ黎明期だったので、１つの大手広告主が与える全体への影響が大きかったのです。

そのため、マネタイズ担当者は日々レポートされる数字を見ながら、手動でトラフィックの割り当てを行ない、収益の最大化を行なっていました。また、そのような手作業を自動化してくれるツールも登場しました。後にGREEグループのGlossom社に吸収合併されたアドフリくん（もともとはメディア会社である寺島情報企画が開発）、ユナイテッド社のAdStir（アドステア）などがそうです。

彼らは当時自らをSSPと称していましたが、RTB取引をするわけではないので本来はアドテク文脈における「SSP」ではなく、「SDKバンドル」と「トラフィック配分の自動化」を行なうツール、と言ったほうが正確です。

また、このフェーズ（2015年頃まで）ではまだバナー広告が主流でした。2014年の後半から2015年にかけて、動画広告フォーマットを中心に据えたアドネットワークが複数日本に展開し始め、次で述べる「メディエーション」を使う時代にシフトしていきます。

③メディエーションを使って、ウォーターフォールで設定する時代

「メディエーション」という聞き慣れない言葉が出てきました。これはどういったものかを簡単に説明していきます。

メディエーションの流れ

メディエーション（mediation）という英単語をそのまま和訳すると「仲介」「調停」といった意味を持ちます。

広告マネタイズにおけるメディエーションとは、「広告表示機会ごとに、収益性の高い順に広告ネットワークを呼び出すことで、モバイルアプリの収益向上を図る仕組み」のことです。

実際に何をする機能なのか解説していきます。

図6-02　メディエーションの流れ

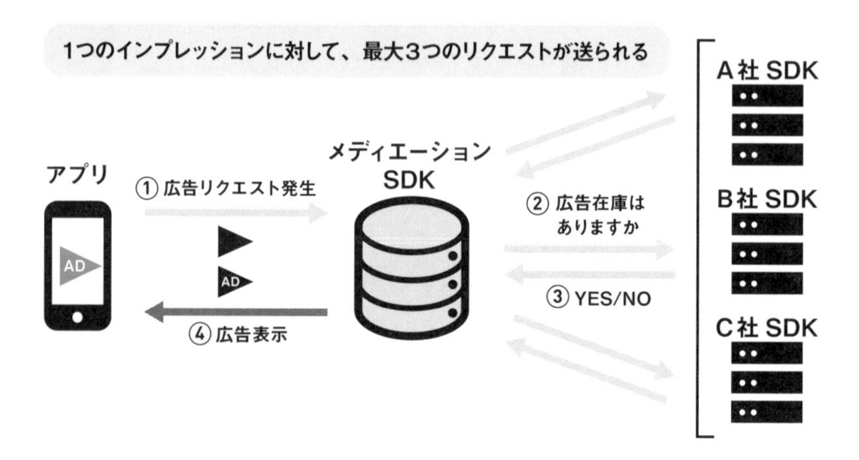

アプリの中には２種類のSDK（Software Development Kit）が搭載されています。「メディエーションSDK」と「アドネットワークのSDK」です。アドネットワークのSDKは、使用するアドネットワークの数だけ実装します。そして、メディエーションツールの管理画面では、アドネットワークの優先順位を設定します。トラフィックの割当比率ではなく、上から順に１、２、３番、といった具合です。

ユーザーがアプリを開いて、いざ広告を表示するぞというタイミングで、メディエーションSDKは優先順位が１番のアドネットワークAのSDKにこう言います。

「あなたの番です。広告を準備してください」

これを受けてアドネットワークAの広告SDKは、自社のアドサーバーに広告をリクエストし、広告を受け取り、アプリに表示させ、メディエーションSDKに「任務完了です！」と報告をします。

もしアドネットワークAに表示可能な広告在庫がなかった場合、アドサーバーからは広告ではなく「ごめんなさい、いまは在庫がありません」というメッセージが返ってきます。それを受け取ったアドネットワークAのSDKは、メディエーションSDKに「失敗しました」と報告します。

すると、メディエーションSDKは、優先順位が２番目のアドネットワークのSDKに、何事もなかったかのように「あなたの番です」と指示を出します。

このように、どこかのアドネットワークが広告を表示する（空いている枠を満たすというニュアンスで「fillする」と称する）まで、上から順番に広告リクエストを送り続けることを「ウォーターフォール」と言います。水が上から下に流れていくイメージです。

広告在庫がないという事態は、本来メジャーな広告ネットワークにおいては滅多に起きません。しかし、「フロアプライス」というものが広告ネットワークにおいて設定されると、みなさんがある程度意図した割合で「fillできない」状態が発生します。フロアプライスは日本語でいう「底値」に近い概念です。

アドネットワークの中には、CPMが高い、つまり１回広告表示させたときにメディアが得られる収益が高い広告案件もあれば、そうではないものも混在しています。傾向として、何度も同じアドネットワークの広告を繰り返し表示させていると、CPMが徐々に下がるということはすでに述べました。

より単価の高い広告を優先して配信することができる

先ほどのウォーターフォールの例で考えたときに、例えばアドネットワークAをfillしなくなるまでずっと表示し続けていると、だんだん収益性が低い案件が多く配信されるようになります。それらをそのまま配信し続けるより、どこかで見切りをつけて、もしかするとより収益性が高い案件を配信してくれるアドネットワークBに順番を回したいと思いませんか？

そこで何をするかと言うと、アドネットワークAにフロアプライスを設定するのです。１つ順位が下のアドネットワークのCPMが500円（ということはバナーではなく全画面広告でしょう）だった場合、CPMが500円を切ったときはアドネットワークAよりもその下のアドネットワークBを表示させたほうが、期待される収益が大きくなります。そのため、アドネットワークAに500円のところで線を引き（アドネットワークAの管理画面で、フロアプライスを500円に設定し）ます。

こうすると、アドネットワークAのSDKがサーバーに広告をリクエストした際、本来返すべき広告の予想されるCPMが500円以上の場合だけ広告を返し、そうでない場合はno_fill（在庫切れ）のシグナルを返すようになるのです。

広告リクエストの総数に対して広告が返ってくる割合のことをフィルレート（fill rate）と呼びます。フロアプライスを高く設定すればするほど、返せる広告案件が減るため、フィルレートが下がります。

このように、フロアプライスをウォーターフォール内にあるすべてのアドネットワークに設定することで、より単価の高い広告を優先して配信することができるようになります。

具体的な例で言うと、次のような設定がされることになります。

1. Meta Audience Network 最低金額：$15
2. AppLovin 最低金額：$13
3. Unity Ads 最低金額：$10
4. AdMob 最低金額：なし

４番目のAdMobにはフロアプライスを設定してはいけません。なぜなら、AdMobがfillできなかった場合その下にはもう他にアドネットワークがないので、その広告枠そのものがno_fillとなり収益機会をみすみす逃すことになってしまうからです。

このような機能を備えたメディエーションは、いくつかの広告ネットワークが提供しています。古くから人気があったのがGoogleの

「AdMob」です。2023年現在では、X（当時のTwitter）社から「MoPub」を買収・合併することで業界トップシェアに躍り出たAppLovinの「MAX」や、Unityと合併した「ironSource」を加えた3者が、メディエーションの主要プレイヤーです。

④ウォーターフォールの中に、1つのアドネットワークを複数入れる時代（マルチコール）

さらに、メディエーションとウォーターフォールの実装は進化し、1つのアドネットワークに複数のフロアプライスを設定できるようになります。どういうことでしょうか。

例えば上記の例で、AppLovinがCPM $13.5の案件を配信した際、その下にいるUnity AdsやAdMobが「本当は今の広告リクエスト、ウチなら$14の案件があったのになぁ……」と思っているかもしれません。みなさんにとっても収益を最大化するチャンスを逃していることになります。

それを防ぐため、Unity AdsやAdMobに複数のフロアプライスを設定し、かつ、ウォーターフォール上でそれぞれの価格帯に複数のアドネットワークを設定するのです。先のウォーターフォールはこのように発展します。

1. Meta / AppLovin / Unity Ads / AdMob @ $15
2. Meta / AppLovin / Unity Ads / AdMob @ $13
3. Meta / AppLovin / Unity Ads / AdMob @ $10
4. Meta / AppLovin / Unity Ads / AdMob @ フロアなし

この場合、メディエーションSDKはMeta、AppLovin、Unity Ads、AdMobのそれぞれに「$15以上の広告案件はありますか？　あったら返してください」と聞きに行っているような形になります。その価格帯で広告在庫が見つかればその広告が配信されますが、なければ1つ下の価格帯まで落ちて「では次は、$13以上の広告案件はありますか？」と各社に聞きに行きます。

こうすることで、どこかの広告ネットワークが案件を返すまで、それぞれに対して広告リクエストを送り続けることになります。１つのアドネットワークに１つの広告表示機会あたり複数回の広告リクエストを送ることになるので、この実装のことをマルチコールと呼びます。

理論上は、例えば$100.0から$0.1刻みで1000個のレイヤーを作るなどの細かい設定を行なえば、収益を最大化できるはずです。しかしこの設計には１つ深刻な問題がありました。レイテンシー、つまり遅延の問題です。

上にあげた４つのアドネットワーク、４つの価格帯の例で考えてみましょう。３つ目のレイヤーでMeta（Audience Network）が広告を返してくれたとすると、それより上にある$15、$13の２つのレイヤーで、４つのアドネットワークに合計８回、

「Xドル以上の広告案件はありますか？」

「ないです」

というやり取り（通信）を行なっていることになるのです。ローカルでのSDK同士のやり取りではなく、サーバーとのやり取りです。

１回ごとの通信はゼロコンマ数秒という短い時間だったとしても、それが重なると（極端な話、数十回、数百回という数になると）広告が実際に返ってくるまでに数秒単位で遅延が発生します。

遅延が発生すると、アプリの収益性は悪化します。なぜかと言うと、広告を読み込もうと何秒も通信を続けている間に、ユーザーが別の画面に移ってしまったりして、広告を見せるタイミングを逃してしまうことが起き得るためです。

⑤アプリ内ビディングで一挙にアドネットワークを呼び出す時代

このレイテンシーの制約を克服するため、Chapter 3で紹介したヘッ

ダービディングのような仕組みをアプリにおける広告オークションにも応用しようという動きが始まりました。

RTB文脈のヘッダービディングとは厳密には違ったテクノロジーを使っており、区別して「アプリ内ビディング」と呼ばれます。

上記の例で簡単に解説すると、アプリ内ビディングではMeta、AppLovin、Unity Ads、AdMobの各ネットワークに対して「このインプレッションをいくらで買いますか？」と1回だけリクエストを投げます。各アドネットワークから「Xドルで買います！」とレスポンスが返ってきた中で、最も高かったものを表示する、という挙動をします。

つまり、先に解説したケースでは何度も繰り返し発生していた（マルチコール）各アドネットワークに対する通信が、それぞれに対して1回ずつで済むのです。これによって、遅延の問題は大幅に改善されます。

また、先のケースではウォーターフォールの価格の「幅」のせいで、細かい機会損失が常に発生していました。例えばフロアプライス$15には満たない$14.9の広告在庫をAppLovinが持っていたとします。1回目の広告リクエストではどのアドネットワークも返すことができず2回戦に突入。そこでは「$13以上の広告在庫があるかどうか」しか問われないため、$14.9のAppLovinではなく$13.1のAdMobのほうが配信される、といったことが起こり得るのです。

この機会損失分をアプリ内ビディングの場合はきちんと拾うことができます。そのため価格決定ロジックのうえからも、理論上「メディエーション × ウォーターフォール」よりも収益性は高くなります。

RTB文脈のヘッダービディングとはどう違うのか?

RTB文脈におけるヘッダービディング（Chapter 3で解説しました）もアプリ内ビディングと同じように、広告リクエストを複数のバイヤー（DSP、アドネットワーク、広告主など）に飛ばして、最も高い金額で入札したプレイヤーがそのインプレッションを獲得する、という点では同じです。

ただし、ヘッダービディングにおいてはすべてのバイヤーがサーバー間でオークションを完結するのとは違って、アプリ内ビディングの場合はすべてのバイヤーが参加しているわけではないため、メディアは収益を最大化させるためにはウォーターフォールと組み合わせて実装する必要があります。

世の中にあるすべてのDSP・アドネットワークが1つのアプリ内ビディングあるいはアドエクスチェンジにつながって、裏側で入札競争してくれれば、1つのタグ・SDK を入れるだけで収益最大化が実現することになります。Webの世界ではこれがヘッダービディング・RTBで実現に近づきつつあります。

アプリの世界でこれがまだ起きていない背景として、広告の配信・表示の部分が各アドネットワークごとに仕様が違っており、使うアドネットワークの数だけSDKを入れないといけないという点があげられます。

アプリ内ビディングとは、ウォーターフォールでのメディエーションよりは進化していますが、Webのヘッダービディングのような完全競争に至るまでの過渡期のようなものかもしれません。

SSPとはどう違うのか?

Chapter 2 でも触れた通り、SSP（Supply Side Platform）は本来は、RTB技術をベースとした、サプライ（広告枠を供給するメディア）側のツールです。簡単に言うと、1つのタグやSDKを実装するだけで、複数のDSP・アドネットワークからの入札を受けつけることができる仕組みのことです。

日本のアプリ業界の中で長らく「SSP」と呼ばれてきたものは厳密にはこれとイコールではありません。なぜなら、1つのタグ・SDKで完結するのではなく、複数のSDKの実装を前提とし、どのSDKを呼び出すかという制御部分を担う機能が「日本式SSP」がやってきたことだからです。

その機能は本来アドテク文脈では「メディエーション」と呼ばれたほ

うが位置づけとしては近いのですが、そこまでの細かい言葉の定義は、アドテクノロジーマニアな人たち以外は気にしてこなかったという背景がありました。

ヘッダービディングやアプリ内ビディングは、そういったSSPやアドネットワークのレイヤーの１つ上に置くというのが本来の使い方になります。

現在では、アプリ内ビディングとメディエーションの組み合わせが業界の主流です。これまでメディエーションの主要プレイヤーだった、AppLovinの「MAX」、Googleの「AdMob」、Unity社に買収されたironSourceが、引き続きアプリ内ビディングでもシェアを占めています。

「ウォーターフォール × マルチコール」におけるレイテンシーなどの問題はある程度解決されたものの、すべてのアドネットワークやDSPがBidderになっているわけではないため、それらはメディエーションを介して配信されるか、いずれかのアドネットワークやSSPを裏側から買いつけています。

POINT

- **アプリにおける広告マネタイズがたどってきた歴史を理解すると、現在使われている手法の意味合いや理由がわかりやすくなる**
- **広告でのマネタイズを行なうためのテクノロジーも日々進化し、順番に広告ネットワークを呼び出す（メディエーション × ウォーターフォール）だけでなく、一挙に広告ネットワークを呼び出すアプリ内ビディングなどの技術が台頭した**

アプリ先生コラム⑥

なぜ広告事業者はメディエーションレイヤーを取りたがるの？

マネタイズの2つの機能

ここまでお読みいただいた方は、アプリの広告マネタイズにおいては２つの異なる機能が必要だということがおわかりいただけたかと思います。

１つは「どの広告ネットワークを使うかを決める」機能、もう１つは「実際に広告を呼び出し、表示させる」機能です。前者がメディエーション、後者が広告ネットワークが行なう仕事です。

メディエーション機能そのものは無料で提供されています。歴史的には「メディエーション機能が便利だから」という理由でSDKをアプリに実装してもらう交渉材料として始まり、現在は後述する理由で「自社のメディエーション機能を使ってもらうため」無料のまま提供されているものと思われます。

ですので広告事業者としては、メディエーションは別の会社のものを使われていたとしても、アドネットワークとしての観点でシェアをとれば収益を伸ばすことができます。多くのインプレッション機会を得られればいいわけです。

逆に、メディエーションツールとしてアプリに実装されたとしても、その中で自分たちがアドネットワークとしてインプレッションをとれなければ、大した収益を上げることはできないわけです。

それにもかかわらず、多くのアドテク企業がアドネットワークとして他社のメディエーションツールに参加するだけでは満足せず、自分たちがメディエーションのレイヤー、概念的にはより上位のレイヤーを取りにいこうとします。これはなぜでしょうか。

いくつも理由がありますが、ここでは3つご紹介します。

3つの理由

1つ目は「“SDKを外されること”を避けられる」というものです。

広告ネットワークとして使われているだけだと、パフォーマンスが芳しくないときに「もうこのアドネットワークは使わなくていいや」と利用を止められてしまうことがあります。SDKをアプリに入れておくことは、アプリ企業にとってバグの可能性やメンテナンスといったコストがかかるからです。

一方、メディエーションツールを別のものに切り替えるのは、開発工数がかかるし、マネタイズ担当者の運用方法も変えないといけないため、大変です。なので、一度メディエーションのレイヤーを取ってしまえば、簡単にはSDKを外されづらくなり、そのアプリにおける収益機会を「完全に失う」ことを防げるわけです。

2つ目の理由は「データ」です。広告ネットワークとして、メディエーションから使われるだけの立場だと、自分たちについてのデータしか得られません。そのアプリ全体として、何回広告リクエストを送っているのか、何回表示され、何回クリックされたか、などです。

一方で、メディエーションのポジションを取れば、自分たちの広告ネットワークだけでなく、アプリの広告マネタイズに関するより幅広いデータを得られるようになります。アプリ全体の広告の指標だけでなく、どのアドネットワークが何回表示され、どのアドネットワークが強い・弱いのか、などです。

これらのデータがあることで、どのアプリにより注力すべきか、どの競合アドネットワークをベンチマークすべきか、といった事業戦略・戦術をより正確に描くことができるようになります。

３つ目は「不当な扱いを受けないため」です。

今でもそのようなことがあるのか定かではありませんが、以前とあるメディエーションツールが「実力（実際に出せるパフォーマンスから考えられる表示回数）よりも多めにインプレッションを自社アドネットワークに割り当てているようだ」と業界内で囁かれたことがありました。

上記の通り、いちアドネットワークとしての立場からは全体数値を見ることができないため、自社が不当に低い扱いをされていることに気づくことは困難です。メディエーションレイヤーを取ることによって、他社による不当な扱いを避けられるようになります。

RTBやアプリ内ビディングといった、より「プログラマティック」な仕組みが普及してきたため、昔よりはそのような原始的な不正を行なえる余地は少なくなってきています。

他にも理由はありますが、マニアック過ぎるのでこのあたりにしておきます。

アプリプラットフォームにおける手数料

ここまで広告による収益化を重点的に解説してきましたが、最後にアプリ内課金についても言及します。売上を伸ばす方法については、ユーザーが課金してもほしくなるようなコンテンツや機能を作ることに尽きますが、一方、ほぼすべてのアプリが配信や課金の仕組みをApp StoreとGoogle Playという２つのプラットフォームに依存しており、それらのガイドラインを理解することは避けて通れません。

アプリプラットフォームで圧倒的存在のAppleとGoogle

有料アプリの配布やアプリ内課金によって収益を上げようと思うと、本書執筆中の2023年現在では、App Store、Google Playといったプラットフォームと、彼らが提供する決済システムを使うことを余儀なくされます。

Appleが提供するiOSとGoogleが提供するAndroidを合わせると、OSレイヤーでほぼ100%の市場シェアを占めます。この２社のアプリプラットフォームを利用せずにアプリ事業者がビジネスをすることは、事実上不可能と言っても過言ではないでしょう。

これらのアプリプラットフォームを利用して課金収益を上げると、決済金額に対して一定の手数料が課せられます。手数料率はApp Store、Google Playともに通常30%（特別なケースで15%）です。アプリ内決済の仕組みや手数料については、ガイドラインを理解してビジネスを行なわないと思わぬ落とし穴がある場合があります。より詳しく見ていきましょう。

※なお、ガイドラインなどの引用はすべて2023年5月現在のものなので、アップデートを随時追いかけるようにしてください。また、ガイドラインの解釈は筆者が独断で行なっているものであり、齟齬があった場合の責任は負いかねますのでご了承ください。

App Storeのガイドライン

まずはApp Storeのガイドラインを見ていきましょう。

①手数料がかからないケース

ユーザーがお金を支払っているのに、手数料がかからないケースがあります。それは、Appleが提供するアプリ内課金ではない方法での決済が認められている場合です。例えば、App Store Reviewガイドラインでは下記のように定められています。

3.1.3（e）Appの外部で使用する商品やサービス：ユーザーがAppの外部で使用する物理的な商品やサービスをAppで購入できるようにする場合、そうした商品の支払いにはApp内課金以外（Apple Payやクレジットカードなど）の方法を使用する必要があります。

※https://developer.apple.com/jp/app-store/review/guidelines/

わかりやすい例で言えば、Amazonや楽天といったショッピングアプリで、物品を購入する場合が該当します。アプリの外部で使用する物理的な商品ですので、ショッピングアプリがその決済に対してApple社から手数料を取られることはありません。ただし、App Storeが提供する課金システムは使えないため、自分たちでクレジットカードなどの決済システムをアプリに導入している必要があります。

また、以下のような定めもあります。

3.1.3（f）無料のスタンドアロンApp：有料のWebベースツール（VOIP、クラウドストレージ、メールサービス、Webホストなど）に

対して、スタンドアロンのコンパニオンAppとして機能する無料Appは、そのApp内で購入が発生しない、またはそのApp外へ購入を誘導していない限り、App内課金を使用する必要はありません。

※https://developer.apple.com/jp/app-store/review/guidelines/

例えば、Dropboxのようなクラウドストレージ（文書やファイルを保管する）サービスにおいて、ユーザーが有料アカウントを契約していたとします。

アプリが単に「保管しているファイルの中身を見る」といった機能しか持っておらず、そのアプリ上での購入（課金）行為は発生していない、アプリ外への購入導線もない（有料アカウントの決済はこちら、というようなWebサイトへのリンクなどがない）、といった場合は、アプリ内課金を使う必要はありません。

アプリ外で契約された有料アカウントの収益に対して、Apple が手数料を請求することはないと、この規約からは読み取れます。

アプリプラットフォームにおける手数料については、Appleと各国・地域の規制当局が対話を続けています。例えば、日本の公正取引委員会における調査については、Appleが公正取引委員会と合意した内容が世界的な適用となり、手数料に関するガイドライン（3.1.3（a）「リーダー」App）のアップデートをプレスリリースで発信する（2021 年 9 月 1 日 Newsroom※）、という結末を迎えました。

※出所：https://www.apple.com/jp/newsroom/2021/09/japan-fair-trade-commission-closes-app-store-investigation/

そのアップデートでは、デジタル版の雑誌・新聞・書籍・オーディオ・音楽・ビデオの「購入済みコンテンツ」または「サブスクリプションコンテンツ」を提供する「リーダー」アプリケーションのデベロッパは、ユーザーがアカウントを設定または管理できるように、アプリケーション内に自社Webサイトへのリンクを含めることが可能になるということでした。

Shopifyや日本経済新聞、Kindle、Netflixといったコンテンツアプリのうち、Appleが「リーダー」、つまり「コンテンツを消費するためだけの」アプリと定めるものが該当します。

これらのアプリはそれまで、コンテンツの購入やサブスクリプションの契約をWebサイト上で行なう形態にしていた場合も（アプリ内で課金する形にすると、アプリ内デジタルコンテンツの購入なので、Appleの手数料がかかる）、サイトへリンクを置いて誘導することは許可されていなかったのです。制限の「緩和」と見てもよいでしょう。

②手数料が30%ではなく15%のケース

App Storeの決済手数料に関して、30%は高過ぎるのではないか、もっと下げてほしい、という声は長くアプリ事業者から上がっていました。中には訴訟に発展するケースも出てきます（後述）。

このような声に呼応する形で、Appleは特定の条件下で手数料率を30%ではなく15%とする変更を行ないました。

App Store 経由での年間収益が100万ドル以下の場合

2021年１月１日より、Appleは年間収益が100万ドル（約1.4億円）以下の事業者に対して、App Storeの手数料率を15%とするプログラム「App Store Small Business Program」を始めました。これによって、例えば個人のアプリ開発者さんには恩恵を受けられる人がいるのではないかと思います。

注意すべきは以下の点です。

・100万ドルの水準に達するかどうかは、App Storeを通じて配布中の全アプリ収益の累計で判断されます。例えばローンチした新しいアプリはまだ稼げていなくても、別のアプリで100万ドル以上稼いでいた場合は、標準の30%の手数料が課されます。

・１年目は100万ドル以上稼いでいたが、２年目の年間収益が100万ドル未満に落ち込んだ場合は、３年目の手数料率は15%に下がります。

・アプリデベロッパーの収益が期間中に100万ドルを超えた場合には、年間の残り期間については、標準の30%の手数料率が課されます。

類似の取り組みをGoogleも開始しましたが、やや条件が違うので、Google Playのパートで詳しく解説します。

サブスクリプションの2年目以降

App Storeにはアプリ内課金のうち、継続的にユーザーに課金をする「サブスクリプション機能」があります。その場合、以下のような定めがあります。

サブスクリプション登録者の最初の１年間、デベロッパはそれぞれの請求サイクルで、サブスクリプションの価格の70%から税額を差し引いた金額を受け取ります。サブスクリプション登録者の有料サービスの日数が１年分累積されると、デベロッパの純収益率はサブスクリプションの価格の85%から税額を差し引いた金額に引き上げられます。

※https://developer.apple.com/jp/app-store/subscriptions/#revenue-after-one-year

簡単に理解すると、サブスクリプション１年目はディベロッパーは30%の手数料を取られますが、１年以上経過してそのサブスクリプションで継続課金しているユーザーの課金分に関しては、15%の手数料率となります。

③手数料が30%のケース

これまで述べてきたケース以外は、原則App Store標準の手数料率である30%が適用され、課金の手数料としてAppleから徴収されることとなります。

Google Playのガイドライン

次に、Android OSのアプリストアであるGoogle Playで定める手数料を見ていきましょう。

①手数料がかからないケース

Google PlayもApp Store同様に手数料がかからないケースがありますが、この条件は非常によく似ています。Google Play Consoleにおけるポリシーセンターの記載をご紹介します。

以下の場合は、Google Playの課金システムを使用しないでください。
主に以下に対する支払いの場合:

- **物理的な商品（食料品、衣料品、家庭用品、電子機器など）の購入またはレンタル**
- **物理的なサービス（運賃、清掃サービス、航空運賃、ジムの会費、食品の配達、ライブイベントのチケットなど）の購入**
- **クレジットカードの請求、公共料金（有線通信サービス、電気通信サービスなど）に関する支払い**

※https://support.google.com/googleplay/android-developer/answer/9858738

App Store同様、物品の購入やアプリ外で提供されるサービスなどについての購入については、Google Play が提供するアプリ内課金ではなく、独自にクレジットカードなどで決済する必要がある、その代わり手数料は取られない……と読み取れます。

②手数料が15%のケース

Google Play経由での年間収益が100万ドル以下の場合

Appleに半年遅れた2021年７月１日より、Googleは、事業者の収益が100万ドル（約1.4億円）までの課金に対して、Google Playの手数料率を15%とするプログラムを始めました。取り組みとしては前述のAppleの「App Store Small Business Program」に非常によく似ていますが、少し内容が異なるので、注意が必要です。大きな違いは、以下のような形で、少し計算方法が異なります。

・Google Play経由での課金が100万ドルに達するまでは手数料が15%、100万ドルを超えた場合、その超えた分に対して、30%の手数料がかかります。

・Appleは、年間で100万ドルを超えていた場合は、翌年以降の年間0 ~ 100万ドルまでの収益に対して30%の手数料が課されますが、Googleの場合は、前年度または当年度の収益総額にかかわらず、0 ~ 100万ドルまでの収益は一律に手数料は15%です。

参考

Google Play サービス手数料の変更（2021 年）
https://support.google.com/googleplay/android-developer/answer/10632485?hl=ja

すべてのサブスクリプション

Google PlayもApp Store同様、継続的にユーザーに課金をしていくサブスクリプション機能があります。もともとApple同様に、サブスクリプション１年目は30%の手数料を取っていましたが、2022年からは定期購入での収益に対しての手数料は初年度を含めて一律15%としました。

定期購入：15% ―― 定期購入者が購入する、自動更新される定期購入商品の場合。

※https://support.google.com/googleplay/android-developer/answer/112622?hl=ja

Play Media Experience Program

2021年 6 月23日にGoogleは「Play Media Experience Program」を発表しました。この新しいプログラムの対象は、動画・オーディオ・書籍コンテンツを提供しているアプリで、Google が提供するWear OSやAndroid TVなどのデバイス横断で体験できることや、Google Playや開発者アカウントの評価、ユーザー数などの諸条件があります。

この条件を満たしたアプリは、プログラム期間中にGoogle Play手数料が15%（メディア・コンテンツの種類によっては15%以下）になります。

こうした、特定の条件を満たしたアプリに対してインセンティブを与えるような取り組みは珍しく、今後同様の動きが加速するか注目されます。

③手数料が30%のケース

これまで述べてきたケース以外は、基本的にGoogle Play標準の手数料率である30%が適用され、課金の手数料としてGoogleに徴収されます。

POINT

- **アプリ内課金では、Apple（iOS）とGoogle（Android）が圧倒的シェアのプラットフォームを運営しているので、その２社のガイドラインを理解しておこう**
- **AppleやGoogleのガイドラインでは、手数料についてさまざまなケースでの取り決めがあるため、手数料率を抑えられる適用条項がないか、常に更新をチェックしていくことが大事**

アプリ先生コラム⑦

プラットフォーム手数料回避の事例とFortniteの訴え

手数料の問題

AppleやGoogleが提供するアプリプラットフォームのおかげで、みなさんのアプリを誰にでも簡単にダウンロードや課金をしてもらえる基盤ができました。これは当たり前のようですが、よくよく考えるとすごいことです。世界で何十億と出荷されているデバイスに、2つのプラットフォームで公開ボタンを押すだけでリーチし、収益化できる環境ができたのです。

またユーザーにとっても、一度アカウントに決済方法を登録しておけば、課金をするたびに決済情報を入力し直したりする必要なく簡単に決済することができます。クレジットカードなどの情報が複数のアプリ事業者の手にわたることもないので安心です。その利便性と安全性をアプリ開発者に代わって担保してくれている、という側面も無視してはいけません。

一方で、そのアプリプラットフォームに対して、その独占性・排他性を抗議し、手数料に異を唱える事業者も少なくありません。アプリを起点とするビジネスは一般的に利益が高いとはいえ、語弊を恐れずに言えば、AppleやGoogleの手数料で利益を15%～30%も削られている、と思ってしまう事業者がいるのも無理はありません。

AppleやGoogleは、先ほど解説した手数料がかからないケース以外は、原則としてアプリ内課金において、自分たちの決済を利用させるガイドラインを定めています。例えばApp Storeでは以下のガイドラインが有名です（2023年７月現在）。

3.1.1 App内課金

Appのコンテンツまたは機能（例：サブスクリプション、ゲーム内通貨、ゲームレベル、プレミアムコンテンツへのアクセス、フルバージョンの利用）は、App内課金を使用して解放する必要があります。コンテンツや機能を解放するため、ライセンスキー、拡張現実マーカー、QRコード、暗号通貨、暗号通貨ウォレットなど、App独自の方法を用いることはできません。3.1.3（a）の条件を満たす場合を除き、App内課金以外の方法で、ユーザーを何らかの購入に誘導するボタン、外部リンク、その他の機能をAppやメタデータに含めることはできません。

※https://developer.apple.com/jp/app-store/review/guidelines

こうしたガイドラインを守らないと、アプリはAppleによる審査で拒否され、アプリプラットフォームに登録できなくなってしまいます。アプリプラットフォーム経由でダウンロードできないということは、事実上スマートフォンユーザーにリーチできる道を塞がれるに等しいため、事業者は利益率を削ってでも、その条件を飲んでアプリをApp StoreやGoogle Playに登録せざるを得ません。

しかし、こうした手数料を回避するために、あえてアプリでの課金をユーザーの利便性を犠牲にしてでも回避したりする例があります。このコラムでは代表的なアプリを取り上げて、手数料回避の事例をご紹介したいと思います。

代表的なアプリと手数料回避の方法

①Netflix（iOS）

月額会員制のNetflixは、サブスクリプションにつながるメンバー登録をiOSアプリから行なうことはできず、カスタマーサービスへの電話やモバイルブラウザに誘導しています。

②Amazon Kindle（iOS）

Kindleの電子書籍コンテンツは、iOSのKindleアプリやAmazonショッピングアプリでは購入できず、ブラウザからしか購入できない仕様になっています。1ユーザーとしては不便ではありますが、Amazonとしても、Kindleであげた収益の30%を毎回Apple に取られていては厳しいという判断でしょう。

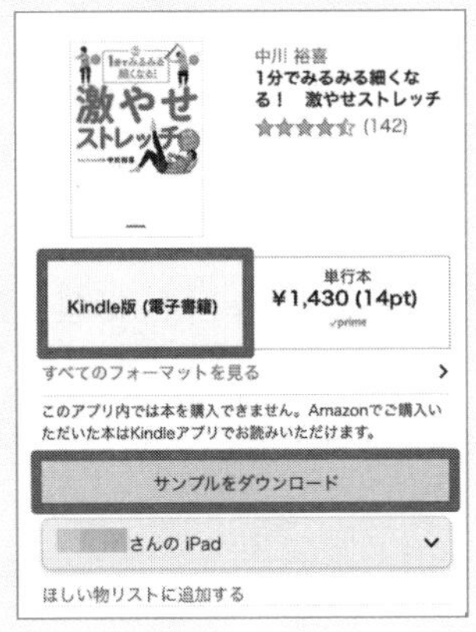

楽天が提供する電子書籍プラットフォームKoboなどでも同じ仕様となっています。

サービスは同じでも、アプリから登録して支払う場合と、ブラウザなどアプリ外から登録して支払う場合で、価格を変える企業もあります。

③YouTube Premium（iOS）

YouTubeを広告なしやバックグラウンド再生で楽しめる「YouTube Premium」ですが、基本プランはアプリで登録すると月額1550円（2023年８月から1680円）、ブラウザで登録すると月額1180円（2023年８月から1280円）となっています。

※参考：Pentagon https://pentagon.tokyo/app/1726/#toc_id_2_3

Fortnite（フォートナイト）の試み

こうした手数料問題に大きな声をあげたのが、Fortniteという人気ゲームや、Unreal Engineというゲーム開発エンジンを提供する、Epic Games社です。

Epic Gamesは、ゲームアプリ「Fortnite」において、アプリプラットフォームを介さずにユーザーが同社へ直接支払いできる決済を提供して、手数料を回避する形でゲーム内アイテムを購入できるオプションを提供しました。手数料がかからない分、ユーザーはそれらのアイテムを通常よりも安く購入できます。

これに対し、AppleやGoogleはガイドライン違反だとして、App Store

やGoogle PlayからFortniteを削除しました。これを受けてEpic Gamesは2020年、AppleとGoogleがその支配的地位を利用して公正な競争を阻んでいると主張し、訴訟を起こしました。

結果、Appleは10件中９件の控訴裁判に勝訴し、Epic Gamesは外部決済導入時に得た1200万ドル（約16億円）の30％をAppleに対し支払うよう命じられました。ただしAppleはその一方で、規約変更のうえ、外部決済を認めるよう指示されています。

またGoogleは2022年、一部地域向けにGoogle Playで第三者の決済システムを試験的に受け入れると発表しました。一方、その場合Google Playが手数料を一切徴収しないという訳ではなく、逆にこれまで手数料を回避していたサービスにとっては新たに手数料が課される懸念が出ています。

こうした訴えは、AppleやGoogleといったテクノロジー業界の巨人がこれまで定めてきた、手数料やプラットフォームガイドラインに対する批判の追い風を受けて、強過ぎるアプリストアに制約の一石を投じることとなりました。海外だけではなく日本でも、関係省庁がプラットフォームの透明性と公正性に関する法律を定めるなどの動きがあり、業界でも大きな注目を集めています。

Chapter

7

アプリマーケティング実践編
- 計測と運用 -

本章では、実践編の続編として、
計測と運用を取り上げます。「計測と運用」と聞いて、
1つの章に値するほど大変なものとは思えない方、
ピンと来ていない方にこそ読んでいただきたい、
非常に重要な章です。

計測と運用の考え方

Chapter 4で、「計測」の基本的な考えやその設計ステップについて解説しました。ここでは、その計測を基にして「広告運用」について考えていきたいと思います。

運用の核となるPDCA

読者のみなさんの中には「計測と運用」と聞いてもピンと来ない方もいらっしゃると思います。ですが、筆者がこのトピックについて１つのChapterを使って取り上げたい理由は、**アプリマーケティングにおいて計測こそが最も“争点”となりやすく、運用こそがマーケティング担当者、ひいてはその企業の“力量が試される”部分**であるからです。

余談ですが、多くの広告媒体の運営企業には、各企業で名前は違えど、運用における「スペシャリスト」というポジションがあります。それは複雑化した広告媒体・プロダクトにおいて、運用を顧客にアドバイスする職能ですが、こうしたポジションが設けられているということは、各媒体の側も顧客が「運用」を正しく行なってくれることに価値を見出している、ということにほかなりません。

当然、それぞれの広告プロダクトはどんどん自動化が進んでいます。それでも、運用という職種、ひいては概念がなくなることはしばらくはないと言っていいでしょう。

運用とは何をする仕事なのか

そんな運用とは何をする仕事でしょうか？　広い概念ではあるので、

十人に聞いたら十通りの答えがあるかもしれませんが、筆者は基本的には次のように考えています。

図7-01　**運用の核となるPDCA**

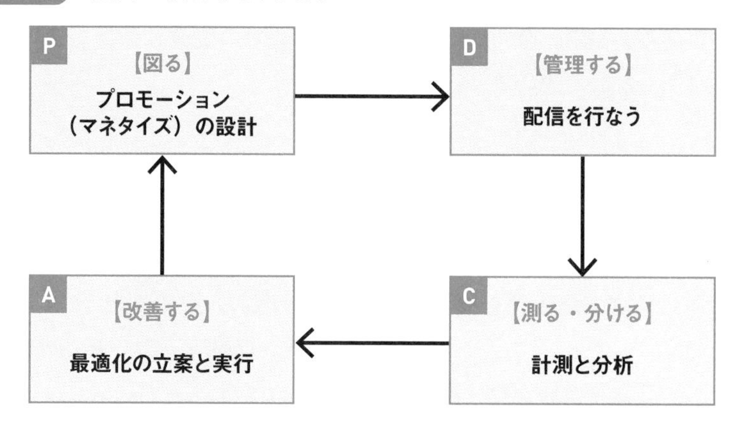

いわゆる、Plan → Do → Check → Action → Plan……というサイクル（PDCA）が運用の核をなすフレームワークです。この中で、みなさんはすでにChapter 5ではメディアプランニング、Chapter 6で広告フォーマットや広告ネットワークの選択、といった「Plan」の部分を学んできました。

しかし、プランニングはあくまで事前の設計や仮説に過ぎません。アプリマーケティングにおいては、圧倒的に「DCA」の実行と循環が重要です。

例えば、あらかじめ検索連動型広告を設定していても、結局のところ指名検索にどのくらいの配信量が出るか（どれくらいユーザーが検索してくれるか）は、やってみないとわかりません。あらかじめ広告単価が高いと言われている広告フォーマットでのマネタイズを選択しても、どのくらいのCPMで稼げるかは、やってみるまでわかりません。

テレビCMのような、運用型ではない「予約型」広告では、一発勝負の側面がより大きいと言えます（CMが予定した通りに流れなかったら大変ですよね）。そのため「Plan」に加えて、広告を出稿する「Do」の部分にも細心の注意を払いながら実行しなければいけません。

一方、運用型広告（本書で取り上げているデジタル広告はほぼすべて運用型です）においては、配信は自動化が進み、どんどん人間の工数が削減されています。しかし初期設定と、改善のための設定変更は行なう必要があり、「Do」を一切行なわなくてもよい、完全に放置でよい広告媒体は多くないと思います。

PDCAの「C」が難しい２つの理由

デジタル広告で高いパフォーマンスを上げ続けるために重要なのは、あらかじめ立てた仮説を検証して最適化（改善）につなげる、CとAの部分です。しかし、アプリマーケティングの世界は、Check（測る）の部分が一筋縄ではいかない独特な理由があります。

ブラックボックス化の進行

１つは、プロダクトによってブラックボックス化がどんどんと進んでいるということです。もともと最適化や改善といった施策は、１つ１つを人間がインプットし、機械がその通りに実行するというものでした。つまり、人間が仕組みを理解していることが前提でした。

しかし、昨今はAI（人工知能）やML（機械学習）と総称されるテクノロジーの進歩によって、プロダクト（プログラム）が最適化作業を代行してくれるようになりました。最適化のレバー（操作可能な変数）や解析すべきデータの量、求められるスピードなどが、人間の能力を超えているため、自動化の流れは不可逆なものでしょう。

自動化が進む代償として、今度は「何が起きているか」を人間が理解できていないまま、目の前に数字（結果）が吐き出されている、という状況になってきています。人間の側がしっかりと事象を切り分けていかないと、誤った理解で誤った策を立てることになりかねません。

機械はどこまで進化しても、人間のインプットに応じたアウトプットしか出してくれません。例えば、後述するアドフラウド（広告不正）を人間が見破ることができず、偽装された成果を「正解」と取り扱うよう機械に指示を出してしまうと、機械は「偽物の成果を最大化する」ようその力を発揮してしまうのです。

ユーザーのプライバシー保護

もう1つは、プラットフォームをまたぐ（クロスプラットフォーム）ユーザー行動の完全な捕捉が、プライバシー保護の観点からどんどん難しくなってきている、ということです。

ユーザーはデジタルの世界で、より多くのWebサイト・アプリにアクセスするようになりました。それらすべてを横断して追跡できれば、事業者側からすると計測も楽になりますが、ユーザー側からは自分のデータを切り売りされるような気分の悪い体験になります。そのため、ユーザーのデータのオーナーシップを持つのはユーザー自身であり、その管理をよりユーザー側でできるようにしよう（事業者側のコントロールをより制限しよう）、というのが世界的な潮流となっています。

これに呼応する形で、プラットフォーム（ブラウザやアプリストア運営企業）はプライバシー保護の策を講じて、ユーザーのデータを保護できるようにしました。これはユーザーにはうれしいことかもしれませんが、事業者側にとっては、これまで自由に取得できたユーザーの属性や行動データにアクセスできなくなる「データの欠損」を意味します。

図 7-02　**ユーザー行動の完全な捕捉が難しい**

ユーザーはデジタルの世界でより多くの Web サイト・アプリにアクセスするようになった

それらすべてを追跡できれば、事業者は計測が楽

ユーザーは自分のデータを切り売りされるような気分の悪い体験になっている

個別にプラットフォーム（ブラウザやアプリストア運営企業）は、プライバシー保護の策を講じて、ユーザーのデータを保護できるように

・ユーザー：「うれしい」「安心」
・事業者　：「データの欠損」

その結果、「成果」の正確な把握が難しくなったり、事象に対する検証が難しくなったりする環境変化が加速しています。ユーザーのデータ（プライバシー）保護と事業者側の計測環境は表裏一体なのです。そこで事業者側としては、より「正しく測る」スキルが重要になってきます。

逆に言えば、しっかりと計測と分析ができていれば、筋のよい改善策を導きやすくなり、企業の競争優位性にもつながります。このChapterでは、そうした計測と分析を取り巻くトピックを学んでいきましょう。

アトリビューションとは？

アトリビューションとは、アプリに流入してきた（インストール）ユーザーの「経路」を特定・分析することです。

ユーザーは、なんの情報も得ずに偶然アプリをインストールすることは（ほぼ）ありません。そこには、次のように、必ずそのアプリをインストールするきっかけがあるはずです。

- 友だちから話を聞いた
- テレビCMを見た
- Webブラウザでそのアプリをおすすめする記事を読んだ
- 別のアプリ上で広告を見てクリックした

もちろん、リアルな友だちとの会話の中ですすめられて、どんな広告にも接触せずにインストールされた実績を、事業者が追跡することはできません。一方、デジタル広告の成果は計測することができます。

しかし、例えばインストールする前にユーザーが「複数の」広告に接触してからインストールした場合はどうでしょう？　どの広告にそのインストールの「手柄」を記録すべきでしょうか？

こうした場合、「最後にApp StoreやGoogle Playにアクセスする誘導をした広告に手柄をつけるべき」といった考えがあります。「ラストクリック」と呼ばれる概念で、Webの時代からデジタル広告はこれを原則としているケースが多いです。しかし中にはそうではないケースもあります。

インストールにたどり着くまでに閲覧や接触をした広告の貢献度を総合的に計測・評価し、どの媒体の広告成果とするのかを決定することがアトリビューションです。簡単なようで、非常に奥深く、議論を呼びやすいトピックです。

アトリビューションを決定するプロセス

そのため、こうした成果の計測には専門のツールがあります。それがモバイルアトリビューションツール（Mobile Measurement Partner = MMP）と呼ばれるものです。ツールの詳細や選び方は次項で述べるとして、ここではアトリビューションを決定するというのはどういったプロセスなのか、解説していきます。

アトリビューションを決定するプロセス

①広告主はMMPから URLを発行し、そのURLを広告ネットワークに入稿します。
②ユーザーが広告と接触すると、そのURLが叩かれて、ユーザーの端末からMMPのサーバーに情報（日時、広告媒体、メディア、IP、ユーザーの広告識別子など）が送られます。
③ユーザーが広告をクリックすると、アプリストアに遷移します。
④ユーザーがそのアプリをダウンロードして、初めて起動したタイミングで、アプリの中に入っているMMPのSDK が、MMPのサーバーにまた情報（日時、アプリのID、IP、ユーザーの広告識別子など）を送ります。
⑤MMPに送信された「広告との接触」および「アプリのダウンロード」の情報を照らし合わせることで、あるアプリを初めて起動したユーザーが、過去何らかの広告と接触しているか、最後にそのアプリの広告と接触したのはいつ、どのアドネットワーク経由で、どのメディアか、といったことがわかります。

アトリビューションにおける注意点

実際の広告運用の局面では、アトリビューションにおいて留意しておくべき点が2つあります。1つは「アトリビューション期間」、もう1つは「ビュースルーコンバージョン」です。それぞれ簡単に解説します。

アトリビューション期間

アトリビューション期間とは、ユーザーが広告に接触してからどれくらいの期間内のユーザー行動を「その広告の成果」とみなすか、というものです。例えば、あるユーザーが広告をクリックした1年後にその商品を購入したとき、その売上は「広告の貢献によるものだ」と言えるでしょうか？　30日後はどうでしょう？　１日後は？

いずれの場合も、広告の影響がまったくなかったことを証明することはできません。いま購入したユーザーが、１年前に見た広告のことを強烈に覚えていた、という可能性を完全には否定できないからです。とはいえ、広告と接触してからの時間は短いほどユーザー行動への影響が大きくなる、と考えるのが自然でしょう。

特にデジタル領域の（ブランド広告ではなく）パフォーマンス広告の場合、成果を厳密に測定できるというのが大きなメリットの１つです。どこまでをその広告の成果とみなすかを「決め」ないといけません。歴史的な経緯やグローバル企業の思惑などが絡みあって、アプリ業界では下記がスタンダードになっています。

クリックスルー：７日
ビュースルー　：１日（24時間）

広告がクリックされてから７日以内、視聴されてから24時間以内に（他の広告に接触せずに）アプリがインストールされたとき、そのインストールは接触した広告の成果であるとアトリビューションツール（MMP）が判断をします。

逆に、その期間を過ぎたあとのインストールは、広告の成果だとは判断されず、成果を紐づけるべき広告がない場合はオーガニック（どの広告の成果でもない）と計上されます。

この期間は、多くのアドネットワークではMMPの管理画面で変えることができます。何日にするのが最適かを決めるポイントは、筆者の考えでは「統計的有意差」および「複数広告媒体を同条件に」です。次のビュースルーコンバージョンのあとで説明します。

ビュースルーコンバージョン

アトリビューション期間の説明に入る前に予告なく出てきたこの単

語、アプリ広告以外ではあまり出てこないので聞き馴染みのない方も多いかもしれません。

ここまで「クリック率」「ラストクリック」といった用語に象徴されるように、広告の成果とみなされる「ユーザーと広告との接触」は「クリック」しかないかのような書き方をしてきました。

しかし実際はクリックだけではなく、広告をユーザーが見て、そのあとアプリをインストールしたというものも成果に含めるというのが、2014年頃から業界のスタンダードになっています。

広告をクリックしてからアプリがインストールされたものを「クリックスルーコンバージョン」と呼ぶのに対し、広告視聴経由でのインストールを「ビュースルーコンバージョン」と呼びます。

広告がクリックされず、見られただけなのに、その後に発生したインストールを成果にカウントするのは、何かしっくりこないでしょうか？

ビュースルーには価値がないのではないか、と考えるマーケターの方は現在でも少なからずいらっしゃいます。ですが、例えばテレビCMや屋外広告などは絶対にクリックされないのに効果がある（と考えているから広告主は出稿している）わけです。

統計的にも、例えばオンライン上のユーザーをランダムに2グループに分けて、片方には広告を視聴させる（クリックはできない）、もう片方には視聴させない、といったテストをすると前者のグループのほうが顕著に多くのインストールをすることを観察できます。

このような、ある変数があったときとなかったときの純粋な影響のことを「インクリメンタリティ」と言い、その調査を行なうことを「インクリメンタリティテスト」と言います。これを正しく行なうためには統計の専門的な知識を持った上で設計する必要があるので注意してください。

また、クリックは（誤クリックや、次のChapterで述べるアドフラウドでない限り）ユーザーが「意図して」行なっているものなので、受動

的な広告視聴よりもアトリビューションにおいて有利に（強く）設計されています。例えば、

クリックスルー：７日
ビュースルー　：１日（24時間）

という設定において、あるユーザーがアドネットワークAの広告をクリックし、３日後に別のアドネットワークBの広告を視聴（クリックはしない）、その５分後にアプリをインストールしたとします。この場合、ラストタッチの原則からはアドネットワークBのほうに成果がつきそうですが、実際にはAのほうに成果がカウントされるのです。

これはビュースルーよりクリックスルーのほうが優先されるように、アトリビューションツールの側で設定されているためです。アトリビューション期間内（上の例だと７日）であれば、広告がクリックされたあと、いくら同じユーザーが別の広告を視聴しても、クリックされた広告が唯一貢献したと見なされるのです。

そのため極端な話、どこかの広告ネットワークがデジタル広告を大量に配信して、ビュースルーを大量に発生させたところで、成果がその広告ネットワークに奪われるという影響はさほど大きくないのです。クリックに比べてアトリビューション期間が短いというのと、どこかの広告ネットワークでクリックしたことがあるユーザーの成果を広告視聴で奪うことができないからです。

悪知恵のある方ならこの説明でピンときたかもしれません。ビュースルーではなくクリックスルーを大量に発生させることは、アトリビューションを自らの媒体につけるうえで極めて有効な手段です。

もちろん、ユーザーに広告をクリックさせるためにコストをかけて広告配信を行なうことや、よりクリックしてもらいやすくなるよう魅力的なクリエイティブを使ったりすることは真っ当なマーケティング活動で

す。

しかし、中には意図しないクリックを誘発する広告の配置、広告フォーマット（触って遊べるプレイアブル広告に偽装した、ただのアニメーションgif画像など）、極めて押しづらい「広告を閉じる」ボタンなど、クリックを稼ぎたいがためにユーザーに不便を押しつけている広告媒体・ネットワークも少なからずあります。

そしてさらに悪質なのが、ユーザーも広告主も気づかないうちに、本当はユーザーが意図的にクリックしていないのに「クリックした」という記録だけを計上させるという手法です。こちらについてはChapter 8のアドフラウド編で詳しくやり口を解説します。

ここでは「ビュースルーに価値がないわけではない」「クリックは価値があるものと盲信していると危険」ということだけ覚えておいてください。

Apple to Appleで比較するという大原則

筆者がアトリビューション期間やビュースルーについてここまで細かく紹介している理由は、みなさんが広告運用をする際、これらの概念を理解していないと意思決定を大きく間違ってしまう可能性があるからです。

広告運用を通じてビジネスの成長を最大限加速させたい場合、パフォーマンスが悪い広告媒体への投資を抑制し、よい広告媒体に多くの予算を割くことが必須です。その逆になると、本来可能だった成長スピードを達成できず、機会損失が発生します。

比較の条件は揃えること

そのため、日常的に広告媒体のパフォーマンスを比較しないといけないのですが、その際に絶対に外してはいけないのが「比較の条件を揃える」ということです。

比較の際に前提条件を同一にすることを「Apple to Apple」と呼び、

条件が揃っていないことを揶揄する表現を「Apple to Orange」と言ったりします。なお、こちらはアプリ広告用語ではなく一般的なビジネス用語で、AppleはiPhone・iOSを開発しているあの会社ではなく普通のリンゴを指します。

例えば図7-03のように、野球でストライクゾーンが狭い（打ちやすい）バッターと広い（打ちづらい）バッターがいて、ヒット数がそれぞれ50本と100本だった場合、どちらがいいバッターだと思いますか？条件が違うので、単にヒット数だけでは比較できないですよね。

図 7-03 **どちらがよい打者か？**

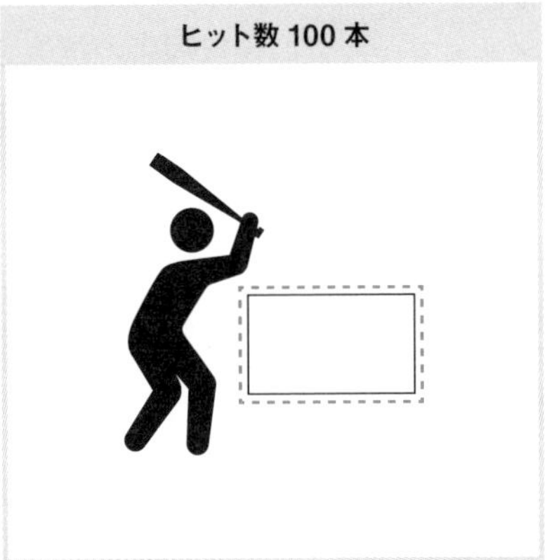

ビュースルーをなしにはできない

これと同じことが、実はアプリマーケティングの世界では日常的に起きています。例えば、アドネットワークごとにアトリビューション期間が違ったり（長いほど有利）、一部のアドネットワークに限ってビュースルーが成果に含まれていたり、といったものです。

このような発展的な内容だけでなく、より根本的な指標も実は定義が広告媒体ごとに違ったりします。例えばインプレッションでは画面に何ピクセル以上、何秒以上表示されたら「表示」とみなすかが違ったり、クリックではユーザーがクリックしていなくても、一定秒数以上動画が再生された場合など、特定の条件を満たせば「クリック」とカウントするケースもあります。

悪意のある一部の広告ネットワークやDSPだけがやっていることではありません。GoogleやMetaやX（Twitter）などの大手プラットフォーム企業も、例えば「途中スキップ可能な動画広告を10秒以上（10秒未満の動画であれば最後まで）視聴したら、ビュースルーではなくてクリックスルーとみなす」といった独自のルールをそれぞれ設けています。設定変更できる範囲も限られています。

細かい仕様は今後変わる可能性があるため、ここで詳細に記載することは差し控えます。各社のヘルプセンターなどを見たり、アトリビューションツールや広告代理店の担当者に問い合わせたりして、常に最新の情報をキャッチするように心がけましょう。

したがって、すべての広告媒体を完全に同じ条件で比較することは難しいというのが結論になるのですが、その状況下でも各社の定義・ルールを正確に把握したうえで、できる限り近い条件に揃える努力をすべきです。

Big Tech企業がビュースルーをなしにできない以上、他のアドネットワークやDSPについてもビュースルーを成果に含め、アトリビューション期間を揃え、インプレッションやクリックなどの定義が他と違う場合は揃えるよう広告媒体と交渉する（できない場合は、合理的な係数をかけて極力公平な評価をする）、といった「地ならし」をプロモーション開始前に必ず行ないましょう。

そして、評価基準を関係各所にも共有し、目線を合わせておくと、あとから誤解が生じづらいのでなおよいですね。

POINT

◉アプリマーケティングで多用される「運用型広告」においては、配信後の成果計測・検証・改善という循環が不可欠
◉成果計測では「アトリビューション」という、アプリをインストールしたユーザーの経路特定・広告効果分析が重要

モバイルアトリビューションツールを使いこなす

アプリプロモーションの世界では、「このインストールの『成果』は誰のものか？」ということが深い議論になります。アトリビューションツール（MMP）は広告キャンペーンを行なうマーケターには欠かせないものですので、しっかり選んで活用できるように学んでいきましょう。

モバイルアトリビューションツールとは

アプリ広告における効果測定・ユーザー分析においては、今やほとんどのマーケター・アナリストが使っていると言っても過言ではないツールが、AppsFlyer や Adjust といった、モバイルアトリビューションツールです。業界では、Mobile Measurement Partnerを省略して「MMP」と呼ばれることが多いですが、他には「トラッキングツール」や「SDK」と呼ばれることもあります。

これらのツールでは、代表的なものをあげると以下のようなことを行なうことができます。

配信した広告効果の計測

・インプレッションやクリック、インストールといった直接的成果の計測

・CPI・ROASといった分析指標の計算

ユーザー行動の分析

・チュートリアル突破や会員登録など、アプリインストール後のアク

ション（イベント）の計測
・課金イベントの回数や金額の計測、LTVの計算

その他

・アドフラウド（不正な広告）の検知・防止

モバイルアトリビューションツールの選び方

こうしたツールを提供している事業者として代表的なものが、先に名前をあげたAppsflyerやAdjustといった企業です。Mobile Measurement Partner（MMP）と呼ばれるこうした企業が提供するツールを、どう選んでよいかわからないといった質問をいただくことがあります。

それらのツールは機能面においては、細かいところで差異はありますが、主に使われる機能はいずれもサポートされています。ここではモバイルアトリビューションツールを選ぶうえで筆者が注意すべきと思うポイントを書いていきます。

自分が使用する広告媒体のサポート

MMPで最も重宝する機能は、やはりアトリビューション（広告効果の測定）です。主要媒体（Google、Metaなど）への対応はもちろん、自分が利用したい・している広告の効果測定対応がしっかりできているか？　という点はまず確認すべき事項です。

とはいえ現在主流のMMPは、主要な広告媒体はほぼすべてカバーしているので、この点はあまり心配しなくてもいいでしょう。

ユーザーサポート体制と多言語対応

海外のツールを使うとありがちなのが、お問い合わせはメールのみ、しかもその問い合わせメールも英語で書かなければいけない、がんばって書いたはいいものの返事がない……といった事態です。

モバイルアトリビューションツールは、アプリにSDKを組み込み（定

期的にアップデートすることが推奨される）、正しく計測ができているか確認し、ときどき変わる媒体の仕様に対応して設定を調整し、よりよい計測環境を研究する、など日々の対応が必要です。

一度入れたら終わりではなく、ツール自体もまた「運用」をしていかなければいけないのです。

その観点では、望ましいのはそのツールが日本発であること、なのですが2023年現在、日本発のモバイルアトリビューションツールは存在しません（Chapter 3に「計測ツールの栄枯盛衰」としてその歴史を記載しました）。したがって、日本オフィスがあり、日本語で対応してくれる担当者がいること、日本語のヘルプページなどの情報が充実しているということ、などが非常に重要なポイントだと考えています。

そのツールの市場シェア（≒そのツールが持っているデータ量）

これは賛否両論あるかもしれませんが、このモバイルアトリビューションツールにおいては、いわゆる大手を選んでおきたい、というのが筆者の意見です。なぜかと言うと、そのツールの市場シェアが高いということは、そのツールが多くのクライアントに使われ、たくさんアプリや広告のデータを蓄積しているということだからです。そのことがどう重要なのでしょうか？

昨今、ユーザーのプライバシー保護の観点や広告媒体から掲載先メディアからMMPなどサードパーティツールへのデータ連携・共有がより制限されています。その中でアトリビューションについても、各ユーザーの行動を正確に把握することが難しくなり、蓄積したデータから統計的に推測する、確率論に基づいたモデリングによる計測を提供する、といったことが業界で主流になってきているのです。

そのため、多くのクライアントに採択され、推計の元となるデータを持っていることは、モバイルアトリビューションを生業とする企業にとって、より正確性の高いデータを提供できる、という優位性につながると言えます。

必要な特殊機能への対応

先ほど、主要な機能はほぼすべてのMMPでカバーされていると書きましたが、中には一部のツールでしか対応していない機能もあります。具体例は割愛しますが（本書が出版されている頃には対応されているかもしれないため）、自社がアプリでやりたいことを明確化し、MMPに求める仕様まで落とし込んだうえで、その機能が検討しているツールで実現可能かどうかを確認しましょう。

モバイルアトリビューションツールは複数の事業者が提供していますが、筆者の体感では、日本においてはより「AdjustとAppsFlyerの２強」という状況になっています。特段の理由がない限り、MMPの検討はこの２社から始めてみるといいでしょう。両社ともに日本オフィスがあり、日本語で対応可能なスタッフがいます。

AppleによるATTの導入

先ほどから何度も出ているユーザープライバシー保護の文脈で、2021年４月にApple は「App Tracking Transparency」略してATTというフレームワークを導入しました。これは、Appleが提供する広告トラッキングの許諾を行なうためのシステム、およびフレームワークのことです。

後述のアプリ先生コラム⑨「IDFA問題」でも書きますが、これまではユーザーに拒否されない限り原則自由に使えていたモバイル端末の「広告ID（識別子）」（iOSではIDFA = ID For Advertisingと言う）が、ユーザーの明示的な許諾がないと原則利用できなくなりました（補足ですが、拒否されない限り原則は利用可能なものを「オプトアウト」、逆に明示的に許可されない限り原則は利用不可なものを「オプトイン」と一般的に呼びます）。

トラッキング目的でユーザーのデータを収集する場合、アプリ開発者はATTを実装し、ユーザーから許諾を得る必要があります。みなさんもアプリの初回起動時に「あなたのアクティビティをトラッキングすることを許可しますか？」というポップアップを見たことがあるでしょう。諸説ありますが、IDFAの利用を許諾しているユーザーの割合は、全体の1～3割程度と、かなり限定的だと言われています。

これによって、従来モバイルアトリビューションツールが行なっていた、「広告と接触した人のIDFA」と「アプリをインストールした人のIDFA」をマッチングさせるという計測手法が使えなくなってきました。広告と接触している側と、インストールされた側の両方のアプリでIDFAの利用が許諾されないと、片方だけではマッチングが成立しないためです。

ATTの許諾率を多めに30%と見ても、2つのアプリの双方で許諾している確率は単純計算でわずか9%（30% × 30%）で、10件のインストールのうち9件はIDFAによる計測ができないことになります。

2023年現在、この状況に対する策は2つあげられており、1つは確率論的モデリング、もう1つはAppleが提供するSKAdNetwork を利用する手法です。多くの方には何のことやらわからないと思いますし、モバイル業界の中でさえ、正確に理解している人がどれぐらいいるか定かではありません。それくらい複雑で、かつ更新頻度の多いトピックなのです。

ここでは今後変更される可能性が高い細部の仕様についての説明は割愛し、原則論のみを紹介します。細かい点は広告事業者やモバイルアトリビューションツール事業者が定期的にブログやウェビナーで解説してくれているので、そちらをチェックしてみてください。

確率論的モデリング

確率論的モデリングとは、MMP各社がそれぞれ開発した技術で、機械学習を活用して広告キャンペーンのパフォーマンスを推定する統計的手法です。IDを含むユーザーを特定する情報を一切取得せずに、IPアドレスや端末情報（端末メーカー、OSバージョンなど）などの情報を統計分析することで、どの広告媒体からインストールがもたらされたかを推定する手法になります。

100%正確にユーザーを「特定」することはできないとはいえ、概ね90%以上の正確さでユーザーの流入元を「推定」できるとも言われています。肌感覚では、2023年8月時点では大多数のアプリ事業者が、この方法で計測された数値を「正」としているようです。

課題があるとすれば、現在確率論的モデリングで使用しているシグナル、例えばIPアドレスなどが、Appleのさらなる制限強化によって使用できなくなった場合に、推定の正確性が大きく損なわれる可能性がある点です。Appleはフィンガープリンティング（「指紋」の意）と呼ばれる、ユーザーの許諾をとらない統計的なトラッキング手法を制限したい意向があるようで、その適応範囲がどこまでなのか、今後どの程度の厳しさで規制をかけてくるのか、などは不透明です。

SKAdNetwork（SKAN）

一方、SKAdNetwork（よくSKANと省略表記されます）はATTと対になる、AppleがiOS14以降で公式に提供している広告トラッキングの仕組みです。ユーザーの個人データを広告主に公開することなく、広告キャンペーンの効果を測定できるようにするプライバシー保護フレームワークです。

SKANでは、広告ネットワークはアプリのインストールとインストール後のイベントに関するデータを、「集計され」かつ「匿名化された」方法で受け取る形になり、広告主は限られた量のデータだけが提供されることになります。

要するに「細かい中身は教えないけど、合計すると成果はこれだよ」というざっくりとしたデータだけが提供される、Apple公式の計測手法と理解しておけば概ね合っています。

SKANの課題

確率的モデリングがあくまで「推計」データであるのに対して、SKANは「実際の」データなので、理論上はSKANのほうがより正確になるはずです。ですが実際には、SKANにはローンチ当初から下記のような課題があり、多くの広告主は導入に慎重な姿勢をとっています。

限られたデータ

SKAdNetworkが広告主に提供するデータは、キャンペーンIDとコンバージョン値のみと限られており、ユーザー行動の把握やキャンペーンの最適化が困難なので、広告運用への活用が難しい場合があります。

野球にたとえると、最終スコアだけ教えてもらえても、選手それぞれの打撃成績や投球内容がわからないと次戦のメンバーを組めない、というイメージです。

レポーティングの遅延

SKAdNetworkでは、コンバージョンデータが広告主に報告されるまでに最大で24～48時間かかるため、キャンペーンの最適化や意思決定が遅れる可能性があります。ユーザープライバシーに配慮した措置ですが、こちらも広告運用の現場への活用を難しくします。

野球にたとえると、もうおわかりですね。最終スコアを教えてもらえるのさえ、試合が終わった24～48時間後ということです。翌日の試合のスタメンを考える参考にできるのは、その試合の２～３日前までの試合結果です。

ユーザーレベルのデータ追跡が不可

SKAdNetworkでは、広告主はキャンペーンレベルのデータしか追跡できないため、アプリのインストールやインストール後のイベントを超えて、個々のユーザーの行動やアクティビティを追跡することができません。

MMPではできていた、広告ネットワークをすべて合算した「広告経由で獲得したユーザー」や、広告経由以外でインストールしてくれたものも合わせた「すべてのユーザー」の、継続率や課金率といった指標は、SKAdNetworkで計測することはできないということです。

アトリビューション期間の制限

SKAdNetworkでは、アプリ内イベントのうち計測可能なのは、インストール後24～48時間のアトリビューション期間に起きたものだけです。例えば、インストール後1週間以内に発生するイベントの成果を計測したい、といった広告主のニーズに対しては十分ではありません。

このように、制限が非常に多いSKAdNetworkですが、必ずしもSKANの効果がない、あるいは使うべきではないということを意味するものではありません。また、MMPとどちらか「だけ」を使うのではなく、どちらかをメインとしながらも、両方の数値をモニタリングしているという広告主も増えてきています。

SKAdNetworkは継続的に仕様がアップデートされており、ここで紹介した課題がいずれ解決されるかもしれません。広告主は最新の情報を取得し、制限やメリット・デメリットを理解したうえで、キャンペーンの成功に向けた最適な計測方法を選択することが求められます。そのために、測定パートナーや広告代理店などの専門家からの情報発信にアンテナを立てておいたり、相談できる関係を作っておくことも有効でしょう。

ユーザー行動やエンゲージメントにより特化したアプリ内解析

さて、ここまでは広告プロモーション・LTV分析などで中心となるアトリビューションについて説明してきました。

一方で、マーケターにとって重要なのはユーザー獲得だけではありません。獲得後のユーザーに対して、いかにアプリを継続して利用してもらうか、そしてビジネスですからアプリでお金を使ってもらうか、を設計・運用するのも、獲得と同じくらい重要な仕事です。

そのためには、ユーザーが現在どのようにアプリを使っているのか、どこかにユーザーの体験を阻害している点はないか、を把握することが重要です。自社でユーザー行動を解析して課題を抽出するのも１つのやり方ではありますが、世の中には当然そのために便利なツールがあります。

そうしたツールで、日本で特によく使われるものをいくつか簡単に紹介していきましょう。

Webサイトとアプリをまたいだ分析ができる、Google Analytics for Firebase

Google社が提供するツールとして、特にWebの世界では圧倒的に使われているGoogle Analyticsですが、アプリ向けにも利用することができます。

Google Analytics for Firebase

※https://firebase.google.com/docs/analytics?hl=ja

Google Analyticsは、もともとWebサイトの解析のために、スクリーンビューベース、つまりユーザーがそのWebサイトの画面を見ている状態を起点として計測を行なっていましたが、2020年にそれを刷新したGoogle Analytics 4（GA 4）が登場しました。

刷新という言葉を使ったのは、それまでのスクリーンビューベースから、イベントベースに計測のあり方が変わったからです。なお巷では、GA 4以降と区別して、それまでのバージョンである旧Google Analyticsを「ユニバーサルアナリティクス」と呼んだりしています。

GA4でどのように変わったのか

それでは、このイベントベースでの計測となったGA 4では、それまでと大きくどこが変わったのでしょうか。

1つは、Webサイトとアプリをまたいだ分析ができる、ということです。ユニバーサルアナリティクスでは、Webでのユーザー行動とアプリでの行動は別々で計測されていましたが、GA 4からWebサイトとアプリそれぞれでのユーザーの行動を1つに統合できるようになりました。

Googleがもともとこのアプリ行動の計測ツールとして提供していたのがFirebaseというツールです。Firebase自体は、単なる計測ツールではなく、Google Cloud Platformの開発基盤の一部として、アプリ開発にまつわる幅広い機能を提供するものです。

その中で、特徴の１つとしていたのがイベントベースでの計測（カスタムイベントログ）でした。先述のGA 4は、Google Analytics for Firebaseをベースとしており、もともと「アプリ＋ウェブプロパティ」という名前でした。つまり、Firebaseを使ってアプリ計測に用いられていた仕組み（イベントベースでの計測）を、もともとWebから出発したGoogle Analyticsが取り込み、Webとアプリで統合されたより自由度の高いユーザー行動の分析ができるようになった、というのが背景です。

Google Analytics及びFirebaseは、自分たちでイベントをアプリに仕込み、それを計測できる環境が整っています。一方で、マーケターにとっては、一定の設計知識とエンジニアチームとの協力体制を持つ必要があります。

自由度が高い、というメリットがある代償として、それを使いこなすには学習が必要、というデメリットも存在します。特にFirebase周辺の情報はエンジニア向けであることが多く、非エンジニアであるマーケターにとってはやや理解しづらい・調べづらい領域である側面は否めません。玄人向けのツールであるとも言えるでしょう。

ユーザーとのコミュニケーションを加速させる「Repro」

Reproは、リプロ社が提供するカスタマーエンゲージメントプラットフォームであり、「Webとアプリの売上最大化ソリューション」と銘打たれています。もともとアプリの解析ツールから出発しましたが、現在はWebにも対応しています。

Reproを使うことで、Webサイトやアプリにおいて、ユーザーの行動データを分析でき、Web・アプリ内で適切な「コミュニケーション」をユーザーと取ることができるようになるのが大きな特徴です。

ユーザーとコミュニケーションと言っても、個別に直接メールや電話

で連絡するというわけではありません。例えばアプリであれば、

- こういった行動をしているユーザーに、この案内のポップアップを出そう
- 何時にこんな内容のプッシュ通知を送ろう
- メールアドレスを取得しているユーザーにクーポンつきのメールを送ろう
- こういう購買履歴があるから、こうした商品をレコメンドしよう

といったように、データをもとに特定のコミュニケーションを取る仕組みを構築できるわけです。

これにより、ユーザーがそのアプリを使う時間をより長くする、消費行動をより多く取るようにする、といった効果が期待できます。もちろん施策を打って終わりではなく、結果をもとに改善を行なうことが求められます。

Repro

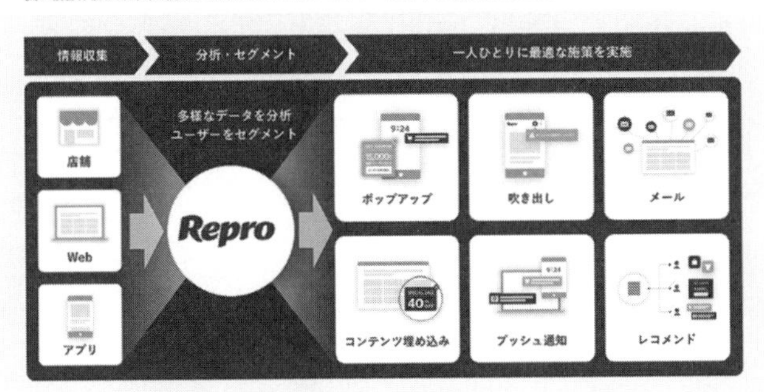

※https://repro.io/

顧客体験プラットフォーム「KARTE」

KARTEは、プレイド社が提供する「CX（顧客体験）プラットフォーム」です。Webサイトやアプリを利用する人をリアルタイムに解析・可視化しつつ、ユーザー行動分析（顧客理解）とパーソナライズされたコミュニケーションを実装することができます。もともとは「Web接客」というコンセプトからスタートしましたが、現在はアプリにも対応しています。

と概念的な説明をしても、いまいちピンとこないかもしれません。顧客体験プラットフォームとは、具体的にどういったことができるのでしょうか？　王道の例としては、

・Webサイト・アプリユーザーへのコミュニケーション
　※Reproと似ていますね！
・ユーザー行動分析を基にした、サイト更新・改善
・ユーザーを導くチャットサポート

などがあげられます。また、こうしたユーザー行動分析から、Webサイト内外での顧客データ活用として、顧客獲得部分で広告配信を最適化したり、マーケティングオートメーションにも役立てられるようになっています。

KARTE

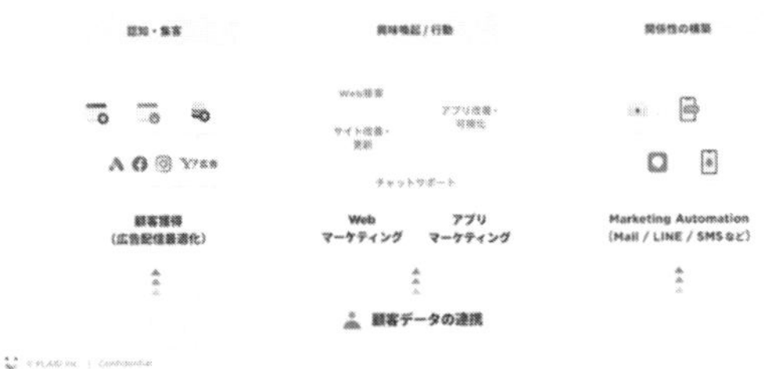

※https://karte.io/

POINT

- モバイルアトリビューションツール（MMP）は機能面のほか、広告媒体の対応やユーザーサポートなどの視点から自社に合うものを選ぼう
- インストール後のユーザーエンゲージメントなどを改善していくには、アプリ内の解析を行なう「Google Analytics」「Repro」「KARTE」といったツールも有効

アプリ先生コラム⑧

プライバシー保護とサードパーティCookie

Cookieについて

この原稿を執筆している2023年現在、アプリのプライバシー規制は強化されつつあります。2018年にEUでGDPR（General Data Protection Regulation＝一般データ保護規則）が、2020年には米国カリフォルニア州消費者プライバシー法（CCPA）が施行されました。

また、モバイル端末のOS（iOS、Android）やブラウザ（Safari、Chrome）を提供しているAppleやGoogleといったプラットフォーマーが、ユーザープライバシーに関連する規約を改訂したり、取得できるデータに制限をかけたりといった動きが続いています。

Apple、Googleともにカリフォルニア州に本社をかまえていることと、欧州でビジネスを行なっていることもあり、前述の法律の規制対象になるという影響もあるでしょう。

こうしたプライバシー保護の動きは、先にWebのエコシステムから始まりました。「Cookie」という仕組みをご存知でしょうか。これは、ユーザーがWebサイトを閲覧する際に、情報を一時的に保存しておくという、ブラウザにおける機能です。

アプリではなくWebについての話ですが、この文脈を理解しておくことで、アプリの世界で起きている各種の規制の背景がわかったり、今後どのような流れになるのか想像できるようになったりします。発展的な内容ですが、興味のある方は読んでみてください。

例えばみなさんがECサイトなどでログインするときに、自動的に自分のIDやパスワードを入力してくれる機能をお使いになった経験はないでしょうか？　もしくは、購入・決済プロセスの途中でブラウザを閉じても、再度そのECサイトにアクセスしたら途中までデータが保存されている、といった経験をした方もいるかもしれません。便利ですよね。

こうした、情報をブラウザに保存する仕組みに使われているのがCookieです。このCookieが果たしてきた1つの大きな役割が、ターゲティングやトラッキングといった広告に対する用途です。運用型広告の事業者は、このCookie を大いに活用してきました。

図　**Cookieのしくみ**

Cookieには２つの分類があります。

先ほどのECサイトの例であげたような、自社が保有するWebのドメインにおいてデータを取得・保存するため、自社で発行したCookieを「ファーストパーティ Cookie」と呼びます。それに対して、Webドメインを保有する事業者以外、例えば第三者の広告サーバなどが発行するCookieを「サードパーティ Cookie」と呼びます。

大きな違いは、後者はドメインを「横断」してWebサイトでのユーザー行動などの情報を統合的に取得・保存することができる仕組みを持つということです。

デジタル広告においては、このサードパーティ Cookieの仕組みを利用し、ユーザーの属性やWebサイトの閲覧傾向を分析し、広告配信におけるターゲティングの精度を高めてきました。

例えば、あなたがマンションの購入や賃貸を検討していて、不動産関連のWebサイトを多く見ているとしましょう。ネットサーフィンをしていくと、その情報が取得され、まったく別のWebサイトで広告が配信された際に、以前見たマンション（あるいはそれと類似したマンション）の広告が配信されるようになります。

つまり、ユーザーが不動産情報サイトに訪れた際にCookieが記録され、その後まったく別のWebサイトで広告がリクエストされた場合に、「この人（Cookie）は、最近マンションのサイトを訪れた人です！　興味がありそうなので、マンションの広告を出しましょう」と、個人の過去の行動や興味関心に基づいた広告を表示するようになっているわけです。

これを気持ち悪いと感じる方もいるかもしれません。こうしたサードパーティ Cookieに対して近年、気持ちの悪さという感情的な観点からだけでなく、プライバシー保護の観点から規制が強化されるようになりました。

2つの規制の方向

ここで、規制を説明するにあたって2つの方向に整理したいと思います。1つは国・地域の政府によるプライバシー保護に関する対策（法令などによるもの）、もう1つはプラットフォーマーによる技術的な規制です。

国・地域の政府による規制

前者はコラム冒頭で触れた、EUで適用されるGDPR（General Data Protection Regulation＝一般データ保護規則）が代表例です。GDPRの施行は、「EU諸国外からEU内にサービスを提供する事業者」も罰則の対象であり、制裁金が高額なこともあって、プライバシー保護の流れを世界的に加速させるきっかけとなりました。

余談ですが、EUがこういった規制強化に積極的な背景は、ヨーロッパの国や国民の人権に対する意識がもともと高いというのに加え、GAFAに代表されるアメリカ発の大手プラットフォーム企業が「自分たちのデータで巨額の利益を上げている」ことに対する反発意識があったとも言われています。実際には、ヨーロッパの広告主もこの技術の恩恵を受けていたわけなので、100%アメリカ企業の利益にしかなっていなかったわけではないと筆者は思いますが。

GDPRはIPアドレスやCookieなどのオンライン識別子も個人データとみなして規制の対象にしており、事業者がEU域内でCookieを利用する際には、ユーザーからの同意取得を義務化しています。アプリ広告における広告ID（iOSのIDFA、AndroidのGAID = Googler Advertising ID）も同じ取り扱いになるため、EU圏のユーザーにアプリを使用してもらう際には、必ずこれらの識別子を取得する許諾を取らないといけません。

最近、Webサイトを訪れたときに「このサイトにCookieの利用を許可しますか？」というポップアップが出てきて、意味がわからずに困惑した経験をお持ちの方もいるかもしれません。これはまさに「あなたの個人情報であるCookieを取得・保存してよいですか？」と、Webサイト保有者がユーザーに許諾をとるプロセスです。

この同意に対して「拒否する」を選択したユーザーについては、これまでどういったサイトにアクセスしたかといった情報や、そこから推測していた個人の興味関心などのデータが利用できなくなるため、ターゲティングの精度が極めて低くなってしまいます。

プラットフォーマーによる技術的な規制

国や政府機関の規制に対応して、あるいはそのさらに先を行く形で、プラットフォーマーと呼ばれる大手のインターネットサービス企業もさまざまなプライバシー保護の施策を打ち出しています。その代表例がAppleです。筆者は個人的に、Appleが近年「プライバシーを守る」という点だけにフォーカスしたテレビCMを打ち出してきたことに驚き、その本気さを感じました。

PCにおけるmacOSやスマートフォンにおけるiOSなど、OSレベルで高いシェアを誇るAppleは、それらOSに搭載されているブラウザ「Safari」でITP（Intelligent Tracking Prevention）という機能を開発・強化し続けてきました。

ITPは、ユーザーのプライバシー保護を目的として、Webサイトのデータ取得（トラッキング）を防止する機能です。具体的には、2020年３月に更新された「Full Third-Party Cookie Blocking and More」という宣言で、Safariブラウザにおけるサードパーティ Cookie の取得は完全にブロックされることになりました。

さらに、2020年９月にリリースしたiOS14では、iOSにおいてSafari以外のブラウザもITPの対象とし、Google Chromeなどはもちろん、X（Twitter）やLINEといった他のアプリに搭載されているアプリ内ブラウザ（ウェブビュー）においてもITPが適用され、iPhoneユーザーからのサードパーティ Cookieは取得が難しくなりました。

世界的に、現在のWebサイトはモバイルからのアクセス流入が圧倒的で、さらに多くの国でAppleのiPhoneはスマートフォンのトップブランドです。特に日本では、世界的に見てもiPhoneの市場シェアが極めて高い国なので、こうした技術的な規制は日本のデジタル広告エコシステムに大きな影響を与えたと言っていいと思います。

AppleだけでなくGoogleもChromeブラウザにおけるサードパーティCookieの取得をいずれ禁止するというアナウンスを出しています（ただし期限については延び延びとなっています）。今後は、Webサイトや企業をまたいだ個人情報の共有規制は強化され、よりファーストパーティデータの重要性が増していくでしょう。

広告主にとっては、独自のデータを保有する媒体の広告や、ファーストパーティデータを価値に転換できるテクノロジーの重要性が高まっていくと考えられます。

アプリ先生コラム⑨

IDFA問題

プライバシーの規制はどんどん強まっていく

コラムが続きます。1つ前のコラムでは、Webにおけるプライバシー保護の流れについてご紹介しました。では、アプリ業界ではどうなのでしょうか？

結論から言うと、こうしたプライバシーにまつわる規制はアプリ広告においても加速しており、今後も世界的に規制強化の方向に進み続けると考えられます。日本でも、デジタル時代に対応する目的で個人情報保護法の改正が2022年4月より施行されました。

今後の方向性として、「個人情報」とされるものの範囲がユーザーの名前や住所といった「個人を直接特定できるもの」に限らず、インターネット活動に関連する情報まで広がっていく可能性が高いです。

つまり、インターネットにおける閲覧履歴・検索履歴だけでなく、たとえば位置情報のデータや、IPアドレスといった識別子などを含むようになっていくということです。

従前は、事業者は原則として自由に個人情報を取得したり利用したりできていて（オプトアウト）、「ユーザーから申し立てがあったら取得した個人情報を削除する」といったことに応じればよい、という程度の緩やかな規制しかありませんでした。しかし、ここ数年ユーザー側の権利をより強くし、個人の情報を自身でコントロール可能にするべく規制の強化が進んでいます。

具体的には、事業者はプライバシーポリシーを公開する必要があるだけでなく、「事業者が集めている情報をユーザーが認識しやすい形で明示する」「情報を取得する前にユーザーの許諾をとる」そして「ユーザーが拒否したら個人情報を取得しない」（オプトアウト）などの対応が進みました。

その代表例であり、アプリ事業者にとって特に影響が大きいのが、iOS（Apple）におけるIDFA、Android（Google）におけるGAIDに関する制限です。IDFAはID for Advertising、GAIDはGoogle Advertising IDの略で、いずれも広告に使うためだけに作られた識別子です。

スマホが世に出たばかりの頃はこの識別子は存在せず、当時はデバイスID（工場出荷時からモバイル端末それぞれに付与された固有のID）が広告のターゲティングやトラッキングにも使われていました。

しかし、それだとユーザーが識別子をコントロールすることが難しいという問題がありました。例えば、過去に取得されたデータをそれ以上活用されないようにIDをリセットしたり、トラッキングを制御したりといったことができません。

また、自分のデータをアプリ事業者に取得されるのを止められない、広告に延々追いかけられるのを制限できない、などユーザーのデメリットが顕在化していました。

こうした背景から、2013年にAppleが提供するiOSにおいてIDFAが、Googleが提供するAndroid OSにおいてGAIDが広告への利用に特化した識別子として新たに作られ、広告のトラッキングやターゲティングにはそれらの識別子以外は使ってはならない、という規約が制定されました。

ユーザーはさまざまな形で自身の広告識別子を使ったコントロールが可能です。例えばIDをリセットしたり、特定の事業者やアプリがIDにアクセスするのを禁止したり、といったことです。

2021年の春に配布が開始されたiOS 14.5以降で、このユーザー保護がさらに強化されました。IDFAはこれまで「事業者はデフォルトで取得・利用可能」「ユーザーが制限をかけた場合に限って使えない」という“オプトアウト”方式（ユーザーが拒否しない限りはOKとみなす）だったのが、「デフォルトでは利用不可」「ユーザーが明示的にOKしたときだけ使ってもよい」という“オプトイン”方式（ユーザーがOKしない限り拒否されたものとみなす）に変更されたのです。

新しくアプリをインストールして起動した直後に、こういったポップアップを見たことがある方も多いのではないでしょうか。

※https://support.apple.com/ja-jp/HT212025

IDFAは、iOSで広告を行なう広告主やアドテク事業者にとって、ユーザーの識別を厳密に行なうために唯一利用を許されたシグナルです。

これが使えないと、広告を見ている人や、広告を経由して行動を起こした人が誰なのかがわからなくなるので、例えば“人ベース”でのターゲティング広告は使えなくなります。特にリターゲティングやリマーケティングといったソリューションは大きな影響を受けました。「人を特定する」ことはSNS広告のターゲティングにおいても肝になるので、Metaをはじめとする SNSプラットフォームのアプリ広告部門も少なからぬ影響を受けました。

また広告効果の計測も、これまでと同じようにはできなくなりました。IPアドレスやデバイス情報といった、広告ID以外の取得可能なシグナルを組み合わせて推定的なアプローチを行なう計測手段（確率論的モデリング）もMMPから提供されていますが、IDFAと比べると多少は精度が落ちてしまいます。

実際どれぐらいのユーザーが「私のIDFAを取得してもいいよ」とオプトインをしているのでしょうか？　いくつかの調査がされていますが、例えばSingularという米系の企業が行なった調査データによると、いずれの国でもオプトインをしているユーザーは半分以下、日本では25%程度となっているとのことです。

アプリ広告がなくなるわけではないので、アプリのアドテク企業がこれによって完全に滅びるわけではなく、また受ける影響も会社によって異なります。

前述した推計的な計測や、インクリメンタリティ（トラッキングツール上のインストール数だけでは捕捉できない、特定の広告によって「純増」したインパクトを計測するための統計的な手法）といった新しい測定手法、それらを元に機械学習で広告効果を高めるテクノロジーなど、プライバシー規制に準拠しながら広告主の広告効果を高める技術開発が進んでいます。

高プライバシー時代の2つの注意点

AppleのiOSだけでなく、GoogleのAndroid OSでも広告IDに依存しない「Privacy Sandbox」という新しい技術が目下開発されており、プライバシー規制の強化は不可逆な流れと言ってもいいかと思います。こういった措置に対して、アプリ事業者は大きく２つの点をあらためて認識する必要があります。

１つ目はグローバル展開における注意点です。世界各地で政府によるプライバシー保護に関する規制が同時並行で進んでいます。日本の会社がデジタルサービスを海外に展開しようとしたとき、現地での規制を遵守した状態にしておかないと、制裁を受ける（巨額の罰金などを取られる）リスクがあります。各地の法令をしっかり把握していく必要があります。

２つ目は、PCやスマホにおけるOSや、コアとなるアプリケーションであるブラウザといった基盤を提供しているのが、AppleやGoogleをはじめとした海外企業であり、彼らが決めたルールに左右されるということです。最新の情報に追いついていかなければ、常に時代遅れの措置を講じているような状態になりかねません。

こうした規制強化の波の中で、自分たちのアプリを広げたい・宣伝したいと考える企業やマーケターにとってはどのようなことが重要になるでしょうか。

筆者は、こういった背景を踏まえ、従来のIDFAなどの識別子を使った精緻な（ユーザー単位のアクションを把握しにいく）ターゲティングやトラッキングはもはやできなくなった、という前提に立つべきだと考えます。概念的には「どんなクラスタ・集合体としてのユーザーに、どんな価値を訴求したら、どれぐらい動いたのか」という、より「群」を相手にした施策と効果検証を行なうことが重要と考えています。

そして、これまで以上に既存のユーザー、つまり目の前にいるお客様を大事にすることも重要になります。広告を打たなくても、ユーザーとの関係を継続できていれば、そのユーザーからアプリをずっと使ってもらうことができ、収益をあげ続けることができます。

それらのユーザーは、みなさんのアプリに「自分のスマートフォンに入っていていいよ」「自分たちの情報にアクセスしていいよ」「それを使っていいサービスを提供してね」と表明してくれているようなもので、プッシュ通知などエンゲージメントを活性化させるアプローチをとることも可能になるのです。

最後に余談です。前述した通り、プライバシー保護や規制の動きがGDPRという形で厳しく具現化したヨーロッパはもともと、個人のデータは「基本的人権」であり、自分たちのデータは自分たちがコントロールできるものであるべきで、事業者に自由に取得・利用させてはならない、という意識が強い地域でした。

加えて、GAFAをはじめとした米国企業が個人に関するデータを勝手に取得して大きなビジネスを展開することに対する反発や危機感があったとも言われています。

大手インターネット企業に対する各国や地域の規制には、そういう文化や地政学的な要素があるのです。他の事例では、例えば米中関係の政治的緊張によって、中国発のサービスであるTikTokが、米国内でのビジネスに制約を受ける、といったこともありました。

個々の企業だけでなく、国や地域の思惑・戦略などにも注意を払うことで、今後のテクノロジー業界の動向が多少は理解・予測しやすくなるかもしれません。

Chapter

8

詐欺、不正広告を生み出す「アドフラウド」の仕組みと対策

すべてのデジタル広告が正常に広告主のビジネスに
貢献できているのが理想ですが、現実には残念ながら
「広告にかかわる詐欺や不正=アドフラウド」が
発生しています。みなさんのアプリや企業がそうした
被害を受けないよう、あるいは残念ながら
すでに受けている場合はそれを見破れるよう、
学んでいきましょう。

アドフラウドの基本と対策

アドフラウドとは、デジタル広告における詐欺や不正広告のことで、広告主が広告費を不当に搾取される仕組みを指します。ここでは、アドフラウドの被害と対策についてお話ししていきます。

アドフラウドの何がいけないのか

アドフラウドの最もわかりやすい例は、**デジタル広告でインプレッションやクリックを不正に発生させる詐欺（業者）**です。実際には広告の表示やクリックが発生していないのに「発生した」と成果を偽ったり、広告を見たりクリックしたりしているのは人間ではなくロボット（bot）だったり、といったものです。

広告主が広告費用を投じても、知らず知らずこうした不正な広告に出稿してしまうと、消費者には届かず、貴重な広告費を無駄にすることになります。

図8-01 **アドフラウドの仕組み**

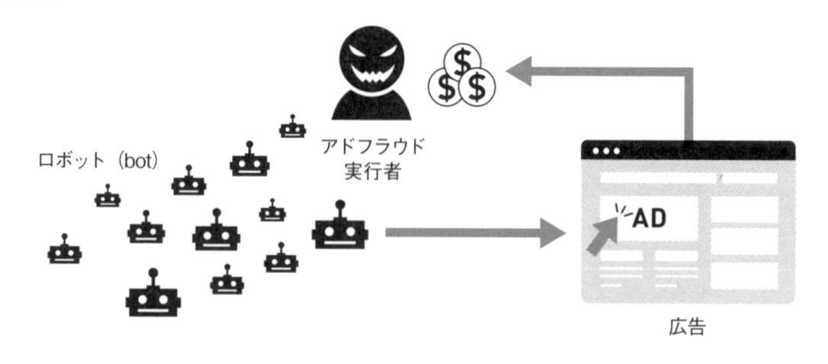

お金の問題

なぜアドフラウドがいけないのでしょうか。1つは先に述べた通り、「お金の無駄」ということです。

MMPの世界最大手の1つであるAppsFlyerが2020年8月に発表した調査結果※では、アプリインストール詐欺の被害額のうち全体の60%近くが日本を含むAPAC（アジア太平洋）地域から発生しており、その金額は実に9億4500万ドル（約1300億円）にのぼると報告されています。

参考

～日本を含むAPACが世界で最も被害額が大きいことが明らかに～ AppsFlyer、モバイル広告不正の最新状況に関するレポートを発表

https://prtimes.jp/main/html/rd/p/000000026.000016963.html

同じ調査では、日本ではアプリインストール全体のうち平均不正率が約10%という驚異的な結果も出ています。みなさんの出費の実に10%が常に詐欺的な業者に流れているというのは、決して少ないとは思いません。

また、日本発のアドフラウド検知ソリューション企業Spider Labsが発表した調査※では、企業のウェブ広告の最大20%が広告詐欺のリスクを抱えており、2021年の日本国内の累計被害額は約1072億円と推定されています。

参考

アドフラウド調査レポート　2022年通年版

https://jp.spideraf.com/adfraud-report-whitepaper

アドフラウドにもさまざまなパターンがありますが、広告に投資する企業のお財布から大きな損失が生まれているのは紛れもない事実のようです。それはつまり、アドフラウドを行なう不正業者にみすみす広告費を騙し取られているということです。

正しいマーケティングの意思決定が阻害される

次に「マーケティングの意思決定が狂う」という問題があります。

アドフラウドが発生している場合において、企業は当然ですがフラウドと気づかずに広告を出稿し続けるケースがほとんどです（フラウドとわかっていながら出稿し続ける広告主や、売り続ける広告代理店も中にはいます。この組織構造上の問題点については後述します）。

例えば、アプリのインストールを目的とした広告を出稿するとしましょう。その場合に、アドフラウドが発生している媒体（広告ネットワーク）からは、実際にユーザーがインストールしている数よりも多くのインストールが報告されて、マーケターは「安いインストール単価でたくさん獲得できている」という誤った認識をもとに意思決定することとなります。

そして、アドフラウド率の低い、アクティブ率やLTVといった指標で良質なユーザーを獲得できている優良な広告媒体を「獲得単価が高い」という理由で低く評価し、アドフラウドの多い広告媒体にさらに多くの予算を配分してしまう、といったことが起こりえるのです。

アドフラウドは、自分たちがよいパフォーマンスをもたらしていると偽装するため、見せかけの数字を巧妙に作ります。それによって、単純にアドフラウドが発生している媒体にお金を払ってしまうという直接的な損失だけでなく、他の良質な媒体への投資を減らすという機会損失を発生させてしまうのです。この誤った意思決定が、二重の意味でビジネス成長を阻害します。

アドフラウドのパターン

ここでは、広告詐欺を類型化して「こういったパターンでアドフラウドが起きている」という事例を列挙します。

アドフラウドには10以上のタイプがあり、また広告配信プラットフォームや計測ツールが作る防止策とのイタチごっこによって、その種類・手法や精度など日々進化をとげています（その技術と情熱をもっと人類の役に立つことに使ってほしいものです）。

すべてを詳細に解説するとそれだけで１冊の本が書けてしまうほどなので、ここでは特にアプリでよく見られる４つのアドフラウドの種類と特徴を解説します。

1. ボット

図 8-02　不正なボット

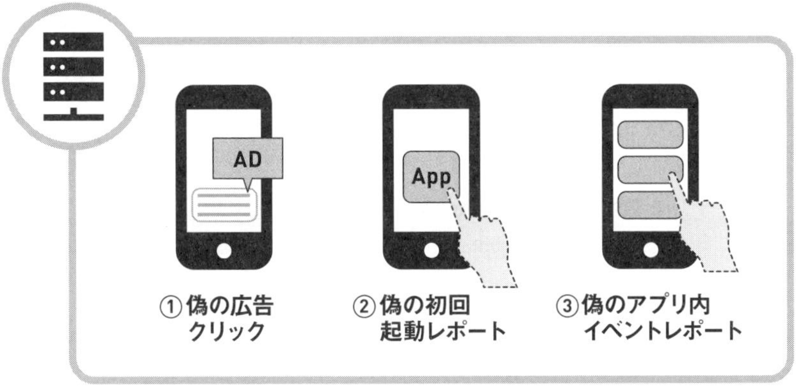

※参考（図8-02～図8-05）：不正広告「アドフラウド」とは？　見抜き方と騙されないための対策を徹底解説！（Repro）
https://repro.io/contents/eventreport-appsflyer2-2/

どんなアドフラウドか?

・業者が作成した不正なボットやプログラムが、インプレッション（広告の表示）やクリック、インストールを不正に起こすものです。結果として、実際には成果が発生していないにもかかわらず、広告主は広告費を支払うことになります。
・人間ではなくボットなので、インストール以降はアプリの起動、会員登録、課金などのインストール後における重要な行動を一切行ないません。したがって、CPI（インストール単価）がどれだけ低くとも、CPA（特定アクションをとるユーザーの獲得単価）やROAS（広告費用対効果）といったKPIで見ると極めて悪い成果となります。
・最近はボットが進化していて、例えば“課金ボット”（厳密には、アプリ内課金を実際に行なってはおらず、課金を行なったというログデータを計測ツールに送るだけ）が登場しています。筆者も実際に、MMPではインストールだけでなく課金も発生しているが、広告主側の顧客データベースやアプリストアには該当するデータが記録されていない、という局面に何度か直面しました。

見破り方・対策

・ボットが成果を計上している特定の配信面や媒体は、CPAやROASが極めて悪くなっているため、まずはそのような媒体を疑ってかかるべきです。
・課金ボットのような、インストール後の行動まで不正に操作しているものを見破るためには、データを見て不自然な点を探すしかありません。例えば、計測ツールと自社サーバー間のデータ差分や、課金以外のイベントの発生数および転換率などです。
・また、ボットが作る偽のデータは、パラメータが欠損していたり、不自然な偏りを示していたりすることがあります。担当者レベルで見破ることは専門知識がないと難しいですが、フラウド検知ツールを使えばわかることもあります。
・対策としては、まず前提として「CPIではなくCPAやROASを評価指標として最適化をかける」というアプローチをしていることが重要です。そのうえで、成果につながっていない媒体や、特定の中間指標が異常値を示す媒体がないかを探し、できればフラウド検知ツールも導入しておくとさらに安心でしょう。

2. 端末養殖場（デバイスファーム）

図 8-03　**端末養殖場**

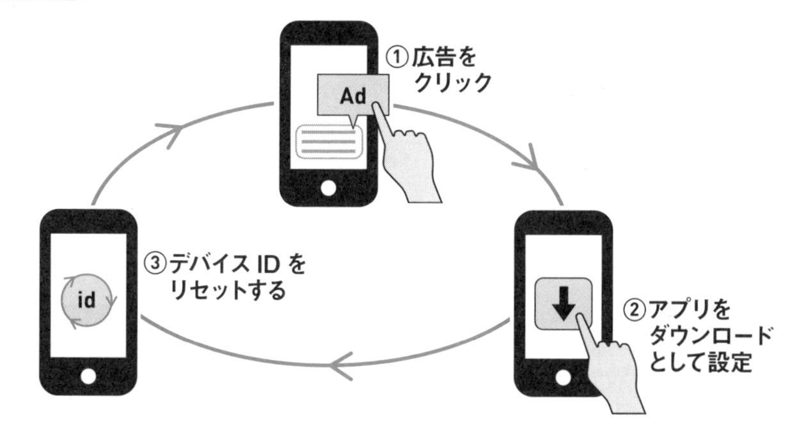

どんなアドフラウドか?

・実際よりもたくさんの端末から成果が上がったように見せかける手法のことを言います。

・実現方法は、１つの端末で「広告への接触」「アプリのダウンロード」「IDのリセット」を繰り返すことで、あたかも複数の端末からアプリのダウンロードがあったかのように見せるというものです。本来、端末のIDは１台につき１つが原則で、それをリセットして多く増やすことから「養殖場」と呼ばれています。

見破り方・対策

・ステルス要素が高く、見破るのが難しいため、広告主にとってかなり悪質です。前述したボットとは違い、実際の端末を人間が操作しているので、１つ１つのデータはより自然に見えます。

- クリック率やインストール率が、特定の配信面や広告ネットワークだけで特筆して高い、といった場合はフラウドを疑ってもよいかもしれません。が、それだけではフラウドが起きていることの積極的な証拠にはなりません。
- 正確に検知するには、やはり専門のツールでデータを深く見るのが近道です。例えば、同じIPアドレスやOSバージョン、端末メーカーからのインストールが集中している、といった不自然さが検出されることが期待されます。

3. クリック洪水（Click Flooding）／クリックスパム（Click Spamming）

図8-04　クリック洪水

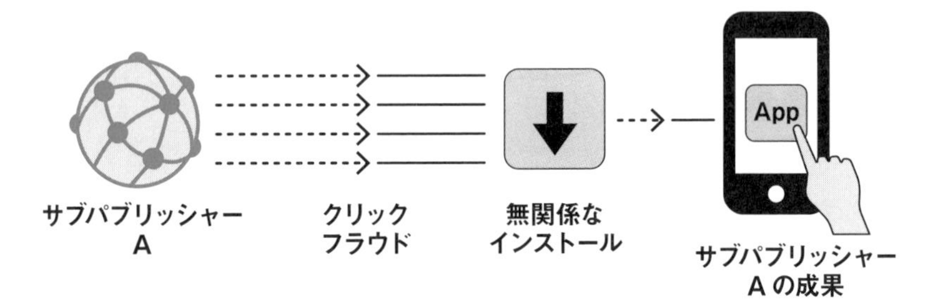

どんなアドフラウドか?

- 実際には起きていないクリックがあるアプリから「起きた」ことにして、大量にそのログ（記録）を計測ツールに送りつけるというものです。特によく使われるのが、バックグラウンドで常時作動するアプリ（ランチャーやメモリークリーナー、バッテリーセーバーなど）で、理由は随時クリックを生成することができるからです。
- ラストクリックによって、多くのインストールがそのアプリや広告ネットワークから発生したものとして計測されてしまうため、彼らが儲かってしまうことになります。

- 特にCPI系ネットワークで有効な手法です。なぜなら、クリックにはほとんどコストがかからない（データを送るための幾分かのサーバーコストだけで済む）のに、インストール数に応じて収益を得られるためです。仕入れコストがほぼゼロに近い商品に値段をつけて売っているようなものです。
- これに気づかない広告主は「安いCPI単価でインストールを獲得できている」と錯覚して、喜んで予算を割いてしまいます。
- 実際には、他の広告媒体やオーガニックインストール（テレビCMやPR、口コミなどによって発生する「どの広告にも起因しない」インストール）から成果を奪っているだけなので、この広告がインストールを発生させているわけではありません。他媒体からすると、インストールという成果が奪われてしまい、本来の姿よりもパフォーマンスが低く（CPIが実際より高く）見えてしまいます。
- 結果として、本来はビジネスに貢献している媒体から予算を減らし、アドフラウド媒体に予算を寄せる、という本末転倒な意思決定になりやすい深刻な問題です。

クリックスパムの派生形

- クリック数を水増しする方法として他には、実際にはインプレッション（広告が表示されただけ）なのに、クリックとして扱う（裏側でインプレッションURLではなくクリックURLを叩く）という手法もあります。
- 厳密な定義ではこれはフラウドというよりも、アトリビューションの悪い意味でのハックと呼んだほうが正確ですが、「クリック数を実態よりも意図的に大きく見せる」という目的や、対策が似通っているためこちらに含めます※。

参考

広告が見られただけなのに、
クリックされたことになっている？
https://note.tatsuo.online/n/ne30fbde9d2cd

見破り方・対策

- そもそも広告は、見た人のうち数パーセント程度が興味を持ってクリックし、そのうち数パーセントがインストールしてくれる、という類のものです。検索連動型広告のような、特別な意図を持ったユーザーだけが接触する広告以外では、クリック率やインストール率が数十パーセント台に到達することは原則として考えづらいです。
- しかし、クリック数を水増しするタイプのフラウドは、「考えづらい」ほど高い水準のクリック率を叩き出します。100%近いクリック率を計上するものや、中には100%以上になるものさえあります。広告を見た人よりもクリックした人が多いというのは、原理的にあり得ないのにもかかわらず、です。
- ですから、まずは広告媒体や配信先アプリごとのクリック率やコンバージョン率を確認し、あり得ないほど高い、または他と比べて極端に差が大きいところを疑ってかかるのが第一歩です。
- また、こうしたアドフラウドを展開する事業者は、不正なクリックを見破られないようにするため、インプレッション数やクリック数を開示しない、あるいは「どのアプリで発生したか」の詳細を開示しないようにしがちです。透明性がない広告媒体は、いくら表面上の成果がよく見えても疑ってかかり、詳しく仕組みを聞く、専門家に相談する、フラウド検知ツールを使ってみる、などのアクションをとることをおすすめします。

4. インストールハイジャック

図 8-05　**インストールハイジャック**

App

② 起動時にある媒体から
クリックを報告する

① マルウェアがアプリの
ダウンロードを識別する

③ インストールの成果が
その媒体につく

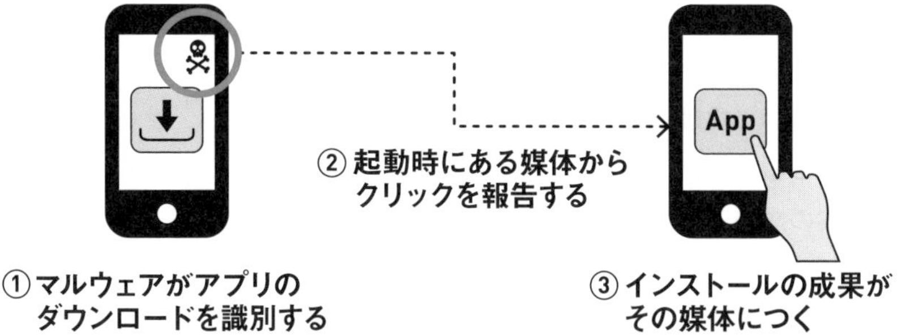

どんなアドフラウドか?

- ユーザーが使っている端末をマルウェアに感染させて、それらに広告表示やクリックが発生したようなログを自動生成させるものです。
- 前述のクリック洪水やクリックスパムとよく似ており、「他の媒体やオーガニックからインストール成果を奪う」タイプのフラウドですが、より高度に偽装されています。前者がクリックを乱れ撃ちするのに対し、インストールハイジャックはユーザーがあるアプリをダウンロードして最初に起動したその瞬間、計測ツールが「インストール発生」のログを計測サーバーに送る寸前に、ピンポイントで「クリック」のデータを同じサーバーに送信するのです（この「クリック」データを差し込む行為のことを「クリックインジェクション」と言います）。
- そうすると、実際には、ユーザーはその媒体の広告には接触していないにもかかわらず、データ上では「広告を見た／クリックした」というログがインストールの直前に残っています。そのため、計測ツールが「このインストールは、この媒体に紐づく成果だ」と判断してしまうのです。
- たとえるならば、もともとグルメ雑誌を見て「居酒屋 さかもと」に入ろうとしていたのに、入店直前で客引きが強引に「しゃぁせー！
すぐ入れますよ！」と声をかけ入店した場合に、「客引きのおかげでお客さんが来た」という誤った認識をしてしまう、というような手法です。しかも、もともと来る気があったお客さんです。確実にその居酒屋で飲み食いをしてくれるため、客単価などの指標は悪くない。本来は成果を出したグルメ雑誌の効果が認識されなくなるため、広告予算の配分は最適なものからは程遠いものになります。

・本来獲得に貢献していた媒体を過小に評価してしまう、マーケ判断を狂わせる、本来不要だった媒体コストを払ってしまう。これが続くと事業の成長にブレーキがかかってしまうことは明白です。

見破り方・対策

・発見の手がかりとして、MMPで確認できるCTIT（Click to Install Time＝広告クリックからインストールまでの時間）があげられます。

・広告をクリック（この時点でクリックが記録される） → アプリストアに飛ぶ → アプリをダウンロード → アプリを起動（この時点でインストールが記録される）、この一連を人間が数秒以内に行なうことは物理的に極めて困難です。

・CTITが10秒未満のユーザーが多い場合、インストールハイジャックの被害に遭っている可能性が高いと判断できます。実際にはCTITが１秒以内のものも多く観測されます。

POINT

- **アドフラウドはアプリ広告業界で少なからぬ損失を発生させ続けている社会問題であり、あなたも被害に遭う可能性が十分にある**
- **アドフラウドにはいくつかのパターンがあり、仕組みを理解することで一部は見破ることができたり、追及すべき怪しい点を特定できたりする**

アプリ先生コラム⑩

「アドネットワークは効果が悪いから、テレビCMと、CPIが安い一部の媒体だけ配信継続しよう」という危ない状態

「おかしい？」と思えるように、自分たちでも数字の確認を

これは筆者が実際に聞いた話です。本文で解説した「クリック洪水」ですが、これに引っかかってしまうと、「マーケティング（ひいては経営）の意思決定が狂ってしまう」という状態に陥ります。

例えば、効果が素晴らしいCPI媒体（実はアドフラウド事業者）が、自社のアプリと相性が抜群によいと社内で評価されてしまったりすると、他の獲得系のアドネットワークなどを止めて、テレビCM（意味のあるマス施策）とアドフラウド事業者（意味のない獲得媒体）にじゃぶじゃぶお金を使うことになります。

上記アドフラウドの媒体から上がっているインストールは、構造としてテレビCMをやっているおかげで発生しているだけなのに、それらの成果があたかもその媒体の貢献によるものと誤解してしまうことが起きます。

しかし、実はアドフラウド媒体への出稿をやめても、全体としてのインストール数はほとんど変わらないということなのです。損害を被るのは、なによりアプリのグロースにブレーキがかかってしまった出稿主です。

具体的にどんな点で「おかしい？」と思わなければいけないのでしょうか。例えば、筆者は実際に広告代理店が広告主に送るレポートで、他の媒体はすべてCTR（クリック率）0.9～1.1%なのに、１つの媒体だけCTR 99.5%と記録されているのを見たことがあります。

どういう状態かというと、

・正常な媒体：

→imp 100万、click １万、インストール500の場合、CTR １%、CVR ５%

・フラウド媒体：

→imp 100万、click 99万、インストール500とかになってしまうので、CTR 99%、CVR 0.045%

といった異常値が発見されるのです。

もちろん、ここに見破るポイント・疑ってかかるべきポイントがあることは間違いありません。こうした見破る勘所を見つけるには、広告代理店など外部の人が作ったレポーティング任せにせず、自分たちでも数字を確認し、その中身を理解して、各指標における業界の“相場観”というものをマーケターとしてしっかり認識できていることが求められるのです。

アドフラウド撲滅のために

筆者と仲がいいあるゲーム会社の社長は、運用自体は広告代理店に委託しながら、自身で毎日数字を仔細に確認し、上記のような他と大きく違う不自然な数字や、前日から大きな動きがあった場合などはすぐ広告代理店に調査依頼をしているそうです。広告代理店からの回答で納得できなかった場合などは、媒体である筆者まで直接質問してくることもあります。

それだけコスト意識と、成長に対して正しく投資をしたいという意欲が強いことの表れだと思います。すべてのアプリマーケターの方に、それぐらいの経営者目線・当事者意識と数字感覚、そして知識を身につけてもらいたい、そうしてアドフラウドの撲滅に向け大きく前進する、そう願っています。

アドフラウドの見破り方

それでは、どうしたらアドフラウドを見破ることができるのでしょうか。ここから具体的に見ていきましょう。

検知・防止ツールの活用

まず１つは、アドフラウドを検知・防止するツールが日夜開発されており、それらをMMP（Mobile Measurement Partner）がソリューションとして計測ツールと併せて提供してくれています。また、それ以外の第三者が独自に開発・提供するソリューションもあるので、こちらで特徴も含め簡単にご紹介します。

①AppsFlyer「Protect 360」

AppsFlyerは世界で最も市場シェアが大きいMMPの１つです。多くの広告主に利用されていることから、正常な広告だけでなく、アドフラウドのパターンについても多くのサンプルデータを集めています。

アプリのアトリビューションツールとしてAppsFlyerを使っている場合、そこに日々蓄積される広告関連のデータをリアルタイムで分析し、彼らの持つアドフラウドのパターンと合致するものを特定してくれるのが「Protect 360」というツールです。有償の追加機能として提供されています。

インストールに関する不正だけでなく、ボットなどによるアプリインストール後の不正（偽の課金データなど）も検知することができるのが特徴の１つです。また、広告媒体ごとの不正率を出したり、ローデータ

(生データ）にアクセスしたりといったこともできます。

②Adjust「アドフラウド防止」

Adjustも AppsFlyerと同様、世界トップシェアのMMPの一角です。「Protect 360」のようなキャッチーな機能名こそついていませんが、Adjustも通常より一歩進んだフラウド検知・防止の機能を有料オプションとして提供しています。

不正行為を行なう業者の特徴（IPアドレスが匿名化されている、など）を把握することでそれを見破ったり、前述したCTIT（Click to Install Time＝広告の最終クリックからインストールまでの時間）の異常値からクリックインジェクションを検知したり（Google広告のAPIと連携することで実現したそうです）といった機能を提供しています。

主要な広告ネットワークともデータ連携しているため、例えば、フラウドと認められたインストールはアドネットワーク側の管理画面でも最初から成果数値として上がらない、といったことが可能になります。あとから数字を修正するのは地味に手間なので、マーケターとしてはうれしい機能です。

③第三者のソリューション

こうしたMMPが提供するツールの他に、広告が正常に配信されたのかどうかを検証するソリューションを提供する独立した企業がいくつかあり、大きく２つに分類できます。

大きな分類のうち１つ目は、DoubleVerifyやCHEQなどに代表されるアドベリフィケーション（広告検証）ツール。広告がブランドセーフなメディアに配信されたのかどうかや、クリックが正常なものかどうかなど、それぞれ得意な領域においてユーザーと広告との接触の健全性を検証できます。

２つ目が、Spider AFやMomentumといった、国産の不正検知ツール。MMPはいずれも海外企業が提供しているので、例えば日本国内で流通している端末や、都道府県レベルまで見ないとわからない不自然なデータなどを使って不正検知するのには限界がある、と彼らは言います。
筆者の知る例でも、MMPのデータを彼らにわたして検証してもらうとすぐに不正が疑わしい媒体を検出してくれた、ということが何度かありました。健康診断のデータを持って別の医療機関にセカンドオピニオンを聞きに行くようなものなのかな、と理解しています。

アドフラウドのケーススタディ

こうしたソリューションがありつつも、それでもアドフラウドが起きている実態はあります。ここではそのケーススタディとして、具体的な事例と、アドフラウドを見破るために筆者がどういう具体的なアクションを取ったかをご紹介します（※これは過去の話であり、上記のような機能が実装されたMMPでは起こらない事象であったり、
自動で検知ができたりする可能性があります）。

筆者が勤めるMolocoにおいて、ある顧客のパフォーマンスが著しく低下したタイミングがありました。そのタイミングでなにか変更があったか顧客に尋ねると、ある別のアドネットワークにそのタイミングで配信開始していました。
筆者は、厳しい情報管理の下で、そのお客様にお願いして、MMPの生ログを共有してもらい、それを分析しました。その結果、驚愕の事象がいくつか発生していました。

「ユーザーがアプリをインストールしたログ直前の１秒前に、異なる広告事業者３つのクリックログが、同じ端末から送信されていた」

一呼吸置いて想像してみてください。ユーザーが、アプリの広告をクリックしてからApp StoreやGoogle Playに遷移して、実際にインストールするのに、どんなに早くとも数秒、通常の通信環境とアプリの容量だと10秒以上かかります。

この秒数、CTIT（Click to Install Time）という指標として業界では認識されています。インストール1秒前にクリックログがある、CTIT＝1秒、という指標が現実的におかしいということを認識してもらえるでしょうか。

また通常、ユーザーは広告を見て、それをクリックしたらApp StoreやGoogle Playに遷移するので、インストールの数秒前に複数の広告をクリックするというのは、物理的に不可能です。

恐らくですが、このユーザーの端末がマルウェアに感染しているなどの理由で、アプリがダウンロードされ初回起動される直前に、MMPに偽のクリックログを送信しているものと推察されます。

結果的に、本来広告を配信してインストールに貢献した媒体（この場合だと筆者のいるMoloco）が、不正な事業者の媒体に成果を奪われていた、ということがわかりました。

もちろん、こうしたことへの対策は日々、MMP側も策を施すところではありますが、不正を働く側も巧妙になっているので、イタチごっこのようになっているのです。

図8-06　**不正なクリックログのカラクリ**

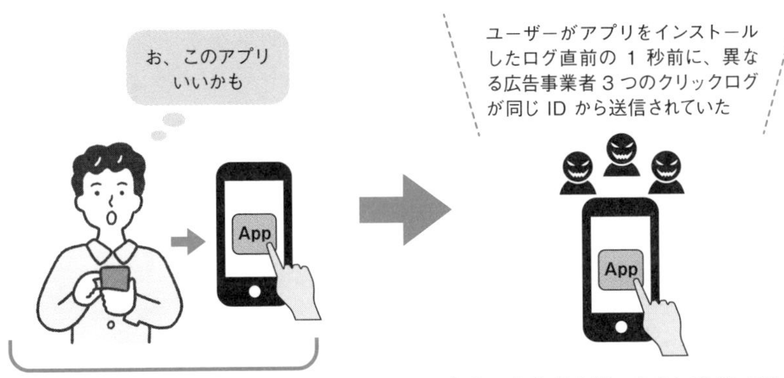

構造的にアドフラウドがなくならない

厄介なのが、このようなケースではアドフラウド事業者を「見逃したい」心理がマーケティング担当者に働いてしまうことがある点です。

正しく広告を配信している媒体におけるCPI（インストール単価）が仮に500円だったケースを考えてみましょう。アドフラウドは、コストをほとんどかけずに機械的に作った偽のインストールや、他媒体から奪ったインストールを成果にできるので、いかようにでも値づけできてしまいます。「CPI 100円です」と平気で「よいパフォーマンス」を謳うことができるのです。

これはユーザー獲得の効率を高めたという実績を作りたいマーケティング担当者や、広告主によいパフォーマンスを報告したい広告代理店にとって、「都合のよい」媒体と見なされてしまう可能性があります。もちろん本当は費用対効果のない投資ですし、意思決定を歪めてしまうという点でも事業の成長には大きなマイナスです。

業界としてこのようにアドフラウドがなくならない構造を持ってしまっていることは大きな問題だと筆者は考えています。本章の最後として次項で、アドフラウドを撲滅していくために、業界全体で誰がどう得をしているか、それに対して本書を読んでいただいているみなさんがどのように認識・行動をしてほしいかを書きたいと思います。

本当にアプリを成長させたいと思っているマーケティング担当の方や、マーケティング部門を統括する責任のある方、会社全体の投資対効果を考えるべき経営レイヤーの方に特にしっかりご理解いただきたいです。

POINT

- ◉アドフラウドは、広告費の無駄であるばかりでなく、マーケティングの意思決定を大きく狂わせる
- ◉アドフラウドの類型と対策を学び、日々のレポーティングデータや実機のログなどから、「何かおかしいな？」と気づけるスキルを身につけよう

なぜアドフラウドが起きてしまうのか？

あらためて、アドフラウドがなぜ業界で「都合がよい」ケースがあるのか、業界の慣習や構造についてプレイヤーごとに整理をしていき、筆者が考えている構造的要因を指摘していきたいと思います。

関係者①広告主（アプリを展開する事業会社）

広告の出発点は、当然ですが広告を出稿したい（アプリを展開する）事業会社です。彼らにおける広告出稿の本質的な目的は、良質な顧客を獲得して事業を成長させることですが、特にデジタル広告の種類や効果計測、そして運用に至るまで多様化・複雑化した結果、必ずしもすべての会社が本当に測るべき指標とPDCAの体制を確立できているわけではない、というのが筆者の所感です。

そのため、比較的大きな予算を持っている広告主でも、誰にでも考えやすい指標と体制に落ち着きがちで、それは「CPI（Cost Per Install）」を指標として、広告の効果を効率性（安いコストで多くのユーザーを獲得する）で考える、なおかつ実際の運用・レポーティングは広告代理店に委託するというものです。

「安かろう悪かろう」に流れている

アプリを接点とする事業において、インストールは顧客の重要な入口ですし、CPIが最も重要な指標の１つであることは間違いありません。また、社内ではリソース・予算が限られていたり、アプリの専門的知識を持っている人がいなかったりする場合に、日頃から業界で最新の情報を取り入れ、運用などの知見を深く持った広告代理店に委託することも重要なオプションの１つです。

しかし、事業会社のマーケター、より細分化されている場合は広告担当者が、そこで思考停止をしてしまうと、「より安く（効率的に）」「インストールが稼げる」（ように見える）ことだけをミッションとして追い始めてしまうことがあります。その結果、広告代理店から報告される「今月はこのぐらい出稿して、先月より低いCPIで獲得ができました」に満足してしまう、ということになりかねません。

その結果、先の項目で述べた、あたかも安いコストでインストールを多く獲得できている「ように見せる」アドフラウドに騙されてしまう、ということが起きてしまいます。

筆者が実際に会ったことがあるマーケターの中には、アドフラウドだとわかっている媒体に対して大きな予算をあえて配分し続けている人さえいました。そのほうが自分の成績がよく見え、社内で高く評価されるからです。

その方の上司にはデジタル広告やアプリ広告の知識がないため、単価を抑えてたくさんインストールを獲得できている、という表面的な成果の裏側を想像し見破ることが難しかったというのもあります。

正しいゴールと評価を設定しないと、担当者レベルでは意図して、あるいは意図せざるうちに「安かろう悪かろう」に流れてしまいます。マネジメント層の正しい知識獲得が問われるのです。

関係者②広告代理店

アプリマーケティングにおいて、広告主に委託されてその運用を行なう広告代理店は、広告出稿金額（媒体費）に一定の手数料率（20%など）をかけた分を上乗せしてクライアントに請求し、その手数料を利益とするビジネスモデルを持つことが一般的です。

本質的には、広告代理店はクライアント（広告主）の信頼を勝ち取り、より多くの広告出稿を任せてもらうことで運用金額が増し、自社の利益も増やすことができる、というビジネスを行なっています。広告の出稿・運用を通じてクライアントの事業成長に価値をもたらすことができるのが、広告代理店業務の本質的な意義だと思いますが、上で述べたビジネスモデルは必ずしもその方向へと向かっていかないことがあります。

というのも、クライアントである事業会社が例えば「安く、効率的に、アプリのインストールを獲得したい」というニーズとCPI目標を持ってきた場合に、広告代理店自身も他の代理店との競争にさらされているので、できるだけそのニーズに応えようという圧力がかかります。

その結果、CPIをなんとか目標に達していくような媒体選定や運用を進めていかなければなりません。さまざまな媒体がある中で、ひときわCPI がよい（ように見える）媒体があったら、それを採用したくなるのは広告主に対峙する代理店の心理としては理解できます。

仮にその媒体のアドフラウド比率が高いことが疑わしい、あるいはわかっていたとしても、気づかれない限りはクライアントの「より安く、たくさん」というニーズを満たすことができてしまいます。

クライアント側の担当者まで「怪しいところでも成果がよく見えればOK」という考えを持っていたりすると、ストップをかけるインセンティブを持っている人は誰もいなくなってしまいます。恐ろしいことです。

キックバックの問題

また、広告代理店の中には、広告主に向き合うチームとは別に広告媒体と向き合うチームがあるところもあり、彼らは数多くの媒体から「うちの媒体を優先的に売ってくれないか」という営業を受けています。筆者も仕事柄、そのような部署の方とお仕事をする機会は多いです。

その中で、広告代理店がどの媒体にどれぐらいの予算を割くかを決めたり、推していきたい「注力媒体」を選んだりする際、必ずしもパフォーマンスだけで意思決定を行なわないケースがあります。

そこに影響を与える１つの要素が「これだけ売ってくれたら、これだけ販売奨励金（キックバック）を出します」という、媒体からのインセンティブです。これは、広告主側から稼ぐ前述の手数料ビジネスとは別に、媒体側からも稼げるビジネスになりますので、広告代理店によっては、とても魅力的に映ります。

こうした業界慣習の中で、アドフラウドの会社は粗利率を高くあげやすいビジネスモデルであることもあって、こうした販売奨励金を多く払って、広告代理店に営業をかけてくるのです。

広告代理店としては、広告主のニーズに（一見）応えられるような“武器”を取り入れながら同時にお金も入る、というオファーに対して、ビジネスの構造上ありがたく思ってしまうこともあるようです。実際「キックバックの料率によってメディアプランを組んでいます」と筆者（媒体側）に対して明言してくる代理店さえあります。

販売奨励金自体は、一般の会社における営業パーソンへのボーナスのようなものなので、それそのものが悪だとは筆者は思いません。しかし、それはあくまで「広告主の利益と事業成長を最大化させる」という、広告代理店の本来のミッションが正しく遂行されているという前提が成り立つ場合においてのみ言えることです。

広告主としてできること

広告主の立場からは、自分たちのパフォーマンスを最大化するためではなく、広告代理店の利益を最大化するために作られたメディアプランを持ってこられては、本来はたまったものではないでしょう。

しかし残念ながら、広告代理店と媒体の間でどのような取り決めがなされているかを、広告主の立場ですべて把握するのは現実問題としては困難です。

広告主としてできるのは、まずはできる限り知識をつけることです。そのうえで、表面的な数字ではなく、事業成長に直結するKPIを広告代理店にゴールとして共有する、レポートに嘘や誤魔化しがないかを検証する、自社のコストでアドフラウド検知ツールに投資する、メディアプランを細かく吟味する（評判が良いのに含まれていない媒体、評判が悪いのに予算が多く割り振られている媒体、などがないか）、といった積極的な関与をしていくことでしょう。
それによって広告代理店の側も緊張感を持って本質的な運用をしてくれるでしょうし、業界全体としてのレベルアップと健全化にもつながるのではないかと期待しています。

関係者③アドフラウドを展開する会社

アドフラウドはさまざまな形態で起こっているため、一概にアドフラウドを展開する会社の事業を定義することは難しいですが、ここでは例として、アドネットワークを展開する企業としましょう。

仕入れをせずに広告の“数字”だけを売りつける

おさらいになりますが、アドネットワークとは、複数の媒体社が保有する「枠」を統合して、これを販売するためのネットワークのことでしたね。この企業が仮に、広告主には1インストールあたりいくらというCPI課金で販売しており、なおかつ、クリック洪水というアドフラウドを展開しているとします。
クリック洪水は、クリックを不正に作り出し、オーガニックインストールや本来は他媒体につくはずだったインストールを奪ってしまうというものでした。このアドフラウド企業は、広告主からはCPIベースで売上を上げている一方、原価となるクリックは無料ですから（機械が作り出した偽のクリックなので）、仕入れをせずに広告の“数字”だけを売りつけて「売上＝粗利益」としているような構図になります。広告代理店への販売奨励金のところで述べた、アドフラウド媒体が高い粗利率をあげられるのは、この構造によります。
さらに、営業コスト面も、提携している広告代理店が高いキックバック率によってがんばって売ってくれれば、大きく営業人員を抱える必要もありません。こうして、架空の成果を売って高い利益率を出せるビジネスモデルができてしまうのです。

すべての当事者が悪いほうに揃ってしまった最悪のケース

①〜③であげた各当事者は、それぞれも独立して「悪に手を染めてしまう」インセンティブ構造がありますが、すべてが揃うと悪い意味での無限コンボが成立してしまうため、抜け出すのが極めて困難になります。

広告主の担当者

・運用成績がよく見えるので（わかっていても）アドフラウド媒体に出稿することが利益になる

広告代理店

・（アドフラウドだったとしても）広告主のニーズを満たしている限り、出稿は続き、手数料売上が入る
・（アドフラウド媒体は特に高い料率の）販売奨励金・キックバックが媒体側から入る

アドフラウド媒体

・広告代理店が積極的に販売してくれるので、労せず売上・利益が上がり続ける

もちろん、すべてのマーケターや広告代理店がこのような悪い意図を持っているわけではなく、むしろ「ちゃんと意味のある」仕事をしたいと思っている人が大多数でしょう。実を言うとアドフラウドが多いことで有名な媒体の従業員からも、ときどき個人的にキャリアの相談をされることさえあります。

しかし一方で、マーケティング活動に責任を負う立場の方や、投資家のお金を預かってROIを最大化する義務がある経営者が、上記のような

事態に陥る可能性を知りながら、または知るための努力をしないせいで、適切な対策を講じないのも無責任ではないかと感じます。

アドフラウドをなくすためには

最後に、どうすればアドフラウドをなくすことができるのか、アプリ事業者個社の視点と業界全体の視点の両方から考察して本章を締めたいと思います。

正しい知識がないことで発生するリスク

先ほど、業界のプレイヤーを整理しつつ、アドフラウドがなくならない構造的要因を指摘しました。
そちらを読んで、こう思った方もいらっしゃるかもしれません。

「結局損をしているのは、アドフラウドに対策が取れていない・正確な計測などの体制や考え方を取れていない広告主だけなのではないか？
自助努力に任せればいいのではないか？」

「知識があり、きちんと見極めができる（そのようなマーケティング人材を獲得できている）広告主にとって、むしろ競合がアドフラウドに引っかかっていれば、自社が競争優位性を持てるということではないか？」

確かに、事業は競争でもあります。だからと言って、業界全体を考えると、不健全なアドフラウドは各広告主に不必要な猜疑心を生んだり、各広告主はそれによって本来ならば必要のないコストを負担させられていたりします。見方によっては、みなさんの使っているMMPの費用の中には、アドフラウドの対策のために彼らが費やしている研究開発費が含まれているとも言えるのですから。
また、筆者はずっと健全な広告ネットワークやDSP企業に勤務していますが、成果をアドフラウド媒体に奪われ続けてきたキャリアでもありました。「悪貨が良貨を駆逐する」という言葉もありますが、本来は高い価値を生み出しているプレイヤーが高いリターンを得られる構造になっていないと、誰も社会にとって価値のあることを行なわなくなってしまいます。

加えて、ここまでお読みになった方なら、正しい知識がないとリスクが大きいということを実感いただけているのではないでしょうか。初めから専門知識を持っている人なんていません。

特に事業でアプリを活用し始めた、まだ社内にアプリマーケティングの専門家がいない、といった新規参入勢がより騙されやすい・損をしやすい構造にあるわけです。

すべては広告主の意識にかかっている

そのような構造を残して、アプリ業界全体が発展していけるのでしょうか？　私は大きな問題を残していると考えています。

全体が素人レベルなら互角の戦いになると思われる方もいるかもしれませんが、残念ながらアプリの世界は（本来はいい意味で）簡単に国境を越えられるので、海外からマーケティング知識に秀でた玄人が参入してきて、日本勢を一掃してしまう可能性だってあります。

では、どうすればアドフラウドをなくしていけるでしょうか。私が先ほどから書いている「業界」というのは、あくまで広告を出稿していただける事業主、そしてそれを支援する広告代理店をはじめとしたマーケティング支援会社、そして広告・プロダクトを提供する媒体を販売する会社など、１社１社の集合体でしかありません。

それぞれが自分たちのインセンティブに沿って動いているわけですが、極論、やはり広告主となる企業の経営者にかかっていると思います。彼らが、正しい知識を獲得して、目先の数字に惑わされることなく、事業成長に向かえるマーケティング組織・人材・評価制度・環境を整備しないといけないのではないか、と考えています。

ただレポートを受け取って、「ユーザーをなぜもっと安く獲得できないのか？」と言うだけでは、マーケティングの現場もそれに応じたレベルでの広告運用から脱却できません。

本書が、初心者から上級者まで、経営者から現場の広告運用担当の方まで、広くアプリマーケティングに関わる方が知識を獲得できる一助となることを、そしてその結果として業界から少しでもアドフラウドという闇が払拭されることを祈っています。

POINT

- **アドフラウドが起きるのは、業界の構造がそれを享受してしまうものになっているからでもある**
- **各広告主のマーケターや経営者が正しい知識と本質的な事業成長を志向するマインドセットを持って、アドフラウドを許さない姿勢が、アプリ業界全体をよくしていくことにつながる**

Chapter

9

プロモーション・マネタイズのその先へ

本書ではアプリマーケティングにおいて、
基礎になるプロモーションとマネタイズについて
解説してきました。一方で、Chapter 2で述べたように、
本来マーケティングが担う役割はそれにとどまりません。
この最終章で、マーケターが目指すべき姿・
果たすべき仕事はどのようなものか、
筆者なりの考えをお話ししたいと思います。

結局プロダクトが優れていることが大事

ここまで、プロモーションによってユーザーを増やすことと、ユーザーから効果的にマネタイズして売上や利益を上げることについて、理論と実践を解説してきました。

ただ、より俯瞰的な目で見ると、それらは事業にとって、とても"テクニカル"な部分に過ぎません。

アプリをユーザーが使い続けてくれないと意味がない

例えばアプリのビジネス規模がまだ小さい中で、プロモーションにおけるインストール単価を10%改善（安く）できたり、LTVを15%改善（高く）できたりしても、実額としては数千円の収益アップにしかならない、ということは起こります。中には、KPI改善以外は自分の仕事ではない、と思われている方もいたりします。

最終目的である「事業成長に一番効く打ち手は何か」を考えたときに、プロモーションの設計と実践を改善すること（それも大事ですが）よりも、ユーザーの求めているアプリを作ること・ユーザーがほしいと思う機能をデザインするほうが実は大事だったりします。

収益性の向上に関しても、広告のeCPMを10%上げることよりも、ユーザーがそのアプリを使ってくれる期間を伸ばすほうが実は効果が大きい、ということがあります。

例えば、アプリインストール後のチュートリアル（使い方の案内）がわかりにくいがゆえに、多くのユーザーがインストール直後に離脱していることを改善すれば、そのほうがより大きな収益インパクトをもたらすかもしれません。

つまり、どんなに広告に精通していても、最後は、アプリをユーザーが使い続けてくれないと意味がなくなってしまうのです。機能・品質・

使い勝手など、ユーザーが求めているアプリにもっと近づけることはできないか、を徹底的に考えないといけません。

得られたデータは貴重な、シビアな通信簿

では、この本に書いてきた内容、広告プロモーションやマネタイズ担当者の仕事は、プロダクト開発の担当者の仕事と比べ本質的に意味がない（薄い）ものなのでしょうか？　筆者はそうも思いません。

広告プロモーションを含むマーケティング活動を通じて、得られるものは多くあります。ユーザーの声はもちろんですが、それを通じて得られたデータは貴重な、そしてシビアな通信簿でもあるのです。

具体的にたとえると、検索連動型広告で効果のよいキーワードを分析することで、開発側が当初意図していたのと違う目的でアプリをダウンロードするユーザーが多いということに気づくかもしれません。

特定のキーワードから流入したユーザーの継続性が低かったりしたら、それらのユーザーが求めている機能と、現在のプロダクト開発が別方向を向いている、と製品担当チームと議論することができますよね。

広告効果をインストール後の指標まで追いかけることで、ユーザーが離脱してしまっている箇所や、特にユーザーが好んで視聴している動画リワードの種類といった動きを把握することができます。それをプロダクト開発チームに伝えて機能を拡充したり、UI（ユーザーインターフェース）を改善したり、といったことにまで貢献ができるのです。

マーケターの仕事が、広告プロモーションやマネタイズといった、テクニカルな部分だけに限定されている組織もあるかもしれません。しかしそれだけではなく、プロダクトをもっとよくするために、マーケティングやマネタイズの仕事から得られたインサイトを使うことができれば、より事業の成長に対してインパクトのある仕事ができると筆者は考えます。

そのほうが、広告のKPIにとどまらない売上・利益などの経営指標や、プロダクトに対する知見がついて、自身のさらなるキャリア発展にもつながりやすいのではないでしょうか。

マーケターが開発段階で果たすべき役割

ここでは、具体的にマーケターがアプリの開発において、特に参画すべき設計や改善活動の代表的な例を２つあげたいと思います。１つ目はユーザーテスト、そしてもう１つはチュートリアル設計です。

ユーザーテスト（またはユーザビリティテスト）

ユーザーテストとは、ユーザーに「タスク」を提示して、その実行過程を観察してアプリの設計における仮説を検証したり、ユーザーにとって使いにくい・離脱しやすいポイントを見つけたりする調査のことです。

参考

ユーザーテスト事例を通じて学ぶ
アプリのUI設計について
http://www.tatsuojapan.com/2014/06/

やり方

①「ユーザー」「モデレータ」「観察者（書記）」の３人を用意します。
②「ユーザー」には、提示されたアプリにおいて、モデレータから与えられた「タスク」を行ないながら、思ったこと・感じたことを声に出してもらいます（思考発話といいます）。
③「モデレータ」は、ユーザーに「タスク」を与えるなど、進行役を務

めます。ここで最も注意すべきは、ユーザーに対して、少しでも誘導的であってはいけないということです。

④なぜなら、ユーザーがあらかじめ立てた仮説に対してどのような振る舞いをするか、それ以外にも引っかかる「落とし穴」があるか、を検証するものなので、ユーザーにモデレータがバイアスをかけた時点で、そのテストは意味がなくなるからです。

⑤「観察者」は、ユーザーの行動や発話から得られたインサイトを記録していきます。インサイトをできる限り深掘りできることが目標です。

図 9-01 ユーザーテスト

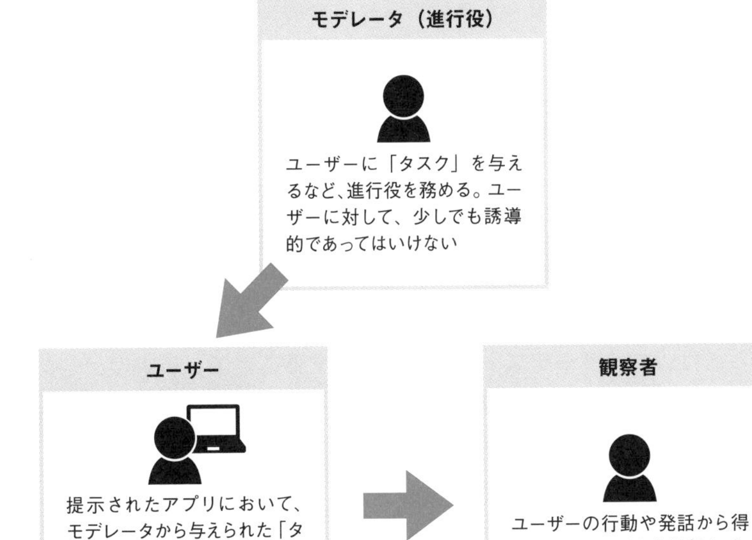

ユーザーテストによってよく見つかる問題は、ユーザーにアプリの特徴や使い方を理解してもらえておらず、先に進めなくなったり、すぐに使うのを止められてしまうというものです。

せっかく広告プロモーションで多くユーザーを獲得したり、アプリ内課金や広告収益化を巧く設計しても、ユーザーがすぐに離脱してしまうアプリでは、「穴の空いたバケツ」にがんばって水を注ぎ込み続ける状態にほかなりません。

こうしたプロダクト・ユーザー体験に対する改善は、プロダクトマネージャーやUXデザイナーといったポジションの人材が担うことも多く、「マーケターの範囲からは外れるのでは？」と思ったかもしれません。

しかし、どこでユーザーがつまずくのか、どこでユーザーがそのアプリを使う気を失くすのか、といったポイントを見つけることを目的にしていることを考えてみてください。

そのためには、ユーザーテストのように１人１人のユーザーと向き合ったミクロな検証と、MMPなどを使って獲得できるマクロなデータによる検証を突き合わせて考えるとより効果的です。

後者は、広告運用担当者であれば誰でもアクセス可能なデータですが、必ずしもすべての会社でプロダクト改善の目的で活用されているわけではないでしょう。

さらには、ユーザーテストなどにも参画することで、広告のデータに対する解像度も上がり、改善のためのアクションを思いつきやすくなるのではないかと筆者は考えます。

チュートリアル設計

チュートリアルとは、アプリを初めて使うユーザーに対して、アプリの使い方やユーザーにとってのメリットを説明し、実感してもらうプロセスのことです。

参考

“Threes!”の開発者が語る
「効果的なアプリのチュートリアル」の作り方 #GDC14
http://www.tatsuojapan.com/2014/06/threes-gdc14.html

筆者が過去にGDCというゲーム業界の世界的なイベントで聞いた、Threes!という人気ゲームの開発者であるSirvo社のAsher Vollmer氏の「効果的なスマートフォンアプリのチュートリアルを作る方法」という講演が非常にわかりやすかったので、そこで解説されていたフレームワークをご紹介します。

それによると、チュートリアルで達成すべき役割は以下の４つです。

Teach（教える）
Comfort（心地よくさせる）
Excite（興奮させる）
Respect（気遣う）

このフレームワークに従って、チュートリアルの各要素が、上記の役割をちゃんと果たしているかを意識して作る必要があります。具体的には、以下のようなところを押さえておくべきです（ゲームの例ですが、ゲーム以外のアプリでも共通している点は多いはずです）。

プレイヤーにやることを教える（Teach & Comfort）

- ムービーで世界観を伝えるなど、アプリの流れを止めてもOK
- いったん本来のアプリから離れさせてチュートリアルに目を向けてもらう時間が大事
- ただし、長いテキストで説明しても読まれない可能性が高いので、ちゃんと伝わっているか厳しく検証すべき

安心してもらう・使ってもらう（Comfort & Excite）

・安心して使えたり、ゲームをプレイできることが重要
・チュートリアル中に何回も死んでしまう、などがあるとユーザーは安心できない

使ってもらう・気遣う（Excite & Respect' Teach & Comfort & Respect）

・チュートリアルを通じてゲームを１つクリアする、プロフィールを設定する、誰かをフォローする、いいね！　を押すなど、「チュートリアルのゴール」を設ける
・単に矢印をなぞってタップを繰り返す、などの導き方はダメで、ユーザーの自発性を尊重しないといけない
・初ゴールに向かって体験している中で何をすべきかを伝える

まとめると、「間違ったりしても問題ないという安心できる環境で、実際にアプリのシステムを触ってもらいながら、世界観を伝えつつ、最小限の言葉でやるべきことを教えていく」ということがチュートリアルには求められます。

マーケターにとってこのチュートリアルはとても大事です。なぜなら、広告の効果測定においては、ROAS（広告費用対効果）、特にユーザーがアプリをインストールしてから最初の何日間でいくらの収益に貢献したかという「期間つき」の指標をモニタリングすることが多いからです。

この指標、アプリをインストールした直後のチュートリアルをはじめとした体験に大きく影響されると思いませんか？　そもそも使い方やメリットがわからないとすぐに離脱してしまいますし、ワクワクとした前向きな気持ちになってもらわないと財布の紐もゆるみづらくなります。

そのため、チュートリアルを改善するということは、同時に広告プロモーションの効果を改善することにも間接的につながっていくのです。

マーケターは、アプリをインストールしてくれたあとのユーザーの状況を注意深く、データを基に観察していくべきです。インストール直後からのリテンションが悪い状況であれば、それをプロダクトマネージャーなどにフィードバックしつつ、いくつかのチュートリアルのパターンをA/Bテストするのも有効です。

逆に、プロダクトチームがチュートリアルを改善してくれたにもかかわらず、それを知らずにユーザー獲得側では同じ数値目標を立てていたり、改善前と後の期間で数字を比べていたりしませんか？　前提条件が変わった状態での比較にはあまり意味がないかもしれません。

そうしたプロダクトの変化にきちんと貢献・同期しながら、マーケティングチームも動かないといけないのです。

アプリ先生コラム⑪

AARRRモデル（アーモデル）とは

5つの頭文字を紐解く

AARRRとは、プロダクト・サービスの成長要素を表す５つの言葉の頭文字をつなげたものです。もともと、シリコンバレーのベンチャーキャピタル「500 Startups」のデイブ・マクルーア（Dave McClure）が「Startup Metrics for Pirates」（スタートアップの“海賊”指標：「アー」は海賊の叫び声として表現されることから）の中で提唱しました。

５つの頭文字とはこちらです。

Acquisition（獲得）
Activation（活性化）
Retention（継続）
Referral（紹介）
Revenue（収益）

図　**AARRRモデル(アーモデル)とは**

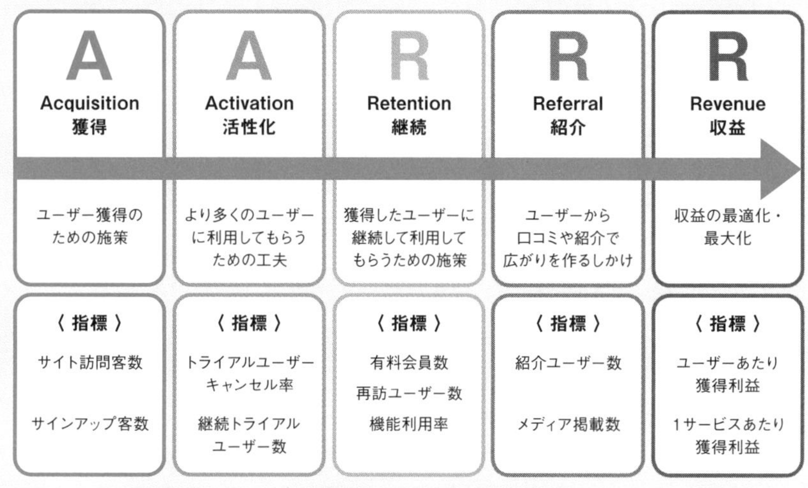

※参考：AARRRとは〜サービスを成長させるための基本戦略（Ferret）https://ferret-plus.com/298

その要素ごとに各段階での状況・課題を整理するためのフレームワークで、特にグロースハックという言葉とともに、プロダクトやサービスの成長を命題とするスタートアップに重要な考え方として広がり、一世を風靡しました。

ゲームアプリで考えるアーモデル

ここではゲームのアプリを例に、考えていきましょう。ここまで本書をお読みになられたみなさんであれば、具体的なイメージが頭に浮かんでくるものは多いはずです。

最初のA「Acquisition（獲得)」は、インストール獲得などが主な要素になります。ユーザーは多くの経路からやってきます。SNSアカウントやオウンドメディア、PR、一般検索など「オーガニック」に分類されるさまざまなチャネルや、本書でここまでたくさん説明してきたデジタル広告、それ以外にも例えばテレビCMを含むオフライン広告など、各施策に適した指標の設定と振り返りがAcquisitionにおいて重要です。

「Activation（活性化）」は、まさに先ほど解説したチュートリアルから始まる一連のアプリ体験における、スムーズなサービス利用の開始や離脱の防止といった要素です。

獲得しか頭にないマーケターにとって、ないがしろにされがちなステップですが、本来、ファンになってもらうための顧客行動の入口のデザインは非常に重要です。ゲームの遊び方や最初のアプリ体験で嫌気が差してしまう、といったことが本当によく起こるものです。

「Retention（継続）」は、アプリのユーザーになるべく長い期間、なるべく頻繁に使ってもらうための要素です。

ゲームで言えば、毎日のログイン報酬でユーザーに誘因を与えたり、定期的にイベントを開催するといった施策がよくとられます。プロダクトそのものの使い勝手や機能性を高めることも有効です。インストール後の日数が経過したタイミングでも多くのユーザーが残っている状態を目指しましょう。

「Referral（紹介）」は、ユーザーが周りの友人にそのプロダクト・サービスをすすめてもらえるよう設計する要素です。

例としては、SNS投稿を促進するような導線を設けたり、メッセージアプリで友人を招待できるようにするなど、アプリを気に入った人が周りに紹介しやすくする仕組みを作るのがいいでしょう。一方で、それがアプリの世界観やバランスを崩したりしないよう、プロダクト・サービス全体への影響を考えて行なう必要があります。

最後に「Revenue（収益）」の要素は、ユーザーにお金を支払ってもらう、課金のポイントとその単価の設計の要素です。ビジネスを収益化するための重要なところですので、ユーザーのコホートなどとともに細かな分析を行ない、最適化を狙います。

ゲームであれば一般的に、課金の意向が高い／低い、課金金額が大きい／小さいユーザーを分けて、どこに課題があるか・どこをテコ入れしていくべきなのか、ゲームの設計とともに考える必要があります。より多数のユーザーから少額を課金してもらうのか、少数の高額課金ユーザーを収益の軸に据えるのか、によって見るべき指標や取りうる打ち手が変わってきます。

本コラムでこのフレームワークを紹介した理由は、先ほどのユーザビリティテストやチュートリアルといったプロダクト改善に資する活動において、どの要素に対して課題があり、改善の打ち手が取られるべきなのか、落とし穴がないように、視点を各要素に持っていくことが必要だからです。

例えばですが、Activation（活性化）としてチュートリアルをいくら洗練されたものにしても、Retention（継続）がされなければユーザーがすぐにアプリからいなくなってしまうので、報われない活動になってしまいます。マーケターにとって、すべての要素に責任を持って、プロダクト・サービスに貢献するのが理想と言えます。

プロモーション・マネタイズのその先へ
〜事業成長に貢献できる人になろう〜

Chapter 1で、マーケティングとは経営であり、マーケティング力とは経営力であると書きました。マーケティング力が近年、経営力とより強くリンクしてきていると筆者は感じています。その背景には、「よいモノ・サービスを作ることが、すなわち企業の“勝ち”とはならない」ということがあります。

マーケティングの世界は奥深いもの

戦後の高度経済成長期に人口の拡大とともに成長してきた企業は、「よいモノを作れば売れる」という事業環境を経験してきたかもしれません。それが、ある種「呪縛」のように、マクロ環境が変化した現代でも広く信じられているように感じることがあります。

もちろん、よいモノ・サービスを作らないと持続可能なビジネスが作りづらいということは大前提です。本章でも「結局プロダクトが優れていることが大事」ということを最初に書きました。

一方で、誰に・どんなモノやサービスを作って、どのように届けるのか、といったコミュニケーションを調査・設計・検証しないといけません。プロダクトが優れていることは必要条件であって、十分条件ではないということです。

本書をこの最後の章まで読んでいただき、マーケティングの幅広さが感じられたり、これまで持っていたマーケティングという言葉の意味に広がりが得られたとしたら、こんなにうれしいことはありません。

Chief Marketing Officer（CMO）、いわゆるマーケティング最高責任者の仕事は、「宣伝部長のお仕事」よりも遥かに幅広いものだということが、感覚としておわかりいただけたのではないでしょうか。

CMOが果たすべき役割とは

ここで、CMOが果たすべき範囲、ひいてはマーケターが目指すべき仕事の範囲を言語化して終わりたいと思います。図9-02を見てください。

図 9-02 **CMOのカバー範囲**

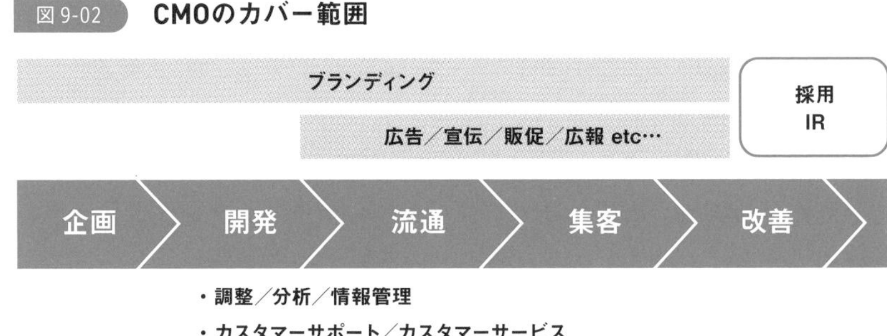

- 調整／分析／情報管理
- カスタマーサポート／カスタマーサービス
- オウンドメディア／ソーシャルネットワークメディア／CMS
- 全社戦略／マーケ戦略／事業計画／予実管理
- 組織／評価／採用
- 部署間連携

「企画」から始まる濃い色の帯が左から右へ、企業の価値生産のプロセスです。

本書は、企業のマーケター、特に新たにアプリのマーケターとなった方向けに広告や宣伝について深く掘り下げました。いわゆる広告・宣伝部といった部門の、中でもデジタル領域に限った内容です。

しかし、それ以外にもマーケターとして本当はやらないといけないことや、今後マーケターとしてキャリアを積む中でかかわるようになる（なってほしい）のはこんな項目ですよ、ということをご理解いただきたく、図示しました。もちろんこの他にもさまざまな業務があります。

マーケティングを武器にしつつ、高いポジションを目指していくには、経営企画や財務経理、はたまた情報システムや人事といったコーポレート部門が管掌するような仕事も学んでリードできるようになっていかなければいけません。

もちろん、開発・デザインといったプロダクトを改善していくプロセスや、営業・ビジネスディベロップメントといった実際の数字を作るプロセスにも大きく貢献していかなければいけません。

CMOを目指すのであれば、「事業成長のために必要なら何でもやります」という姿勢が求められますし、「何が必要なのかを考えて優先順位をつける」ということができないと“よいCXO”になれません。

刺激的な書き方をすると、例えば広告代理店でデジタル広告を運用してきただけの人や、事業会社でデジタルマーケティングを担当しているだけの人が今すぐCMOになれるかというと、そうではないということです。

これを最後に書きたかったのは、プロモーションや広告マネタイズという狭いところだけに、自身のアプリマーケティングに対する思考対象を限定したり、キャリア観を狭めていただきたくないからです。
「教科書」と銘打って、これからマーケティングを学ぼうとする人に向けて書いているからには、みなさんの目線を上げることも筆者の責任だと思い、僭越ながらあえて本章を設けさせていただきました。

では、マーケターという一個人のキャリアを超えて、どういう存在になっていけるのか・どういう組織を作っていけるのか、最後に少しだけ述べて筆を置きたいと思います。

おわりに

マーケターから経営者へ
〜事業、そして組織を率いる人になろう〜

企業成長のために必要なこと、すべてが自分の仕事

最後のChapterで説明した、マーケティングが本来カバーすべき範囲の広さに対して、読者のみなさんの中には「そんな超人的な人はいないでしょ」と考える方もいるかもしれません。それはその通りで、すべての分野で一流になる、というのは現実問題として難しいことです。

筆者は、そのために組織があり、採用があると考えています。一般的にCXOと肩書きのつく経営者の仕事は、企業価値・プロダクト・売上・利益の長期的な成長のために必要なことを明らかにして、戦略・プランを立てて実行していくことだと理解しています。

CEOがすべての業務に対する知識・経験・リソースを持ち合わせているわけではありません。そのために採用活動をして、CMOやCOOを長とした経営チームを作りますし、それぞれのCXOもそれぞれの担当領域で求められた（以上の）成果を出すために組織・チームを作らないといけないのです。

外資系企業が採用活動をする際に使うJob Description（職務内容を詳しく記載した文書）を読んでも、C×Oに近づくほど仕事内容が漠然としていて、何かに限定されていないものです。

あえて私が一言で「CMO とは」を表すなら、「マーケティング方面に少し多めにパラメータを振った経営者」といったところでしょうか。

あくまで主軸を置くべきなのは「経営」であり、マーケティングに関しては当然CXOの中で一番詳しいことを求められますが、企業成長のために必要なことはすべて自身の仕事であるという意識を持っていてほしいと思います。

ですから、例えばデジタル広告の運用のような専門スキルを磨くだけでは、その方面のプロフェッショナルにはなれたとしても、本来あるべきCMOになることは残念ながら難しいと思います。

ドラゴンクエストでたとえれば、最初に職業を選択する時点で、広告運用やデザイナーを選んでも、将来目指す上級職がCMOなのであれば、どこかで事業責任者の立場、つまり P/L（事業収支）に責任を持つ必要があります。

そして、そのうえにB/S（バランスシート）・C/F（キャッシュ・フロー）に対しての洞察を持ちながら、事業の成長、ひいては企業価値の最大化を目指すという役職まで登って行くというのが理想でしょう。

もちろん、専門職を極めたいという人にとって、こうしたコースとは違うものが最善であることもあるでしょう。経営者を現場で支える実行部隊ももちろん必要ですし、そのメンバーの能力は高いに越したことはありません。

願わくば、経営者のゴールである「事業成長」を現場メンバーも含めて共有し、局所最適ではなく全体最適を目指すという意識を全員が持つことができれば、それは非常に強いチームになることでしょう。

マーケティングを強みとした経営者に

また中には、まだ組織を作るというほどの大きな人数がいない（必要ない）と感じる方もいるかもしれません。確かに、CMOというポジションは企業のステージがある程度大きくなって初めて必要となっていくものです。

では、企業規模が小さい場合に、CMOが果たすべき役割を誰が担うのかというと、組織のトップである社長がやるべき、という考えを筆者は持っています。なぜなら、全社的な経営視点、市場やユーザーやプロダクトに対する理解、リーダーシップとコミットメントをすべて兼ね備えた人が「CMO役」にふさわしいからです。

筆者の観測範囲では、COOがマーケティングの役割を担っているケースも多いようです。これがダメというわけではないのですが、COOは経理・財務や法務といったバックオフィス関連の、どちらかと言うと「守り」の職務を担当することも少なくないため、攻めと守りを同じ人が舵取りをする難しさが生じる可能性があります。

余談ですが、日本でCMOになられる方の一定数がP&Gやユニリーバ、ネスレといった外資系消費財メーカーのご出身です。筆者が個人的に考えるその理由は２つ。１つは、日本では事業を大きくスケールさせる際に（BtoB、BtoCを問わず）テレビCMを中心としたマスマーケティングが最も効果的になる場合が多いからです。大きな予算を投下するプロジェクトなので、マス広告の知見がある人に任せたほうがよいよねというのは自然な考え方です。

２つ目は、それらの会社ではマーケターがいわゆる「広告宣伝の担当者」ではなく、「プロダクトマネージャー」や「ブランドマネージャー」といった、担当ブランド（商品）の P/L に責任を持つ人だからです。もちろん、広告宣伝に関してもある程度詳しいのですが、それだけではなく、より経営全般について学べる・経験できる機会があることで、CMOキャリアに必要なものを培うことができているのではないかと想像しています。

もちろん、CMOになる方にはそれ以外にもいろいろなルートやバックグラウンドがあります。コンサルティングファームや広告代理店の出身だったり、新規事業の立ち上げ担当だったり、十人十色です。

一方で、やはり企業のCXOになれる人材の多くが、単に今やっている仕事の延長ではなく、キャリアのどこかでジャンプをして複数の業務領域に精通し、その後に部門・組織のトップとなったり、プロダクトの売上・利益に責任を持つ立場に就いたりしています。

そうして「経営がわかるマーケター」を経て「マーケティングを強みとした経営者」になることができれば、肩書きはともあれ、「CMOの仕事」を任せられるようになっていることでしょう。

その暁に得られるものは、単に肩書き・ポジションや報酬だけではなく、"世の中に大きなインパクトを与える力"なのです。

本書を読んだ方が、正しいマーケティングによってアプリを成功に導き、企業を成長させ、個人のキャリアでも成功を収めてほしいと思います。その結果、より多くの価値のあるサービスが消費者に届いて、より多くのユーザーが幸せに近づいていることを願います。その先に、筆者が10年以上お世話になったアプリマーケティング業界の健全化が少しでも実現できたら、こんなにうれしいことはありません。

末筆になりますが、この本を書き上げるにあたって直接的・間接的に助けてくださった方々に、この場を借りてお礼を申し上げます。

まずは知識も経験も十分ではない自分に大きなチャレンジと成長の機会をくれた、過去の職場（楽天、Google、特にAdMob、AppLovin、Smartly.io）、そして現職Molocoの戦友たち。仕事でもプライベートでもたくさん交流して、たくさんの知識・経験・意見を交換した、お客さま（広告主・メディア・広告代理店のみなさま）やパートナーのみなさま。

そのときどきの競合にあたる大手プラットフォームやアドネットワーク・DSPの方々は、敵というよりは、一緒に業界を発展させてきた好敵手たちでした（ただし、わかっていながらアドフラウドを売り続けている人たちは、絶対に許すことはできません）。

ブログ、セミナー、勉強会、書籍、メディアなどで惜しみなくノウハウを共有してくださっているみなさん、あなた方のシェアの精神に共感し、本書だけでなく、ブログや講演などを通して自分も知識をお裾分けしようと心がけてきました。

中でも「アプリマーケティング研究所」は、他にはない貴重な海外記事やユーザーヒアリング、開発者インタビューなど、手間を惜しまず価値のある情報を仕入れてきてくださっており、大変ありがたい存在です。これからもnoteの有料マガジンを購読し続けます。

いつも「もっと稼げよ」と言って、心地よいプレッシャーをかけてくれる息子と娘へ。あなたたちは私のモチベーションの源です。

いつも家庭を守り、楽しく安心できる居場所を作ってくれている妻へ。好き勝手やらせてくれてありがとう。おかげで、ビジネス書の著者っていう新しい実績をアンロックできました。これからも一緒に新しい世界を見ましょう。

他にもたくさん感謝したい人たちがいます。全員は書ききれないですが、みなさんとの濃淡さまざまなかかわりがすべて、私を形作ってきました。いつもありがとうございます。これからもたくさんお世話になります。

最後に、自分でも引くほど筆が遅かったせいで、実に出版まで３年も辛抱強くサポートさせ続けてしまった編集者の荒尾さん。そして、雑談多めの執筆マラソンをともに走ってくれた内山さん。お２人がいなければ、私の頭の中にあったアプリマーケティングの知識は、世に出ることはありませんでした。本当にお世話になりました。

坂本達夫（さかもと　たつお）
モバイルアプリの広告・マーケティングの専門家。東京大学経済学部卒。楽天、Google、AppLovin、Smartly.ioを経て、2021年9月よりUS発の機械学習ユニコーン企業Molocoの日本事業統括に就任。アプリのマーケティングやマネタイズ（収益化）に関する講演や記事・ブログ執筆も精力的に行なう。2016年よりTOKYO MXにて放送中のアプリ・サービスを紹介するTV番組「ええじゃないか!!」にMCとして出演し、最新面白アプリの解説をしている。国内中心に約70社のスタートアップにエンジェル投資も行なっている。

内山　隆（うちやま　たかし）
慶應義塾大学卒。戦略コンサルティングファームで幅広いデジタル系プロジェクトに従事。創業期のスタートアップでの事業立ち上げを経た後、複数の大手テクノロジー企業で、アプリのマーケティングやマネタイズ（収益化）の支援を行なう。顧客支援を通じて、アドテクノロジー業界の最新動向に精通する。

アプリマーケティングの教科書

2023年10月20日　初版発行

著　者　坂本達夫 ©T.Sakamoto 2023
　　　　内山　隆 ©T.Uchiyama 2023
発行者　杉本淳一

発行所　株式会社日本実業出版社　東京都新宿区市谷本村町3-29　〒162-0845
編集部　☎03-3268-5651
営業部　☎03-3268-5161　振　替　00170-1-25349
https://www.njg.co.jp/

印刷／厚徳社　　製本／共栄社

ISBN 978-4-534-06049-5　Printed in JAPAN